本书为上海高水平地方高校建设计划2022年度上海大学一流研究生教育培养质量提升项目、上海市哲社中青班专项课题研究成果

现代中国地方治理代化通论

张謇与路径探索

严泉 编著

南京大学出版社

序：张謇如何开创地方治理现代化

罗一民

江苏省政协原副主席、江苏国际文化交流中心理事长、江苏省张謇研究会名誉会长

谈到中国早期的现代化，不能不说张謇。张謇显然是中国现代化的先行者、开拓者、引领者。张謇非凡的现代化理念和实践，集中体现在他开启和推动南通地方治理现代化的过程中。

今天，认真研析张謇当年在南通所开创的现代化事业，对于已为中国的现代化艰辛奋斗了一百多年，并开启了新时代社会主义现代化国家新征程的中国人来说，依然有着较强的现实意义。

一、以现代性为准绳

从全球历史来看，所谓现代化，就是指人类社会进入近代以来，以现代性为引领，不断进行突破性改变的历史进程。这里所说的"现

代"不仅指当下,而是包括自启蒙运动和工业革命以来,一直延续至今并通向未来的社会变迁时代。所谓的"现代性",就是人类社会经过种种政治、文化、经济、科技等各方面重大的变革,所形成的不同于传统社会的新型社会特性。尽管学术界迄今对现代性尚无一致认同的定义概括,但普遍认为,现代性应包含市场经济、民主政治、科学理性和历史进步主义四个基本要素。如果缺失这四个基本要素,就不是具备现代性,也就无所谓现代化了。

张謇当时尽管尚不能精准地理解现代性问题,但他充分认识到:"世界的进化,国际的竞争,决不是旧理论旧法子可以办得到的,至少方法是一定要学一学欧美日本了。"他虽然是来自传统社会的一介儒生,但是由于他能识古通今,融汇中西,特别是能立足于时代前沿,"睁大眼睛观世界""紧跟世界潮流,融入现代之时"。因而他在南通现代化事业开拓中,总能有意无意地以现代化的眼光来看待人和事,以现代性为准绳来衡量各项事业的成败得失,并以此确定南通现代化的目标定位和路径选择。正如他自己晚年总结南通事业时所说:"对于世界先进各国,或师其意,或撷其长,量力所能,审时所当,不自小而馁,不自大而夸。"

张謇心目中的理想社会一直以现代化的文明国家为坐标。他要建立的"新新世界"就是政治、经济、文化、社会达到世界"文明村落"水准的现代化社会。他艰辛奋斗几十年,将南通精心打造成中国近代第一城,就是要将他心目中的现代化蓝图,变为现实模样,以引领全国各地区的现代化。难怪当时就有外国人惊叹:"此等事业之精彩,诚可与欧美相颉颃。若求诸纯东亚之内地,实属惊异。"(美国

《亚细亚杂志》1923年）"如果中国有10个张謇，有10个南通，那么中国的将来就会很有希望。"（日本人鹤史祐辅考察南通专著《偶像破坏期的中国》，1922年）也难怪当代文化名人余秋雨由衷地赞叹道：当年张謇只是用南通现代化的实例，向全世界发布了一篇"南通宣言"，宣布中国人是能够实现现代化的！在"现代性"的引领下，张謇确立了南通现代化总体设想与基本目标，并在制定现代化主要路径和具体举措上，也多方面体现了现代性的要素。

市场化是突破传统封建经济的资本主义经济的典型特征，也是经济现代性的基本标志。中国自鸦片战争以后，在内外因素的逼促下，也初步滋生了市场经济的萌芽，但由于国情的特殊性，中国近代市场经济的发育缓慢，市场化的进程（实际上也是经济现代化的进程）步履蹒跚。尽管清末的洋务运动为古老的传统经济增添了些许现代经济色彩，注入了些许市场经济的活力，但从根本上说，洋务经济还是封建买办经济，与现代市场经济相去甚远，因而也不可能获得市场化及现代化的成功。有志于建设现代化强国的张謇等志士仁人已清楚地认识到这一点，因而开始不遗余力地倡导和推行中国的市场化。

就全国而言，张謇在民国初年工商实业总长任上，本着市场经济原则，制定了一系列关于市场经济的法律法规（约占民国政府早期立法的70%），包括近代中国第一部关于证券交易法规《证券交易所法》，推动了我国第一所证券交易所——北京证券交易所的成立。同时大力培育市场经济的主要载体——私营企业，主张官办企业能退则退，形成民营经济占主导的格局。

就南通而言，在推动南通经济现代化的过程中，张謇也特别注意经济的市场化、民营化。他在创办大生纱厂时就竭力主张民间投资商办，后因筹资十分困难，不得已吸收官方闲置的纺织机器作价入股，变成官商合办。但是张謇与官方仍有约在先，官方只管入股分红，企业经营管理的所有事项一概不问。企业的所有决策指挥权及官股的运作，均授权于董事会（实际上是张謇个人）。

这样，大生纱厂就成了那个时代十分奇特的民营企业。表面上奉官命创办（有两江总督张之洞的上奏和光绪皇帝的御批），"官本居本"，遇到困难时，官府还会予以资金等方面的支持，但却"听商自便"。几乎没有股份的张謇（初期持股 2000 元大洋），既作为国有资金代理人，又作为民间股本的牵头人，全权经营管理企业。由此他便可以按照他对市场经济的理解，遵循市场规律行为建立现代企业制度，把官商合办变成完全由民间经营，他也就成了中国民营企业家的先贤和楷模。

为了在南通地区逐步构建现代经济发展需要的市场体系，张謇除了兴办和促进各类实体民营企业发展外，还拓展当地原有的纱布销售网络，并创办南通联合交易所及各类内外贸易公司。他还支持地方创建行业工会、商会、农会等市场经济主体者的联合社团，以便维护各类市场主体的自身权益。

张謇曾为上海织布交易所题写一副对联："抱布贸丝，交易而退，各得其所；成贾征偿，将信为本，循之以行。"这副对联的主要含义是指棉布与丝绸的商品贸易，本质上是在市场上以物易物，互通有无，互利共益，因而要以诚信为本，遵守市场规则和商业道德。张謇在这里实际上道出了市场经济的真谛——公平与诚信。

市场经济从根本上说是"契约经济"或"信用经济",其基本规则就是买卖公平,恪守信用。各市场主体应公平合理的追求应该得到的经济利益,而不能欺诈舞弊巧取豪夺。本着公平和诚信的原则,张謇一方面强调"各得其所",一方面强调"将信为本",说明他既有着较高的商业道德水准,又有着对现代市场经济较深理解。

由于发轫于西方的全球性现代化,不仅是经济模式和制度的根本变革,也是人类社会政治制度和思想文化的历史性蜕变,因此其现代性不仅表现在经济市场化上,而且也突显了民主政治、科学理性和历史进步主义等人文因素。

张謇对此亦有所认识,有所表现。他打着立宪和地方自治的旗号,兴办社会事业,建立社会组织,开展社会活动,进行社会变革,在力所能及的范围内使南通的社会城市生活比一般地方更具民主政治色彩。他在创新意识和技术理性的引领下,既开创性地从宏观上合理确定南通现代化战略目标和路径,又科学选择南通现代化的具体推进方略和城市治理方式。他遵循历史进步主义基本理念,努力在南通推进政治社会道德文明等多方面的改革和发展。

二、以现代实业为基础

众所周知,任何国家的现代化都是以经济现代化为基础,在张謇所处的那个时代,由于实业在整个经济中的至关重要的地位,中国的经济现代化显然又必须以现代实业为基础。张謇清醒地认识到,实业

"是中国真正自强之基础"。正因如此，他才会以"舍身喂虎"的勇气和高度爱国情怀，投身实业报国的滚滚洪流。也正因如此，张謇才在南通现代化事业的开拓中，把实业作为现代化的重中之重，竭尽全力地予以兴办和拓展。

当然，张謇心目中的现代实业并不仅仅是工业制造业，而是包括了他所说的"大工、大农、大商"在内的各类现代产业。他建成了中国最早的现代纺织企业（大生纱厂）以后，随即将眼光从现代工业转向现代农业，创办了中国第一个大型现代化农业开垦种植企业（通海垦牧公司）。并以新兴垦区为依托，建立了城乡融合的现代生产和生活社区，形成了工农业互动、城乡一体化发展的"新世界的一角"。

顺应经济现代化的发展趋势，张謇以大生纱厂为龙头、为起点，形成了涵盖一二三产在内的各类现代企业。他通过垦牧公司为纱厂提供棉花原料，然后又利用轧花剩余的棉籽办了油厂，用油厂剩余的下脚料油脂办大隆皂厂。他还利用纱场的下脚料飞花生产包装和印刷用纸，并利用纱厂剩余的电动力兴办电磨面粉厂。

同时，为了原材料和产品的运输需要，他还创办了大达公司等交通运输企业，修建了通州天生港码头和上海十六铺码头。为了工厂机器设备的制造和维修，他还起办了资生铁厂、资生冶厂。为了满足外来人员和厂区员工的住房需求，他还创办了茂生房地产公司。为了搞纺、织、染一条龙发展的科研和实验，他还创办了染织考工所。他还创办了颐生罐头公司和酿造公司。为了解决企业资金需求，他还发展金融业，创办了大同钱庄、淮海实业银行，并担任上海交通银行总理。最终大生集团成为涉及各个经济领域的全国最大实业和资本集团。南通现代实业为南通经济结构和社会结构的现代化转型,以至建成中国近代第一城,奠定了坚实的基础,提供了强大动力。

张謇利用现代实业形成的雄厚实力,全面推进南通的现代化建设。他认为"非人民有知识,必不是以自强。知识之本,基于教育,然非先兴实业,则教育无以资措手"。因此,他将自己和企业大部分赚来的钱都用来发展南通的现代教育事业。他创办了370多所各类学校,从幼儿园、小学、中学到大学,从普通学校到师范学校、职业学校,到特种学校(聋哑人学校等),几乎无所不包。他实际上是中国教育现代化的先驱和集大成者。连美国教育家、哲学家杜威都称南通是"中国教育源泉之中心"。

张謇在兴办实业的基础上,还致力于文化事业的现代化建设。他于1905年创立了中国第一个民办博物馆——南通博物苑,1912年建成南通图书馆,1913年后创办了《通海新报》等四种报刊,并创办了翰墨林书局。1917年在军山建气象台。1919年创办全国第一所戏曲学校——伶工学社,并建现代化大剧场——更俗剧场,同年还创办中国电影(影戏)创造股份有限公司,拍摄多部影片,曾到美国纽约放映。1922年应张謇之邀,中国科学社第七届全会在南通召开,梁启超、丁文江、竺可桢、陶行知等名流专家云集南通,盛况空前。

张謇还把因实业积累的大量资金用在社会建设方面,大力创办现代化的社会公共事业和社会保障体系。他建设了中国最早对公众开放的民间公园,他设立电话公司,建成南通市内电话网络,并创办电器公司,形成从唐家闸到中心城区的供电布局。他开办公共汽车公司,公共汽车在港闸城区等多条公路上运行。他还兴办了慈善社团、医院、养老院、育婴堂、残废院等一系列现代社会保障项目。在推进南通的现代化过程中，除了张謇所创办的企业贡献之外，他自己也几乎倾其所有。他曾感慨地说道："二十六年以来，謇之得于实业而用于教育慈善及地方公益者，凡二百五十七八万，仍负债六十万有奇，叔兄所出亦八九十万不与焉。"

在这里值得一提的是，张謇一方面自己办实业，广济民生，一方面主张让贫民也投身实业，自食其力，以解决贫困问题。他说："当为之广谈生计，若农之类，工之类，商之类，劳心之类，劳力之类，使有耳、有目、有手、有足之人，皆有所效，以资其生。无耳、无目、无手、无足之人，亦有所要恤其苦。"他认为应该以"恤贫"代替"均贫富"，以"保富"积累社会财富，避免"有资本者"与平民为敌。这对发展经济和调节社会矛盾显然都很有裨益。这些观点在今天看来，特别是在探索如何共同富裕方面，亦有一定的参考价值。

三、以治理现代化为先导

对于一个国家或一个地区来说，治理是整体性、根本性的整治和管理。从这种意义上说，治理决定一切。任何一个国家，一个地区，若要全面实现现代化，就必须以治理体系和治理能力的现代化为保障，为先导。治理现代化是具有根本性、全局性与决定性的现代化实现路径。从某种意义上说，治理现代化就是政治现代化。张謇当年在开创南通现代化事业的过程中，特别注重治理现代化。我们可以用

"两个着力推进"来概括。

一是着力推进地方自治。人们谈及张謇的地方自治，往往着眼于他所从事的实业、教育、慈善公益等事业。实际上，南通地方自治的核心和要害是治理和政治现代化。张謇在经历种种追求现代化强国的探索后，充分认识到现代政治建设是国家强盛和治理现代化的根本之策。他认为"实业之命脉无不系于政治""政治能趋势于轨道，则百事可为"。因而他在全国积极投身政治变革和立宪运动，在南通则全力推进地方自治。

所谓地方自治，是晚清政府参照西方现代政治而推行的一种地方治理模式。从理论上说，地方自治是指一个国家在一定的行政区域内，由当地居民选举自治人员组成自治机构，制定自治法规，管理地方事务。作为实行预备立宪政治变革的配套措施，清廷就地方自治制定了一系列的规章制度和运作方案，并要求"均在省会速建设谘议局，慎选公正明达官绅创办其事"。

20世纪初，素有地方自治思想的张謇，顺势而为，乘势而上，公开在南通亮出了地方自治的旗号。他在筹办江苏谘议局的同时，在南通通过选举，设立了全国最早的县级议会通州议事会，并亲任议长。议事会及随后的地方自治会成立后，设立了测绘局、调查户口事务所、法政讲习所、清查公款公产事务所等一系列"准政府"机构，干了许多"州官"应该干的事。他还建立了商会、农会、慈善会、长江保圩会等各种社会团体，发动各方共同参与地方治理。更令人称奇的是，他还发行了地方自治政府公债，建立了维护治安的警卫队，花钱改造政府的监狱、驻军营房，建妓女改造所和戒毒所等。

张謇推行地方自治的目的就是想通过治理现代化（政治现代化），实现经济、社会、城市，包括人的全面现代化，"以一隅与海内文明同村落相见，此或不辱我中国。"

一般来说，后发型现代化国家在现代化起步时，由于自身现代性因素积累不足，要实现现代化目标，必须运用国家机器的强大力量来突破顽固守旧力量的阻碍。因此，在后发型国家的现代化中，第一位的前提条件，几乎无例外地都是相应的政治变革，也就是以政治现代化和治理现代化开路。

张謇当年在南通强调"地方自治之重，亦有行政、代议之别"，试图把西方议会政治模式移植到基层政权架构，一方面为国家立宪奠定基础，一方面让地方士绅和民众具有更大的自主权。他虽然不能以地方执政者的身份操纵国家机器，但他巧妙而又充分地运用了中央政府的自治政策以及自身特殊的政治身份和经济实力，从而使南通的地方自治、政治变革几乎突破了清王朝所能容忍的极限，使南通的地方自治和治理现代化走在了全国的前列。南通，也因此而一跃成为响当当的全国模范县和中国近代第一城。

二是着力推进现代法治。现代化社会一定是法治社会，治理现代化的本质，实质上是依据现代法治理念治国理政。健全法制，实行法治，是实现全面现代化的根本保障，也是治理现代化的独特功效所在。用法治理念和法治方式依法治理是治理现代化的根本要求，也是现代文明国家的根本标志。

张謇所处的时代，是新旧交替，但旧势力、旧观念仍占据主导地位的时代，当时人们的现代法治观念十分淡薄，法治状态相当落后。

张謇若要在南通推进治理现代化，就必须在全社会树立现代治理理念，逐步打造现代法治生态。

张謇认为将传统的"人治"变为现代的"法治"，可以"以之治地，地必逞能；以之治人，人必就范；而治地治人之人亦常受治于法律"。也就是说，依照法律规范社会行为，调节社会关系，维护社会秩序，包括被治者和治人者都遵守法律，就可以达到以法治为核心的治理现代化，从而推进各方面的现代化。

从大的方面说，张謇的治国设想就是实行法治新政。因而他积极主张并大力推进立宪和地方自治，甚至于他在主抓全国经济工作（任农商总长）时，就认为经济活动应当"乞灵于法律"。把法律看作是促进经济健康发展的基础，强调"农工商部第一计划即在立法"。他的经济管理名言是："法者轨道也，入轨道则平坦正直，毕生无倾跌之虞，不入轨道，随意奔逸，则倾跌立至。"

就南通的区域实践而言，张謇首先以法治精神推动南通的地方自治。他依据国家授予地方自治的法律法规，就南通的地方自治机构的设立运行监督等各项事宜，制定了周详的规章条例，并着力实行。

张謇及其同仁参照天津自治章程，制订地方自治方案，呈报两江总督批准试办通州自治。至1903年4月设立调查改革局，7月8日由州区议事会选出议员30人，张謇任议事会会长。后又选举通州知州琦珊为董事会会长，推定了户籍财政工程与警务各科工作人员。1912年年初，按照新成立的民国政府法律要求，南通成立了县议会，在第一届常会上，先由规定的议员拟定县议会议事规则及旁听规则，造具草案交由会期中开会公决。规定人民可以直接提出请愿案件，旁听议决过程，议会也可否决县知事的交议案。当时南通社会能成功转型，社会事业、社会组织、社会公益等方面的管理走在全国前列，依法推行地方治理是关键因素。张謇还以现代法治原则管理现代企业。大生纱厂创立之初，他就借鉴中外企业的管理经验创定了"厂约"和"章程"为主体的一系列规章制度。在明确各部门、各分厂、各岗位的工作职责与管理细则的基础上，确立严格的岗位责任制与考核、奖惩等各项现代企业管理制度。

人是法治的主体，针对中国社会缺乏法治传统，民众法制观念薄弱的现实，张謇在构建法治社会时，还特别注重提升全民的法治文明素养，他在金沙第十六国民学校演讲中表达了这样的观点：受过良好教育的学生可以有效地治理地方，地方发达了，自身势必会一起发展。这样地方的风俗也会越变越好，从愚昧向文明转变。

张謇认识到"教育者，一切政治法律，事业，文学之母"，因而特别注重法治教育。他积极开办法政学校，培养法律人才，传播法治思想。为了培养年轻人遵守法律的意识和习惯。他还把法制教育寓于各类学校的日常生活中，要求"自修室、寝室皆诸实践学习之地，此次散学后，留心考察，有扫除整洁而后者，即有蓬垢不洁而行者，一一属鉴起居询察，洁者记奖，不洁者记过，于修身分数上计算。夫以功过定人学格，此法律之事也"。

更为难能可贵的是，为了培育法治意识，倡导文明新风，张謇以身作则，带头依法办事。他一生经历了无数的风波，开创了无穷的事业，在那混沌污浊的年代，却从来没有出现过违法乱纪及背信弃义的行为，真可谓是"出淤泥而不染"。一次，他的轿夫因抬轿子时没有点灯，违反了当地警察局的规定，被巡警发现而要罚款。张謇不仅认罚，而且还奖励了这位巡警。从这件小事上，亦可看出张謇遵纪守法的模范作为。

前事不忘，后事之师。张謇一百多年前开创南通现代化的丰富实践深刻地启示我们：在推进现代化的过程中，一是必须解放思想，更新观念，以现代化的眼光和标准定位现代化的目标，衡量现代化的成效；二是必须以经济建设为中心，大力发展先进生产力，夯实现代化经济基础；三是必须切实加强政治建设和法治建设，全面提升国家和地方的现代化治理水平，以现代化的治国理政，保障各方面的现代化的实现。

目前，我国已实现了第一个百年奋斗目标——全面小康，正在着力实践第二个百年奋斗目标——全面现代化。让我们按照习近平总书记和党中央所描绘的社会主义现代化的美好蓝图，把我国全面建成富强、民主、文明、和谐、美丽的社会主义现代化强国，实现中华民族伟大复兴的中国梦。

目录

第一章 张謇的现代化思想与政治追求 / 001

  第一节 从变法主张到立宪思想 / 002

  第二节 民国初创时期的共和思想 / 021

  第三节 经世致用的早期从政 / 031

  第四节 领导清末立宪运动 / 040

  第五节 辛亥革命与转向共和 / 051

  第六节 农商总长的制度改革 / 058

第二章 地方自治与早期治理现代化 / 072

  第一节 地方自治与近代南通现代化 / 073

  第二节 政治现代化的清末地方试验 / 097

  第三节 民初议会政治与地方自治 / 105

第三章　地方治理现代化的世纪遗产 / 117

第一节　地方治理现代化遗产的历史审视 / 118

第二节　地方治理现代化结局的全面反思 / 138

第四章　张謇与地方治理现代化的近代传统 / 154

第一节　治理现代化历史进程中的张謇 / 155

第二节　中国近代第一城与地方治理 / 167

第三节　政治传统与地方治理现代化 / 176

第四节　地方治理现代化传统的当代传承 / 182

第五章　地方治理现代化的"南通现象" / 203

第一节　责任政治与地方政治治理现代化 / 203

第二节　市场体制与地方经济治理现代化 / 213

第三节　法治和谐与地方社会治理现代化 / 222

第四节　人文认同与地方文化治理现代化 / 232

第五节　生态文明与地方生态治理现代化 / 238

第六节　地方政府治理体系的持续改革 / 248

第七节　地方政府治理能力的有效提升 / 273

第六章　地方政府治理现代化与政治建设 / 287

第一节　地方治理战略：改革与全面现代化 / 288

第二节　地方政府治理现代化的目标与走向 / 294

第三节　地方政府治理现代化与政治文明 / 300

第七章　地方治理现代化的路径选择 / 316

第一节　地方治理战略目标实现的基础与条件 / 317

第二节　地方治理现代化与现代政治文明国家 / 321

后记 / 331

参考文献 / 336

第一章　张謇的现代化思想与政治追求

在中国早期现代化进程中,作为清末民初的实业家、教育家,张謇先生一直为人们所熟知。然而,在深入探寻张謇的现代化思想与追求后不难发现,其更为重要的历史定位,应该是20世纪中国的一位卓越政治家。正如罗一民的研究提出,从考状元前后的经历到历史大事件中的表现,一直到回乡从事地方自治,张謇的主要抱负在政治,主要经历在政治,主要作为在政治,主要贡献在政治,是一个地地道道的政治家。

作为全国性政治家的张謇,从事的是现代国家制度建设与政治现代化事业。"一生之忧患、学问、出处,亦常记其大者,而莫大于立宪之成毁。"[1] 从治理现代化的高度来评价张謇,他不仅是一位早期现代化事业的开拓者,更重要的是一位现代中国治理制度的设计师。百年以来,其影响历久而弥新。

清末民初是中国百年现代化进程的一个重要阶段,期间经历甲午

---

[1]《年谱自序》,李明勋、尤世玮主编《张謇全集》第6册,上海辞书出版社,2012年,第565页。

战争、戊戌变法、清末新政、辛亥革命、民国肇建等诸多历史关键时期。张謇的一生，深度参与了那个时代的所有重大历史事件，他的思想也历经了多种转变，从变法自强到君主立宪，再到民主共和，但不变的是对中国现代化事业与民主立宪的孜孜追求。

第一节 从变法主张到立宪思想

1840 年鸦片战争以后，在半个多世纪的时间里，中国遭受了外患冲击与王朝周期性内乱的双重打击，鸦片战争是清朝崩溃的开始，而甲午战争标志着清朝最后的崩溃。以张謇为代表的士绅精英群体，在被迫卷入近代化洪流中之后，一直在苦苦思索救国良法。四十岁之前的张謇，在科举之路上跌跌撞撞，待到功成之时却又接连遭遇国变、失去至亲，他在《告奠文》中深切地自责："徒为口舌之争，不能死敌，不能锄奸，负父之命而窃君禄，罪尤无可逭也。"[1] 1895 年春，《马关条约》签订的消息传来，张謇在日记中悲愤地记录了和约内容，并特地写道："几罄中国之膏血，国体之得失无论矣。"[2]

纵观张謇的一生，他始终把爱国放在首位。他的爱国追求，实际上是救亡图存、强国富民，希望中国尽早尽快迈上现代化发展道路。他兴办实业、热心政治，均是为了国家的强盛、民族的兴旺、社会的

---

[1] 《告奠文》，李明勋、尤世玮主编《张謇全集》第 6 册，第 253 页。
[2] 李明勋、尤世玮：《张謇日记》，上海辞书出版社，2017 年，第 389 页。

进步,均出自于非同一般的爱国情怀。只要能救国强国,无论是经商办厂,还是当官从政,他都愿意尽力而为。他既是实业救国者,也是政治救国者;他既是优秀的企业家,也是杰出的政治家。

家国天下的爱国情怀,是深受传统文化熏陶的张謇从中汲取的力量源泉,而民族危亡的时代背景与窘困的家庭遭遇,则令张謇时刻处于忧患之中。经过多年的政治实践,张謇逐渐形成了他的早期变法思想。19世纪90年代可以视为张謇改革思想的初始阶段,其变法思想主体是发展实业与实现近代中国工业化,基调是一种匡国济民的爱国精神。1901年清末新政开启以后,中国现代化进程大大加快。经过一段时间的实践和思考,张謇也逐渐加深了对现代民主政治的理解。他开始相信,以君主立宪的方式,可以达到富国强兵的目的。20世纪的第一个十年,是张謇改革思想的发展阶段,其要旨是立宪改革与近代中国民主化。

"棉铁主义"的实业主张

甲午战后,中国士大夫群体不约而同地对国事进行了全面反思,张謇在此阶段初步形成了"实业救国"的思想。1895年夏,张謇为张之洞起草了《代鄂督条陈立国自强疏》,提出了改革军事、建造铁路、广开学堂、讲求商务等系统性的救国主张。

张謇指出,日本商利岁入八千余万元,仅取自美国就高达四千万,可见"商务胜利,交涉得手,国势自振,其明效若此"。而中国传统历来轻视商业,也缺少保护商业的国家政策,"但有征商之政,而少护商之法"。为此,他主张在各省设商务局,"专取便商利民之举"，对能集资开设公司者专门嘉奖，对借机坑骗者重治其罪。对于现有的招商局加以整顿，并令出使大臣随时考究各国商务情形，以供国内参考筹划。张謇进一步指出，西洋富强之根本在于"工"，即工业制造业，商务只是外在表现。"查西洋之入中国之货，皆由机器捷速，工作精巧"，煤油、水泥之类的货物一经加工制造，便能获取巨额利润。而中国人口繁盛，"若仅持农业一端，断难养赡"。因此要在各省设工政局，将出口土货"精造之、扩充之，以广其出"，进口洋货则"加工仿为之，以敌其入"。为了讲求"工政"，即提高制造业的现代化水平，他还主张派工匠出洋学习种植、制器、纺织、冶炼、造船、造炮、修路、开矿等。张謇迫切希望在工业上取得进步："中国人数之多，甲于五洲，但能于工艺一端，蒸蒸日上，何至有忧贫之事哉！"[1]

张謇对于自己的主张颇为自信，他说："此则养民之大经，富国之妙术。不仅为御侮计，而御侮自在其中矣。"[2] 不难发现，在甲午战后，张謇的人生志趣开始转向实业。尽管此时他的思想仍带有传统"经世致用"色彩，但此时张謇已对世界贸易有初步认识，试图以商业贸易达到强国目的，提高中国在国际上的竞争力和地位。

1896年，张謇终于有机会亲自实践他的主张。是年正月，张之洞奏派张謇等人分别在通州、苏州、镇江设立商务局，由此开启了"状元办厂"的艰难探索。在"士农工商"结构的中国传统社会，身

---

[1] 《代鄂督条陈立国自强疏》，李明勋、尤世玮主编《张謇全集》第1册，上海辞书出版社，2012年，第21—23页。
[2] 《代鄂督条陈立国自强疏》，李明勋、尤世玮主编《张謇全集》第1册，第23页。

为状元却投身商业，难免引起争议。但张謇坚信此乃救国之道，追逐商利只是手段而非目的。此后张謇先后创办大生纱厂、通海垦牧公司，赴日本参观大阪博览会，筹建同仁泰盐业公司、资生铁冶厂等工商企业，大力推动了工业化的发展。

在甲午战争之后的十余年间，张謇逐渐从状元身份脱胎为一位与众不同的企业家，他一路披荆斩棘，践行着自己实业救国的主张。经过长期探索，张謇发现外国工业品中棉、铁占据着国内很大的市场。"国人但知赔款为大漏卮，不知进出口货价相抵，每年输出以棉货一项论，已二万一千余万两，铁亦八千万两"，而列强"暗中剥削，较赔款尤甚"。[1] 张謇着眼于贸易逆差问题，迫切希望中国能够以工业立国，不仰他人鼻息，因此应该以棉纺织工业与钢铁工业为轴心，以此来带动其它经济部门的发展，不断完善国民经济体系，最终达到富强国家的目的。他认为世界经济已卷入激烈的竞争漩涡之中，而棉、铁两项的发达与否，左右着中国经济势力，决定着未来中国的国际地位。

从全球工业化发展的历程来看，工业革命是从棉纺织工业开始的。在长时期内，棉纺业一直是欧美国家最发达的工业部门；后来，随着对原料需要的增长和对外殖民扩张的需要，钢铁工业才发展起来，到19世纪末20世纪初就已在所有工业部门中居首要地位。因此，张謇指出，一个国家只有拥有强大的棉铁工业，才能成为一个发达的工业国家。这种先发展轻工业，后发展重工业，使轻重工业都能

---

[1]《辛亥五月十七日召见拟对》，李明勋、尤世玮主编《张謇全集》第1册，第216页。

得以发展的经济思想,是比较符合社会经济规律与中国国情的。1910年在南京的南洋劝业会上,张謇将其经济主张概括为"棉铁主义",此后他又在不同场合多次强调过这一思想。"实业以振兴棉业之纺织为内维,扩充矿业之煤铁为外境",[1] 这两项实业发展了,就能掌控经济的要害与全局。"应在优先发展棉铁两大工业门类基础上,辅之以发展其他矿业、银行业、航运业、农业、渔业,从而实现中国的工业化和经济近代化。这就是张謇所给出的中国工业化的实施方案和路线图。"[2]

张謇在发展民族工商业的艰辛历程中逐渐认识到工业化的重要性,得益于他的身体力行和广泛宣传,工业强国观念开始得到社会各界的认同。1926年8月张謇病逝后,江苏省教育会在悼词中高度评价道:"以棉铁为工业的根本,这是上下古今,看透世界潮流的趋向。"[3] "棉铁主义"不仅得到了时人的赞扬,后世学者也多有肯定。章开沅、田彤指出:"无论从御侮的角度,还是从工业化的角度,'棉铁主义'均较为合乎中国的实际。"[4] "棉铁主义"是张謇实业救国主张的具体纲领,也是那一代民族工商业人物经济思想的精华。

温和渐进的变法诉求

在维新变法运动时期,康有为、梁启超等人接连提出了一系列激

---

[1] 《柳西草堂日记》,李明勋、尤世玮主编《张謇全集》第8册,上海辞书出版社,2012年,第711页。
[2] 马敏:《孙中山与张謇实业思想比较研究》,《历史研究》,2012年第5期。
[3] 《省教育会追悼张季直纪》,《申报》1926年9月27日,第3张第9版。
[4] 章开沅、田彤:《张謇与近代社会》,华中师范大学出版社,2001年,第34页。

进主张,甚至包括君主立宪的设想。此时的张謇对此并不赞同,他说:"五洲变法之速,无逾日本者。彼变法之人,皆有行法、立法之权者也;然尚二十年小成,三十年而大效。"如果贸然行事,则适得其反,犹如"药太苦,则吃药者愈不开口"。[1]

张謇此时的变法政见是稳健保守的,不愿意去改变朝廷的根本制度。加上创办大生纱厂的经历,他提供的改革建议主要在如何促进工商业发展的方面。不仅写就《农工商标本急策》、代拟《请留各省股款振兴农工商务折》等,还提出停止征收间架税及宁属米粮捐。在教育方面,他拟出了《大学堂办法》,作为创立京师大学堂的章程。实业与教育,是救国富民的两大法宝,即所谓"富强之本也"。"年三四十以后,即愤中国之不振;四十后,中东事也,益愤而叹国人之无常识也。由教育之不革新,政府谋新矣而不当,欲自为之而无力。反复推究,当自兴实业始。"[2] 张謇认为实业与教育之间是密不可分、相互依赖的有机整体。没有实业作为教育的经济基础,大谈办教育,显然系纸上谈兵。同时要想改良和发展实业,又须依赖教育提供人才和技术支持。

不难看出,在维新运动期间,张謇同样也提出了很多改革主张。不过与康梁的激进风格相比较,他的变法态度更加温和。张謇认为在当时的社会条件下,"有可变者,有竭天下贤智之力而不能变者矣",因此变法不可能一蹴而就。据他后来回忆:"在京闻康有为与

---

[1] 张謇研究中心、南通市图书馆编《张謇全集》第 1 卷,江苏古籍出版社,1994 年,第 43—44 页。
[2] 《大生纱厂股东会宣言书》,李明勋、尤世玮主编《张謇全集》第 4 册,上海辞书出版社,2012 年,第 550 页。

梁启超诸人图变政，曾一再劝勿轻举，亦不知其用何法变也。至是张甚，事固必不成，祸之所届，亦不可测。"张謇曾这样描述自己与维新派的关系："余与康梁是群非党，康梁计划举动，无一毫相干者。"[1]

张謇虽不赞成维新派的急进做法，但从本质上来说，作为温和改革派的代表，他与戊戌维新派之间在改革目标上是基本一致的。正如其子张孝若所说，他"看了当时宫廷的纷乱，亲贵的昏聩，内政处处腐败，外交断送权利，越看越痛心，也认为非变法不可"。[2] 后来他在《变法平议》中认为戊戌变法的失败，并非变法本身的失败，而是由于时机没有成熟和维新派"操之过急"。根据变法失败的教训，张謇特别强调"欲速则不达"的道理，主张宁可持重缓慢一些，千万不可再蹈"躁进"覆辙。

与康有为不同的是，张謇日常行事，都持中庸之道，认为"天下事贵得其中，若趋于极端往往不能成事，即幸而能成，亦不过一瞬而已"[3]，强调变法必须"斟酌今日弊政之标本与夫人民之风俗，士大夫之性情"，以"权因革损益，第轻重缓急之序。"[4] 为此，有研究者评论称，以张謇为首的立宪派们主张推行平稳渐进的立宪改革，反对激进彻底的革命主义，并认为应当保持传统儒家文化的连续性。张謇

---

1 《啬翁自订年谱》，李明勋、尤世玮主编《张謇全集》第 8 册，第 1013、1016 页。
2 张孝若：《南通张季直先生传记》，《民国丛书》第三编（73），上海书店出版社，1991年影印本，第 156 页。
3 张謇研究中心、南通市图书馆编《张謇全集》第 4 卷，江苏古籍出版社，1994 年，第 215 页。
4 张謇研究中心、南通市图书馆编《张謇全集》第 1 卷，江苏古籍出版社，1994 年，第 48 页。

立宪思想有着开放与保守的双重特质,并彰显了传统士大夫的政治审慎与稳重。在政治变革方式上,如诸多保守宪政主义者一样,张謇倡导在不破坏既有政治体制的前提下,以温和渐进的方式推进政治改良。他反对激烈彻底的革命激进主义。[1] 正如张謇在晚年感慨道:"政体固应改革,但不可将国家之基础完全推翻。国家犹一大器,不可妄动,动则恢复原状难。"[2]

君主立宪的政改目标

世纪之交的庚子国难,使中国处于亡国灭种的边缘。强大的危机和压力促使清廷下定决心,要进行全方位的改革,以维持和巩固清王朝的政权。1901年,清廷颁布谕旨,宣布实行新政,试图对政治、军事、经济、教育等进行全面改革,以维护统治。创办大生纱厂的经历和戊戌以来的政治经验使张謇明白,变法不能仅仅依靠一个没有实权的"圣主",国家危亡也不是几位"贤臣"所能挽救的。随着清末新政的开启,中国的现代化进程开始加快,张謇的政治改革目标也发生变化,开始强烈主张进行君主立宪的政治改革。

首先,张謇明确立宪改革的迫切性。在清末新政期间,他在致陆军部尚书铁良的信中提出:"非改革政体,不足以系人心而回天命。"希望通过温和稳健的方法来改良政治,一方面在中国传统文明中汲取优秀成分,另一方面参照西方政治制度,斟酌考量,有步骤地实施变

---

[1] 刘婷婷:《张謇立宪思想研究——以政治法律现代化为视角的考察》,北京理工大学硕士学位论文,2016年,第35—36页。
[2] 张謇研究中心、南通市图书馆编《张謇全集》第1卷,第608页。

革。他坚信，改革非数日之功，变法难以速成，因此希望借助刘坤一等地方督抚的力量实现有限程度的改革。在《变法平议》中表达了他的君主立宪主张，提出了许多关于政治改革、实业发展、振兴教育和地方自治的构想。张謇强调："法久必弊，弊则变亦变，不变亦变。不变而变者亡其精，变而变者去其腐，其理固然。"[1]

1904年3月，时任湖广总督张之洞与两江总督魏光焘邀请张謇一同商议立宪之事，张謇怀着极大的热情前往，并为之起草吁请立宪的奏稿。据其日记所载，张謇于3月22日到达南京，与蒯光典等人反复商议，写就三稿交于魏光焘。但张謇仍不满意，他离开南京以后的一个多月时间里仍在修改，直到5月6日，加入了考订日本国会借债"八百兆之数"的内容，先后已十易其稿。在这份《立宪奏稿》中，张謇明确提出了他的立宪主张。"今环球万国，政体虽有君主、民主之不同，其主义均归于宪法。各国宪法不同，其宗旨均归于利国便民，顺人心而施政策，即合众力以图富强。"张謇认为如果实行宪法："则全国人民皆与国家有共戚均休之义，理财、练兵、兴学其事易举。""事事关系全国人民，各国亦稍有顾忌，不敢轻发难端。"而妄言革命者"无可藉口，自足消融其戾气，非独目前一切虚无乱党之说不足为害，且可使其中聪明误用之才，服义归仁，转为我用"。对于清廷担心立宪会导致君权旁落的忧虑，张謇不遗余力地进行解释和劝导："论者或以君权稍替为疑，查宪法精义，在万几决于公论一语。""是宪法所谓公论，不过变咨询之少数为多数，且仍决之于上，

---

[1] 《变法平议》，李明勋、尤世玮主编《张謇全集》第4册，第62页。

是君权转因之益尊。"[1] 总而言之,张謇希望清廷能够尽快宣布立宪,并派亲贵大臣出洋考察宪政。

其次,张謇强调立宪改革的重要性。呈给两江总督刘坤一的《变法平议》,其亮点在于提出了"置议政院"和"设府县议会",这是完全不同于传统政治机构设置的。他把日本的立宪改革视为典范,主张学习日本设立集议院、元老院和公议所的改革经验。这些建议,体现出张謇对于西方民主宪政和议会政治的初步认识。不过,作为一名传统士大夫,那时的张謇尚未真正理解西方宪政理论原理和宪政制度运作功效。

1903年,张謇亲赴日本考察,对日本的君主立宪制度有了更直接的观察,从而坚定了其推动立宪的政治目标。日俄战争爆发不久,张謇便预感到日本将胜,俄国将败,并断言战争胜负的关键在于政治体制因素:"日本全国略与两江总督辖地相等,若南洋则倍之矣。一则致力实业、教育三十年而兴,遂抗大国而拒强国;一则昏若处瓮,瑟缩若被絷。非必生人知觉之异也,一行专制,一行宪法,立政之宗旨不同耳。而无人能举以为圣主告也,可痛可恨。"[2] 对于中国的改革而言,不变政体,仅停留在枝节问题是没有作用的。虽然张謇重视日本的立宪经验,但是他更倾向以民权为本的英国式君主立宪模式,他在为《日本议会史》撰写的序言中称:"要之立宪之始有事在,不立宪法,遂无望立法、行政、司法之实行也。西方之人有言:不知政

---

[1] 《与汤寿潜赵凤昌改定立宪奏稿》,李明勋、尤世玮主编《张謇全集》第1册,第119页。
[2] 李明勋、尤世玮:《张謇日记》,第577页。

治之组织，而妄求政治之权利，是妄想也。此非过论。"[1]

再次，张謇主张制度改革的全面性。张謇在《变法平议》中，全面阐述了他的改革主张。其中，吏部十条，置议政院、改外部、停捐纳、设府县议会等；户部十二条，制订预算及税目、征地丁图籍、立银行用钞币、改革盐法、裁撤厘金等；礼部八条，普兴学校、酌变科举、派亲贵游历、省官府仪卫等；兵部四条，组建警察部队、武科将领设武备外院、毕业生练营、建枪炮厂；刑部四条，增现行章程、增轻罪条目、清理监狱、行讼税；工部四条，开工艺院兼博览所、行补助法、劝集矿路公司、讲求河防新法。总计四十二条，又分为三个阶段次第行之。一是设议政院，各府州县设中学堂，教测绘、师范、警察等，各省设局编中小学堂课本，户部及各省布政司行预算表；二是分职省官定俸，增法律章程，罢厘金，停捐纳，变科举，行决算发；三是各府州县分设乡小学堂，兴农工商业，抽练营兵等。[2]

1905年10月，清廷派五大臣出洋考察宪政，次年9月1日，终于发布了仿行立宪的上谕，宣布"预备立宪"。上谕宣称要从官制改革入手，制订各种法律，然后再广兴教育，清理财政，整饬军事，设立巡警，"以预备立宪基础"。数年后规模初具，再参照各国法律，实行立宪。在宣布实行"预备立宪"之后，清政府逐步采取一系列措施来推行宪政改革。1908年8月，清政府颁布《钦定宪法大纲》，同时

---

[1]《日本议会史序》，李明勋、尤世玮主编《张謇全集》第6册，第319页。
[2]《变法平议》，李明勋、尤世玮主编《张謇全集》第4册，第34—63页。

批准公布的还有《议院法要领》《选举法要领》和《议院未开以前逐年筹备事宜清单》（因立宪预备期为九年，又称为《九年筹备清单》）。从理论上来讲，以宪法限制皇权，这在两千年的专制史上是开了先河的，"中国宪政化历程开始导入议会制君主立宪时代"。[1] 张謇在日记里表露了他的关切之情："宪政之果行与否，非我所敢知；而为中国计，则稍有人心者不可一日而忘。"[2]

实行国会政治的建言

国会，是立宪政体中最重要的代议与民意机关。在张謇明确君主立宪的政治目标的同时，也逐渐形成了他对于国会政治的看法。

1901年，张謇就在他的《变法平议》中，提出了要设"议政院""府县议会"。实际上是仿照日本明治维新以来所设的公议所、集议院、元老院，在他看来，"凡制定新法，改正旧章，上有所建，交议院行；下有所陈，由院议达。故下无不通之情，上无不行之法"。[3] "议政院"由京外四、五位大臣领导，有征辟议员之权，负责采辑古今中外政治，以供参考。但是只可"随时斟酌损益"，无监督权。"府县议会"则根据地方大小，裁定议员数量，每两年以抽签的方式留下一半人数，负责税收等事务。"释民教之争，筹学堂、警察、农工商业公司之费，与事而通上下之情，使人憬然动君民休戚相关之

1　陈锋：《中国宪政史研究纲要》，贵州人民出版社，2003年，第118页。
2　李明勋、尤世玮：《张謇日记》，第620页。
3　《变法平议》，李明勋、尤世玮主编《张謇全集》第4册，第35页。

感，其不以此乎？"[1] 在中央设议政院，地方设府县议会，以此作为宪政的沟通机关。从功能上说，只赋予了议政院"厘定章程"的权限，其功能更偏重于咨询，不具备实际权威，与西方宪政的议员选举制度存在较大差距。不难看出，此时的张謇对于"国会"的认知还不够深入。

1904年，张謇在赵凤昌、蒯光典、郑孝胥等人的帮助下，编撰翻译了《英国国会史》《日本议会史》和《宪法义解》等多部西方宪政著作。在主持编译的过程中，张謇对西方宪政制度有了更加深入的观察和思考，他多次强调了实行宪政、国会和责任内阁制度对推动中国政治法律现代化的重要意义。他保持着一贯温和稳健的政治性格，着重介绍日本立宪政治改革的过程，包括伊藤博文主持研究西方宪政、实行内阁制度、建立国会、宣布宪法等，前后历时二十余年。张謇特别强调了"施政之秩序有缓急，国民之智力无强弱，事不难于发端，亦贵有先之耳"[2]，主张向日本学习，循序渐进建立完备的宪政体制。由此可见，张謇对议会的认知已经突破传统政治的范畴，进入宪法政治的框架中。

在张謇看来，国会是宪政制度的核心机构。"有国会，然后政府有催促之机，庶政始有更张之本"，若没有国会这个中枢机构，则各部无法统一，互相推诿，将会大大降低效能。因此，国会应该总领内政改革大权，统一指挥各方面事务。另一方面，国会负有筹款、监督

---

1 《变法平议》，李明勋、尤世玮主编《张謇全集》第4册，第39—40页。
2 张謇研究中心、南通市图书馆编《张謇全集》第5卷上，江苏古籍出版社，1994年，第230页。

财政的责任，保证宪政改革的推进。张謇指出："有国会则对于全国，为政府交通之邮；对于列邦，为政府文明之帜。上下相通，猜疑自泯；邦交既正，民气自如。非独证世界公理之同，且可保东亚和平之局。"[1] 奚梅林研究指出，张謇认为国会为辅助咨询的机构，对国家事务并没有决定权，决定之权仍在君主，国会的权力受到了极大限制。不过这种"有限国会"的认知已与之前的"议政院"不同，国会已经被视为践行宪法的重要方式，是宪法职能的实体化，并且其国会观中朦胧的国家主义正在滋生，这对他后来在国会请愿运动中诸多实践产生了深远的影响。[2] 国会的召开，能够以前所未有的程度团结全国民众，那么中国就可以凝聚更多力量抵御列强。

到立宪运动后期，清廷不仅以"国民程度"为由，不愿速开国会，而且还认为在建立资政院以后，可以不必急于召开国会，由资政院暂行国会的职能。对于国民程度论，张謇驳斥称，国会政治是一种精英政治模式，作为国民中上层的士绅群体完全具备这种政治素质。当江苏谘议局首届议会闭幕时，他甚至发出"上下交尽，谁谓吾国之人程度不及"的感慨，因此他认为士绅阶层已经满足宪政的基本要求。张謇认为，国民程度与政治实践之间的关系，并不是国民程度论所意指的那样由前者决定后者，相反，召开国会才是演进国民程度的前提。在筹备立宪的问题上，张謇首先将国民因素从中剔除，认为召开国会其直接的因素是议院法与选举法的完备，从而扫除了国民程度

---

[1] 张謇研究中心、南通市图书馆编《张謇全集》第1卷，140页。
[2] 奚梅林：《从张謇的国会观看其立宪思想（1901—1911）》，南京大学硕士学位论文，2020年，第14页。

论在召开国会问题上的障碍，接着他进一步指出，国民程度的演进乃是国会政治的结果。"夫国会者，所以演进国民之程度，若不开国会，即人民程度永无增进之日。"[1]

至于资政院暂行国会的角色，张謇认为，资政院与国会的性质和职能不同，主要区别在于政府是否需要对其负责。资政院是君主专制政体下的一个咨询辅助机构，政府则是不需要对资政院负责的。但是立宪运动的要求在于分享政治权力，政府应对国会负责。因此，张謇在《国会代表第二次请愿书》中说："故朝廷既欲实行立宪，必自罢资政院而开国会始。"[2] 张謇重视国会政治，重视民众参政议政的权利，是一种政治进步性的体现。

建立责任内阁的主张

张謇不遗余力地推动立宪事业，在国会请愿运动时，他对宪法政治的理解更加深入，提出了要建立责任内阁的主张。

在张謇的立宪思想中，国会是筹备立宪的基础，不建立国会，所谓的筹备立宪都是空话。倘若没有国会的监督，政府各部和地方各省的筹备工作大多流于敷衍。通过考察西方各国宪政的发展历史，并没有所谓的筹备时期，即便有需要筹备的事务，最重要的应该是修订议院法。至于其他事情，都可以在国会成立后再开展。在他看来，责任内阁是国会议定主张的执行机关，必须先召开国会，来领导宪政的筹

---

[1] 《国会代表第二次请愿书》，李明勋、尤世玮主编《张謇全集》第1册，第205页。
[2] 《国会代表第二次请愿书》，李明勋、尤世玮主编《张謇全集》第1册，第205页。

备工作。为加快建立国会和责任内阁的进程，张謇等国内立宪派针对清廷拖延召开国会的主要理由进行了批驳。关于国民程度不尽相同的问题，张謇表示："其多数之国民，一面普及之以教育，一面陶熔之以政治，庶几并行而不悖。"[1]

张謇认为，责任内阁必须体现国会的主张和意志，全权负责内政外交。"责任云者，以内阁代君上负责任焉耳。责任专于内阁，而君上日临而监察之。内政有失，则责内阁大臣焉；外交有失，则责内阁大臣焉。中外人民之观听，群倾注于内阁大臣。凡为内阁大臣者，但稍有知觉，决不能如向之持禄保位，泄沓自安。且其地处于可进可退，即由桀骜不驯之才，亦受责于举国舆论而无所容遁。"[2]

如上所述，张謇向往的责任内阁制度，一方面要遵循现代议会政治的基本原则，由民选议员组成的国会享有立法和监督权，即责任内阁必须对国会负责；另一方面，责任内阁也要维护清廷皇室的利益，"是有人代负责，而君上安于泰山。君上为责任所不及，而又有国会在下，助君上以监察此代负责任之人"。[3] 他专门指出国会和责任内阁制度有利于维护君主的地位和尊严，以此来劝谏清廷皇室，可谓用心良苦。张謇主张召开国会和建立责任内阁，这表明在他的认知中，议会制度的权力不止于以建言献策为主，而且涉及独立的立法权和监督权，是其宪政思想认知的深化。

---

1 《国会代表第二次请愿书》，李明勋、尤世玮主编《张謇全集》第1册，第206页。
2 《请速开国会建设责任内阁以图补救书》，李明勋、尤世玮主编《张謇全集》第1册，第188—189页。
3 《请速开国会建设责任内阁以图补救书》，李明勋、尤世玮主编《张謇全集》第1册，第189页。

筹办地方自治的构思

筹办地方自治，是清末宪政改革中非常重要的基础环节，也是立宪运动中得到广泛认同的一项内容。他对于地方自治的理解也是一个逐渐深化的过程："窃謇抱村落主义、经营地方自治，如实业、教育、水利、交通、慈善、公益诸端。"[1]

首先，实业是地方自治的经济基础。张謇直言不讳地指出"自治须有资本"，所以他把实业看作是地方自治的"根本"。他曾解释实业、教育、慈善三者之间的关系时说："以为举事必先智，启民智必由教育；而教育非空言所能达，乃先实业；实业、教育既相资有成，乃及慈善，乃及公益。"[2] 在西方文明的持续冲击下，随着民族危机的不断加深，张謇认识到中国要实现自救，就必须走工业化道路，发展工商业。他告别了传统仕途，走上了"实业救国"的实践道路，并且以"通官商之邮"自居。兴办实业，成为张謇建设地方自治和探索现代化的出发点。以大生纱厂为中心，他创建了手工业、工业、金融、水利和交通运输等数十家大型企业，形成了南通的大生集团。

其次，教育是地方自治的文化基础，可以"开民智，明公理"，培养自强救国的人才。其实，近代中国的落后不止在于政治腐朽，民众愚昧无知与文化素质低下也是重要原因。张謇发现，德国、日本等

---

[1]《呈报南通地方自治第二十五年报告会筹备处成立文》，李明勋、尤世玮主编《张謇全集》第 1 册，第 523 页。

[2]《谢参观南通者之启事》，李明勋、尤世玮主编《张謇全集》第 5 册，上海辞书出版社，2012 年，第 198 页。

强国都非常重视教育，因此培养出了大量的人才，不断产生发达的科学技术，有效提高了国家实力。教育，承担着教化国民，培育人才的使命。想要改变清末中国"民智未开"的局面，必须提倡教育、普及教育。张謇虽为科举状元，但却努力兴办新式学堂，坚持"国家思想，实业知识，武备精神三者，为教育之大纲"。[1] 振兴实业不仅是为了发展民族工商业，也是为兴办教育筹措资金，提供物质保障。张謇毕竟是一位深受儒家文化熏陶的士大夫，他有着强烈的社会责任感，因此他力图振兴实业，并不是为了谋取私利。而是为教育提供经费支持，也为地方自治和国家立宪政治提供坚实的物质基础。

再次，慈善事业是地方自治的社会基础。张謇认为慈善事业与实业、教育都有着密不可分的联系，而且是相辅相成，缺一不可，共同构成地方自治的基础事业。通过关照"失养失教之民"，从而促进社会秩序的稳定和发展。张謇提出的一系列有关慈善公益的主张，丰富了中国的慈善公益思想。"特别是他将慈善公益事业与地方自治、实业、教育的发展紧密相联，从新的层面阐述慈善公益事业的功能与作用，并且十分重视盲哑人教育，将创办图书馆、博物院、医院、公园等都纳入到社会公益事业之中，称得上是张謇对中国近代慈善公益思想的一大发展。正因为张謇具有这些独具特色的思想，才使他所从事的慈善公益活动也体现出新的特征，并且产生了更大的作用与影响。"[2]

不过对于张謇来说，经济、文化与社会建设是地方自治的重要基

---

[1]《师范章程改订例言》，李明勋、尤世玮主编《张謇全集》第5册，第96页。
[2] 朱英:《论张謇的慈善公益思想与活动》，《江汉论坛》，2000年第11期。

础，以立宪为核心的政治建设才是地方自治的根本，"立宪之大本在政府，人民则宜各任实业教育为自治基础"。[1] 具体而言，不同于一般意义的地方经济社会建设，政治建设是地方自治的根本保障，其核心和要害是议会民主与法治社会。

一方面，议会民主是地方政治建设的主要内容。1901年，张謇在《变法评议》中，极力主张仿行日本地方自治制度。"设府县议会"，实行地方自治。1903年，张謇去日本考察后，十分推崇日本的地方自治方式，主张中国尽快模仿。"夫有国会然后可以举行宪政，无国会则所谓筹备皆空言也……因无国会以编订法律，法规，一切政治无所遵守。"[2] 议会民主意味着政权对人民开放，人民才有参政的合法机会，在专制政体下，"夫政，则国家主之，君相之魁柄。专制未除，士民分不得一言干预"。[3] 他期待地方新的政治空间的生成："往者中国专制之世，社会与政府分，有政府而无社会……今朝廷既已宣布九年立宪，社会将与政府合，有社会乃有政府。"[4]

另一方面，法治社会是地方政治建设的首要目标。张謇强调："虽然其地其人既为筹备自治矣，而治其地其人之人必具如何之资格，然后当其可？曰是在知法律。夫未预备自治以前数千年来，人人在专制政体之下，办地方公事者，于法律小有出入，犹得称之曰贤。今值

---

1 张謇研究中心、南通市图书馆编《张謇全集》第1卷，第145页。
2 《国会代表第二次请愿书》，李明勋、尤世玮主编《张謇全集》第1册，第204—205页。
3 《南通县图志赋税志田赋序》，李明勋、尤世玮主编《张謇全集》第6册，第518页。
4 《通州中学附国文专修科述义并简章》，李明勋、尤世玮主编《张謇全集》第5册，第112页。

预备时期,不明公法,无以成立自治之机关;不讲民法,无以组织自治之团体;不研究诉讼法,社会何以得安宁?不陶冶习惯法,风俗何以臻良善?"[1] 只有在立宪政体下,人民才有建设地方法治社会的合法机会。正如有论者指出:"地方自治是张謇一生的政治理想。张謇认为地方自治的实现,离不开立宪政治的政治保障。"[2] 在日本考察归来,张謇尝言:"东西各国办事人并非一种血肉特造,止法度大段公平划一,立法、行政、司法同在法度之内,虽事有小弊,不足害法。"[3]

第二节　民国初创时期的共和思想

辛亥革命爆发后,张謇从支持君宪转而赞同共和,并为调和南北、维护统一作出了卓越贡献。张謇是一位以天下为己任的爱国政治家,他的共和政治思想也立足于推动中国的全面现代化。民国成立后的十数年,无疑是张謇改革思想的成熟阶段,一直到他病逝,始终坚守的是近代中国的民主共和与全面现代化。

走向共和的思想转变

张謇在武昌起义后,在不到一个月的时间内从君宪转而拥护共

---

1 《通海垦牧公司第七届说略》,李明勋、尤世玮主编《张謇全集》第5册,第486页。
2 马珺:《张謇地方自治思想探究》,《中州学刊》,2008年第2期。
3 《柳西草堂日记》,李明勋、尤世玮主编《张謇全集》第8册,第545页。

和，其变化之大，让一般人很难理解。但是从政治思想认知轨迹来看，并无多少让人意外之处，其主要原因可以概括为两点。

首先是中国实行共和制的现实考虑。武昌起义后，各省纷纷宣布独立，此时君主立宪的制度选择已经不合时宜，民主共和制正在成为新的政治共识。正如张謇所言："共和政体与君主立宪政体，不以国民程度之高下为衡，而以国民能脱离君主政府与不能脱离君主政府为适宜之取决。英之保存君主，以当日国民革命，贵族与有力。日本之尊王，所以覆幕，皆国势事实上之问题，与国民程度无关也。是故国民未能脱离君主政府，只有立宪，请求共和不可得；既脱离君主政府，只有共和，号召君主立宪不可得，亦国势事实为之也。"作为一位务实的政治家，他敏锐地指出形势比人强："美法革命，改建共和，皆为反抗压制事实之结果，非先有共和程度而为之也。"[1] 在中国已经发生革命的情况下，选择民主共和，是顺应历史的最好选择。而且对于实业建设来说，新的共和制度无疑是会带来新的发展机遇的。

其次是中国实行共和制的地理因素。张謇指出国土"寥廓、种族不一"的国家最宜于实行联邦共和制。他解释说，种族繁杂如瑞士，国土广阔如美国均实行民主共和，瑞士的二十五州为联邦，美国的四十八州为合众国。"瑞士民族，论者比为欧洲之缩图；美之国土，广袤不亚于中国；而民土共和之治，最称瑞、美。此之两国，皆为吾法。"[2] 中国种族既多，国土又大，应当学习和效仿瑞士和美国的

---

[1]《建立共和政体之理由书》，李明勋、尤世玮主编《张謇全集》第4册，第200页。
[2]《致内阁电》，李明勋、尤世玮主编《张謇全集》第2册，上海辞书出版社，2012年，第288页。

榜样。

为了阐述其共和政治的理念，1913年张謇完成《尧舜论》一文，集中阐发了对美国为代表的共和体制的看法。他以美国总统华盛顿"二任既终，决然远引"与尧舜禅让相比拟，认为华盛顿之引退，是美国时势和体制所决定，而尧舜之禅让却完全处于个人的英明与高尚，所以华盛顿可谓"贤"，而尧舜则达到"圣"的高度。问题是在现实社会中，"贤德""圣明"是不可求的因素，因此以禅让制决定国家政权的继承，有着很大的风险。华盛顿创建的美国体制倒是现代社会可以把握的一种做法："方是时，合十三州之人大开国会，规定宪法，定统领任期三年（注美国总统任期应为四年）。"[1] 由国会推举总统，总统的好坏由全国人民共同承担，总统期满退职，这便是美利坚"国为民土、体为共和"的政体。

《尧舜论》对共和政治本身的合理性和进步性作了进一步的分析探讨，是对国土辽阔、种族多元共和理论的补充和深化。可以看到，张謇的政治思想仍立足于中国传统，通过对比研究，他发现了共和体制的长处，这也是他最关心的地方。至于如何实现共和等问题，则不够深入。有学者指出，张謇对于共和政治的理解仍存在着明显的局限性，忽略了社会历史条件、阶级基础、自由民主精神等本质问题。[2]

五族共和与国家统一

1911年12月，张謇、伍廷芳等组织的共和统一会，在《共和统

---

[1]《尧舜论中》，李明勋、尤世玮主编《张謇全集》第4册，第266页。
[2] 卫春回：《张謇评传》，南京大学出版社，2001年，第205页。

一会意见书》明确表示共和与统一不可分："夫欲维持中国今日之分割，不得不以维持领土为第一要义。""夫吾人之所谓为共和主义者，非谁某一族一姓之共和主义，乃合全国之二十二行省，及蒙盟藏卫，而为一大共和国。要以言之，即统汉、满、回、蒙、藏之五种人，而纳之一共和政体之下者也。""设共和政治进行时代有力之枢机，而即成一巩固健全之大共和国家者。"[1] 辛亥革命之后，各省通电独立，他明确主张，此"独立"是指各省相对于清廷政权而独立，但绝不是指背弃大中华共同体而各自独立。"夫独立云者，离北京政府而独立，非各自独立之谓者。"[2] 他在函电中规劝袁世凯："旬日以来，采听东西南十余省之舆论，大数趋于共和。以汉、满、蒙、回、藏组成合众，美法之人，固极欢迎，即英、德、日、俄社会党人亦多鼓吹。"[3]

辛亥革命前后，革命党"驱除鞑虏"的排满狂潮引发了满蒙王公的恐惧。日本趁机插手满洲，俄国策动外蒙独立，内蒙古、西藏、新疆也日趋不稳，大中华分裂迫在眉睫。张謇提出以共和政治解决民族问题的方案："俄人垂涎蒙古，非止一日。为今之计，唯有蒙汉合力，推诚布公，结合共和政治。以汉之财卫蒙，以蒙之力捍汉，强邻觊觎，可以永绝。"在具体做法上："汉、蒙、满、回、藏五族，皆有选举大总统之权，也都有被选为大总统之资格。"[4] 此时，革命党武昌起义的旗帜是"十八星旗"，旨在建立不包括满蒙藏疆的十八省汉族国家。而张謇等立宪派主导的江浙等地，使用的则是象征五族共和的

---

[1]《共和统一会意见书》，李明勋、尤世玮主编《张謇全集》第1册，第235—236页。
[2]《复许鼎霖函》，李明勋、尤世玮主编《张謇全集》第2册，第294页。
[3]《致袁世凯电》，李明勋、尤世玮主编《张謇全集》第2册，第280—281页。
[4]《致库伦商会及各界电》，李明勋、尤世玮主编《张謇全集》第2册，第284页。

五色旗,明示包括满蒙藏疆在内的二十二省。为"五族共和"上下奔走的江苏督军程德全与浙江督军汤寿潜等人,都是和张謇一样的立宪派骨干。张謇与革命党黄兴、陈其美、宋教仁、伍廷芳等人交情深厚,并在"五族共和"上达成一致。最终,立宪派与革命党内部力量共同促使孙中山正式提出了"五族共和"的主张。

而在清廷这边,张謇强烈支持袁世凯维系多民族的大一统局面,同时作为主要初稿起草人,在《清帝逊位诏书》中明确提出"满、汉、蒙、回、藏五族完全领土为一大中华民国"。正如有论者评论说:"从革命党到袁世凯到清廷,以张謇为首的立宪派'一手托南北',对政局向'五族共和'的实际转变发挥了更为重大的作用。看到如今的中华民族共同体,看到如今的中华民族伟大复兴,当念及'张謇们'当时的良苦用心与惨淡经营。"[1]

法治思想与市场经济

张謇所处的时代,是新旧交替,但旧势力、旧观念仍占据主导地位的时代,当时人们的现代法治观念十分淡薄,法治状态相当落后。张謇若要推进治理现代化,就必须在全社会树立现代治理理念,逐步打造现代法治生态。张謇认为将传统的"人治"变为现代的"法治",可以"以之治地,地必逞能;以之治人,人必就范;而治地治人之人亦常受治于法律"[2]。也就是说依照法律规范社会行为,调节社会关

---

[1] 潘岳:《张謇是谁?》,《文化纵横》2018年第6期。
[2] 《通海垦牧公司第七届说略》,李明勋、尤世玮主编《张謇全集》第5册,第486页。

系，维护社会秩序，包括被治者和治人者都遵守法律，就可以达到以法治为核心的治理现代化，从而推进各方面的现代化。

有关张謇法治思想及其影响，正如知名经济学家樊纲所言，张謇非常深刻地认识到官营经济的严重弊端，也深刻领会到政府"官为维持，商为经营"的政策倾向的不良后果。他主张积极推动民间经济的成长与发展，并亲身参与"南通模式"的经济实践活动。他的一生运作了很多近代企业模式的公司组织，建立了一整套近代先进的管理制度，为近代民营经济非正式制度的发展做出了重大贡献。同时，在北洋政府时期作为农商总长，他改变了清末的传统立法原则，为国家层面的经济制度的立法行为奠定了基础。[1] 具体而言，张謇的经济法治思想主要表现在三个方面。

一是关于市场经济是法治经济的深刻认知。张謇在《实业政见宣言书》一文中指出：经济活动应当"乞灵于法律。法律作用以积极言，则有诱掖指导之功；以消极言，则有纠正制裁之力。二十年来所见诸企业者之失败，盖不可以卒数。推其原故，则由创立之始，以至于业务进行，在皆伏有致败之衅，则无法律指导之故也。将败之际，无法以纠正之；既败之后，又无法以制裁之；则一蹶而不可复起。或虽有法而不完不备，支配者及被支配者，皆等之于具文。前仆后继，累累相望，而实业于是大戁。此可悲之事，亦如謇所亲见，且累见不一，并尝身经其苦痛也"[2]。他向民国第一届国会报告说："故农林工

---

[1] 樊纲、姚勇：《中国经济制度化研究——以张謇与中国国家近代化为个案》，周新国主编《中国近代化先驱：状元实业家张謇》，社会科学文献出版社，2004年，第49页。
[2] 《实业政见宣言书》，李明勋、尤世玮主编《张謇全集》第4册，第257—258页。

商部第一计划,即在立法,将来提出关于农工商法案,若《耕地整理法》《森林保护法》《工场法》,及《商人通则》,及《公司法》《破产法》,运输保险等规则,尚望两院平心审择,迅于通过。"[1]

1913年11月14日,张謇在《为拟定农工商法令呈大总统文》开篇指出:"窃维本部职任在谋工农商业之发达,受任以来,困难万状。第一问题即在法律不备,非迅速编纂公布施行,俾官吏与人民均有所依据,则农工商政待举百端,一切均无从措手。为此夙夜图维,惟有将现在农工商各业急需应用之各种法令,督饬司员从速拟订,如法公布,即其中有关涉法典范围向归法制局编纂,如待全部法典完成,非数年不能竣事。拟由本部择其尤要,如《公司法》《破产法》等,分别定成单行法令作为现行条例以应时势之要求。俟法制局全部法典内告成之日,此项条例即行废止。"[2]

二是对法律制度保护所有权的高度认同。他指出:"无《公司法》,则无以集厚资,而巨业为之不举;无《破产法》,则无以维信用,而私权于以重丧,此尤其显著者。"[3]他就任农工商总长以后,即制订和实施了《公司条例》,该条例中对保护财产所有权提出了明确规定:"凡公司均认为法人",有照章招集和运用资本之权,其财产受政府保护,非因依法解散、退股,任何人不得随便侵占、处置。股东有依法投入、撤退、出售、转让、清偿自己股份的权利。后来在《矿业条例》中规定了矿业权,在《暂行工艺品奖励章程》中规定了

---

[1] 《实业政见宣言书》,李明勋、尤世玮主编《张謇全集》第4册,第258页。
[2] 《为拟定农工商法令呈大总统文》,李明勋、尤世玮主编《张謇全集》第1册,第263—264页。
[3] 《实业政见宣言书》,李明勋、尤世玮主编《张謇全集》第4册,第258页。

"凡关于工艺上之物品及方法首先发明及改良者",可以享受3年或5年的生产经营专利权。

作为民营企业家的代表性人物,张謇充分认识到企业所有权保护的重要性。只有民营企业发展壮大,中国的实业才有可能增强,中国的利权才有可能得到保障。当时《中华实业界》杂志评价说:"民国政府厉行保护奖励之策,颁布商业注册条件、公司注册条例,凡公司、商店、工厂之注册,均妥为保护,许可专利。一时工商界踊跃欢忭,咸谓振兴实业在此一举,不几年而大公司大工厂接踵而起。"[1]

三是对政府不当干预市场经济的强烈反对。"张謇经济法律思想的另一方面是他指出政府部门既要扶植工商业的发展,但又不能滥用权威,法外干涉而使企业蒙受损失,要依法规范政府部门的作用。"[2] 1915年2月,时任农商总长的张謇曾向各省区发出咨文,特别要求地方政府明确核办工商行政事务和缴纳费用的办法,不得故意延搁和另加勒索。

1922年,北京政府想以招商局资产抵押借外债。交通部秉承旨意,捏造罪名,呈请政府清查。招商局股东即组织联合会,推张謇等为代表致电政府,抗议其对商办企业的蚕食。张謇在电文中,处处以法律为依据,驳斥了政府对法律的肆意践踏。"民国以法治为本,行政之处分与执法之行使,均经定有条例,非可轻用威权,逾越常轨,断无不问受理管辖权暨告诉权之合法与否,证据及理由充分与否,贸然据一自称股东片面之辞,遽行查办其公团,拿办其职员之理。"至

---

[1] 王敦琴编《张謇研究精讲》,苏州大学出版社,2013年,第88页。
[2] 周执前:《试论张謇的经济法律思想》,《船山学刊》,2003年第2期。

于交通部的执法行为,"既请派员查办,何以即与先行拿交法庭?似此举动,其为有意破坏商业,蒙蔽府院,显而易见。且本局乃完全商办公司,非官吏所可违法蹂躏,既有关涉民刑被控嫌疑,亦应按照法定手续,循序处理"[1]。

对外开放与"会通中西"

张謇学识出色,视野开阔,他曾说:"一个人办一县事,要有一省的眼光。办一省事,要有一国的眼光。办一国事,要有世界的眼光。"[2]

特别是在民国以后,他经常阐述其"对外开放"的思想。"夫世界今日之竞争,农工商之竞争也。农工商之竞争,学问之竞争也。"[3]在张謇看来,要使国家富强,民族兴旺,就不得不与西方交流、学习,效仿其先进之处,同时完善本国的教育,培养更优秀的人才。而这些都建立在"开放"的基础上,决不能以天朝上国自居,更不能闭关锁国。尽管是科举出身,但张謇没有固守旧学,反而强调:"世界的进化,国际的竞争,决不是旧理论、旧法子可以办得到的。"近代以来,西方科学技术和文化知识不断发展,已不止在"器物"层面,就连"道德"层面,如公民责任、文明秩序、合作精神等都值得中国学习。如果不能与时俱进,中国必将全面落后于西方。

---

1 《致政府电》,李明勋、尤世玮主编《张謇全集》第3册,上海辞书出版社,2012年,第1105—1106页。
2 张孝若:《南通张季直先生传记》,第297页。
3 《敬告全国学生书》,李明勋、尤世玮主编《张謇全集》第4册,第439页。

"博采外域知识",方可推动中国的科技、文化发展。在其实业、教育事业中,张謇常常打破地方观念、国家界限,以引进西方人才、技术、资金等。他曾积极聘请外国专家为其企业指导技术,也派遣过很多人员出国留学、考察,以及搜集、翻译西方科技文化书籍等研究成果。此外,张謇还积极推动引进外资。鉴于中国资本原始积累不足的国情,他希望向外国借款,维持中国的企业发展等。张謇热爱中国传统,一生以提高国力、赶超列强为追求,不过其对外开放的思想表明,他并非狭隘的民族主义者。

自鸦片战争以后,国门大开,外来文化持续不断地对中国产生影响,西方器物、制度、思想对于清末中国来说具有全方位的优势,张謇因之而产生了对于西学的兴趣。"江苏人文风尚,表现出适应性大,对外来因素易于接受,智慧高和思辨力强,对环境较为客观的分析和判断。"[1] 在维新运动时期,张謇便参加过强学会,支持《时务报》,推动文学变革和新文体。张謇继承了明末清初顾炎武、黄宗羲"经世致用"的治学传统,反对空谈义理,提倡实学。组织翻译世界各国政治、文学、史学、经济学等论著的经历,使其对于西学有了进一步的认识。在地方自治的实践中,张謇得以更深刻地思考西学在中国本土发生的种种影响和变化。

张謇在南通设医校,希望可以将中西方医学结合起来:"药通然后可以求医之通。犹汽车电车,药犹轨与道也。"[2] 他还把"祈通中

---

[1] 王树槐:《中国现代化的区域研究—江苏省》,台湾中研院近代史研究所专刊(48),1984年,第60页。
[2] 《拟集资订中药征求同意书》,李明勋、尤世玮主编《张謇全集》第4册,第479页。

西,以宏慈善"作为医科学校的校训。其实,张謇素来稳健持重,在对待中西文化的问题上,他博采西学之长,却不支持全盘西化,坚守中国传统,却不故步自封。他强调"通中外而策其宜",意在将中国传统文明与西方文明的先进之处融会贯通,还特别指出学习西方必须适当参酌中国实际,不可一味模仿。在农学、文学、艺术等各方面,张謇都主张会通中西,二者结合,从而推动文明进一步创新发展。

第三节 经世致用的早期从政

作为一位全国性政治家,张謇的人生舞台当然不限于实业、教育事业,他广泛参与政治,具有很大的政治影响力,罗一民甚至将其誉为"清末最杰出的政治家"。张謇深受儒家传统浸润,富有家国情怀,在领导立宪运动与肇建民国的过程中,发挥了全局性的影响力。民国初年,张謇出任中央政府农商总长,更是大力推行了一系列开创性的现代化改革。他在经营天下的格局中,精心打造南通的早期现代化样板,"中国近代第一城"成为全国瞩目的建设成就,引领20世纪初期中国现代化的潮流。

在张謇的青年时代,他先后为孙云锦、吴长庆担任幕僚,一面帮助办理行政、军务之事,一面继续读书,以求科举功名。在1894年高中状元之后,张謇追随翁同龢,积极参与政治活动。可以说,19世纪晚期20多年的时间,可以视为张謇从政的实习期与预备期,其最主要特色的是经世致用,这也是张謇一生行事的基本风格。

不寻常的幕僚生涯

张謇出生于 1853 年 7 月,这一年,太平军开始在南京定都,声势席卷整个南方。对于从 18 世纪晚期开始衰落的清帝国来说,一个内外交困的时代终于降临。这一时代背景,成为张謇萌生强烈的忧患意识与家国天下情怀的历史底色。

少年张謇便聪明好学,十分用功,每夜读书"必尽油二盏",不久便在院试中取得秀才称号。但因"冒籍"风波,张謇一家受到了百般勒索。甚至曾因躲避官吏拘押,"深夜昏黑,冒风雨出城,沿濠独行",每走十步便需蹲下,观察数尺外有无水光,方才敢进,走了三四个时辰,天快亮时才走到一位友人家,又雇了一辆小车急急离开。"当是时,外避仇敌之阴贼,内虑父母之忧伤,进亟学业之求,退念生计之觳。"[1] 苦于勒索的张謇最终自行检举,请褫衣归原籍,直到 1873 年才了结此事。此后二十年间,张謇多次参加科试未中,为接济家庭的困顿,他不得不为人充当幕僚,其中最为重要的是在吴长庆幕府中的经历。

1876 年,张謇应吴长庆之邀,前往他的庆字营担任幕僚。吴长庆是淮军著名将领,热心于延揽人才,除了张謇,他还聘有周家禄、朱铭盘等名士。张謇到吴长庆门下,极受赏识,得到月俸二十金的待遇,日常主要负责起草文书、办理军务等工作。在此期间,张謇结识了朱铭盘等名士,互相切磋学问技艺,取得了很大进步。

---

[1] 张謇:《张謇自述》,安徽文艺出版社,2014 年,第 14 页。

1880年，吴长庆奉命前往山东帮办军务。他率六个营开赴登州，张謇也在随军之列。在进一步参加军务的过程中，张謇感到国家边疆危机四伏。俄国侵占伊犁，进犯西北；日本抢占琉球，侵略台湾；法国在越南殖民，后来掀起中法战争。张謇在登州驻防期间，时常与人探讨国事，提出其主战的见解。不过此时李鸿章等主和派在朝廷占据上风，这与张謇积极筹备军务的愿望相反。两年后，朝鲜爆发了"壬午兵变"，张謇在此次事件中初步展露了才华。壬午兵变本是朝鲜内部派系斗争所致，但很快演变为中日之间的冲突。清政府在战和之间面临抉择，北洋大臣张树声召集海军提督丁汝昌、吴长庆密商军务，张謇作为机要秘书参加了会议，负责作相应的准备和记录工作。决定出兵后，张謇又随同吴长庆筹划前敌军事，迅速安排妥当，8月20日抵达朝鲜，25日进驻汉城南门附近，26日诱捕大院君，迅速平复了朝鲜事态。

在本次事件中，张謇凭借其稳重、干练的作风赢得高层信任，参与了一系列会议决策和军事活动。张謇提出了"以战定和"的策略，展现出其对时局的独到见解。他力主出兵，平定"壬午兵变"，在中、朝、日地缘政治关系复杂的局面中抢得先机，使日本侵略朝鲜的计划失败。在处理"壬午兵变"的过程中，张謇充分展现了其能力才华。尽管他只是作为吴长庆的幕僚参与军机，但其对朝鲜问题的认识非常深刻。张謇主张对日采取强硬姿态，平息朝鲜问题，并收复此前为日本所占的琉球，还提出要将朝鲜改制，设为郡县，或者设置监国，派重兵驻守海口，令朝鲜改革内政，编练新军。[1]

---

1 卫春回：《张謇评传》，第17页。

张謇的《朝鲜善后六策》，体现出他对日本的野心已有高度警惕，而对朝鲜则以宗主国自持。在张謇看来，维持中国对朝鲜的宗主权，是解决危机的关键。如果朝鲜落入日本之手，中国东北边境将会饱受日本骚扰侵犯之苦。在《代某公条陈朝鲜事宜疏》中，张謇提出了八项对策，最重要的就是向各国宣告朝鲜为大清属国，确立宗主权。其他几项都是加强战备的措施，包括起用湘军将领刘锦棠、淮军将领刘铭传以及冯子材、刘永福等，这些将领并不具有明显的派系特点，可避免互相倾轧；派海军在中、朝、日之间的海域游弋示威，使日本不敢侵扰，同时达到练兵壮胆的效果；坚定朝廷主战的意志，作长期战争的准备，为此他向翁同龢致书，希望通过翁的进言打动最高统治者，树立信心。

对于张謇的主战策议，左宗棠、张树声、张之洞、翁同龢一些主战派的将领和文臣都表示赞同，但当权的李鸿章仍然坚持主和。于是，在事变中立功的吴长庆反而受到打压，在这种情况下，与吴长庆、张謇关系密切的袁世凯又投奔李鸿章，令张謇感到愤怒，并与其断交。吴长庆不久后病逝，门下幕僚尽皆散去。事实证明，张謇的主张是具有前瞻性的正确意见。"壬午兵变"平息十年后，日本再次掀起了入侵朝鲜挑战中国的战争，而这一次，清廷完全失去了战略主动，最终以惨败而告终。

吴长庆病逝后，张謇也离开了军营。他对朝廷的派系争斗感到失望，不愿再为人充当幕僚。此后一段时间内，张謇回到家乡，一面进行社会活动，一面继续参加科考。自1886年起，张謇在通海地区倡导蚕桑种植，这是他兴办实业的开端。张謇为乡民购买桑苗，分送

《蚕桑辑要》，试图推动产业发展。但本地农民并无养蚕种桑的习俗，没有太大激起反响。为提高农民的积极性，张謇提请两江总督刘坤一，为蚕桑产业免税，又招商设行收茧，打消了农民的疑虑，通海地区蚕桑产业开始起步了。此后又遭遇官府刁难、商人亏本等困难，在这些挫折面前，张謇没有放弃。他的蚕桑事业起起伏伏，一直坚持到1894年终于才有所成。同时，他热心关注社会公益，在海门设义仓，联络商人共同集资，赈济灾民。这些社会活动为张謇积累了丰富的实践经验。

状元政治家的崛起

在家乡活动的张謇没有忘记科考正途，1885年，他在顺天参加乡试，取得第二名的好成绩，被称为"南元"，即南方士人魁首。此后张謇又接连参加了四次礼部会试，结果全部失败，以至于萌生了退意。直到1894年，因慈禧太后六十大寿，举行恩科会试，张謇在父亲的鼓励下再次应考，终于一举夺得状元之名。张謇也因此与翁同龢、潘祖荫、黄体芳等大臣结交，进一步加深了与清流派的关系。张謇自此正式步入仕途。这颗逐渐崛起的政坛新星，拥有丰富的实践经验、出色的学问才华、可靠的品性道德，再加上他不畏权贵、对外主战的政见，迅速成为清流派的中坚人物。

1894年7月，甲午战争爆发。帝党与后党、清流与浊流、主战与主和之间的矛盾斗争也因此更而日趋激烈，作为新晋恩科状元、清流派中坚，素来强力主战又充满爱国热情的张謇，很快卷入了政治漩涡中。在6月至9月间，张謇与翁同龢频繁见面会谈，并有多次书信交流。有研究指出，他们在此期间讨论：如何加强战备，起用刘永福等爱国将领，推动清廷对日宣战；将太后寿辰庆典的款项拨付购买军舰，派海军援助叶志超，巩固渤海防务；罢黜李鸿章，起用恭亲王奕䜣，以抑制后党势力等。张謇上《呈翰林院掌院代奏劾大学士李鸿章疏》，列举李鸿章贻误战机等种种罪责，激烈地批判李鸿章："以四朝之元老，筹三省之海防，统胜兵精卒五十营，设机厂学堂六七处，历时二十年之久，用财数千万之多，一旦有事，但能漫为大言，胁制朝野，曾无一端立于可战之地，以善可和之局。"[1]

张謇坚持"以战定和"的战略方针，反对李鸿章等主和派，竭尽全力出谋划策。但是以结果而言，张謇的策论没有得到实质性的响应，他的努力只取得了清流对浊流的舆论压制，对战局胜负无所裨益。多年科考，一朝高中，张謇壮志满满步入政坛，但复杂的斗争令他感到有心无力。不久，张謇又接到父亲病重继而亡故的消息，这个悲痛的消息再度打击了他的参政热情。张謇暂时放弃一直所坚持的儒家入世正途，他选择回到家乡继续兴办实业。

张謇在甲午战后由于父亲亡故而回到家乡守制三年，这段时间他奔波于创办纱厂之事。尽管远离了政局中心，但世纪之交的每一次政潮都有着他的身影。

自1897年开始，德国强占胶州湾，列强加快了侵略的脚步，疯狂瓜分在华"势力范围"，民族危机变得空前严重。而在国内，跃跃欲试的维新派已开始四处活动，张謇于1898年春北上进京，往翰林

---

[1] 张謇研究中心、南通市图书馆编《张謇全集》第1卷，第28页。

院销假。6月光绪皇帝宣布变法，拉开了百日维新的序幕。然而变法开始后仅仅四天，翁同龢就被谕令开缺回籍。罢黜帝师的消息令朝野震荡，也让新旧之间的矛盾更加激烈。张謇与翁同龢有师生之谊，在翁氏被罢后已感到朝局将有大变，他在日记中写道："恭诣乾清宫引见，瞻仰圣颜，神采凋索，退出宫门，潸焉欲泣。"[1] 变法的前途如同光绪皇帝的神采一样很快凋索，张謇谢绝了孙家鼐派他充任京师大学堂教习的任命，7月下旬返回南通，再次投入大生纱厂的实业事务中。

8月间，守旧势力与维新派的矛盾逐渐升级，身在南方的张謇仍然关心着政局，在日记中记录了当时各方消息言论。为了保住光绪皇帝，维护国家政治稳定和保留变法的希望，张謇努力发动舆论，极力游说两江总督刘坤一，希望能够向以慈禧为首的守旧派施加压力。刘坤一乃湘军宿将，手握重兵，在朝局中也颇有影响力，张謇为其起草了《太后训政保护圣躬疏》，终于使戊戌政变的震荡限制在一定范围之内，并遏制了守旧派的疯狂反扑。张謇对于康梁的激进作风并不赞同，他坚持温和变法的改良主义，他的改革主张在新政时期也得到了部分实现。

力促"东南互保"

张謇回到南方，专注于他的纱厂事业，但不久又爆发了义和团运动。这时由于大生纱厂已经建成，同时又正在筹划创办垦牧公司及其

---

[1] 李明勋、尤世玮：《张謇日记》，上海辞书出版社，2017年，第477页。

他企业，东南地区市场的稳定与安全对张謇来说，显得尤为重要。在危机面前，张謇力促"东南互保"的实现，维护南方地区的社会稳定。"东南互保"由湖广总督张之洞、两江总督刘坤一联合地方官绅策划，意在与各国领事订约，避免南方陷于动乱。但这个计划毕竟是抗旨行为，政治风险极大。为了促成此事，张謇四处游说，频繁与地方官府和文人士子进行沟通，他往来于南京、上海、通州等地，多有联络商议。

张謇参与"东南互保"的活动，大致可以分为三个步骤：第一步是促成了刘坤一招抚徐宝山。徐宝山是长江中下游地区的盐枭头目，帮会人数众多，且携有武装，自成一股势力，在"义和团运动"时期更是蠢蠢欲动。因此张謇劝说刘坤一尽快招抚徐宝山，保障了东南大局。第二步是推动刘坤一等订立《东南保护约款》。他多次向刘进言，指出"无西北不足以存东南，为其名不足以存也；无东南不足以存西北，为其实不足以存也"，张謇用"清廷"与"东南"是一种"名实"互存关系的立论打动了刘坤一，从而巩固了刘坤一参与东南互保的决心。6月26日经由上海道台余联元出面，并有两湖代表陶森甲、两江代表沈瑜庆以及盛宣怀等人参加，与各国驻沪领事协商议定《东南保护约款》。内容有三："上海租界归各国共同保护，长江及苏杭内地均归各督抚保护，两不相扰，以保全中外民人民产业为主。""长江以及苏杭内地各国商民、教士产业，均归南洋大臣刘、两湖督宪张允认切实保护，……现已出示禁止谣言，严拿匪徒。""军火专为防剿内地土匪、保护中外商民之用，设有督抚提用，各国无庸猜疑。"第三步是谋求"退敌迎銮"，并让光绪当政。张謇主张弹劾顽固派端王载漪、军机大臣刚毅等,让光绪皇帝重新掌权。在"东南互保"事件中,张謇重新活跃于政坛。他的努力没有白费,除了迎銮南下和易都东南的构想没有实现,其他大多都达成了。

不难看出,此时张謇对于东南地区重要性的认知已经上升到国家战略高度。就当时情况而言,东南能否免受战乱,的确关系到国家的生死存亡。对于东南于全国之地位,此前张謇就曾述道:"其始军饷所出,大半取之东南","自唐安史之乱,中原沦丧,辇东南以供西北,江介一隅之地,始为国家财赋中心"。后来在《建立共和政体之理由书》中亦说:"中国近二十年来,一切进化之动机,皆发起于东南,而赞成于西北。"晚年给友人信中回顾:"苏浙自甲午以来,凡有事变,均能联合东南七省或五省共资维助,民今称之。"由此可见,张謇对东南在全国地位、江苏在东南地位认识之清醒。正是基于这些认识,作为东南士绅的张謇自觉有份责任和义务。在"东南互保"酝酿、商讨及付诸实施过程中,张謇自任"官民之邮",是保住东南事实上的功臣。[1]

刘学照先生亦指出,庚子事变中的"东南互保",除去上海、汉口的租界方面,它实是由盛宣怀、刘张等东南督抚以及上海地方官员、上海和东南绅商以及上海报刊舆论等几方面的合力所造成。而张謇对刘坤一吐露的所谓"西北""东南"的"名、实"互存论,其是一种深含政治哲理的时局观,它是一种持论温和的东南意识,其对时局的估析可谓是入木三分。张謇不仅用以助刘决策,而且也据以进一

---

[1] 王敦琴、羌建:《张謇:"东南互保"中的"官民之邮"》,《南通大学学报》,2018年第2期。

步应对时局,"议保东南"。[1]

第四节　领导清末立宪运动

清末新政时期,以张謇为代表的士绅精英群体更加迫切地要求政治改革。他逐步认可了现代宪政制度和思想原则,以此作为救国良方,投身于立宪运动。他认为,自己一生经历的大事中,"莫大于立宪之成毁"。这一时期,标志着张謇政治生涯第一个黄金时代的开始,一直持续到民国初年卸任农商总长为止。在政治参与、议会政治、政党政治等新型政治舞台上,张謇的政治视野、政治方略、政治策略,完全不同于传统的士大夫,展现出一位现代政治家的卓越风范。

出国考察日本维新

1903 年 5 月,日本举办第五次国内劝业博览会,张謇应邀赴日考察。在长达两月余的时间里,张謇先后参观了神户、大阪、长崎、东京、名古屋等城市的 35 个教育文化机构和 30 多个农工商单位,并作了详细的记录。他特别注意观察日本的成功经验,他发现日本的商会企业能够发展得这么好,很重要的一点在于政府的资助和扶持。张謇感叹道:"与世界竞争文明,不进即退,更无中立,日人知之矣。"

---

[1] 刘学照:《张謇庚子年间"东南意识"略议》,《华东师范大学学报(哲学社会科学版)》2007 年第 2 期。

他自己多年兴办农桑实业,在创办大生纱厂、建立通海垦牧公司的过程中,"有排抑之人,有玩弄之人,有疑谤之人,有抵拒挠乱者之人。消弭捍圉,艰苦尤甚。"[1] 为了发展实业,张謇历尽艰难,付出了极大努力。两国政府对待实业的政策不同,因此经济发展程度也有着很大差距。由于日本官方的鼓励与引导,民间工商业变得十分繁荣。在此次博览会上,日本各商会企业积极参与,展示了琳琅满目的各种物品。相比之下,中国只有湖北、江苏等地送展品前来参加,且为古旧之物,显得落了下风。实际上,近代工商、教育等各方面的发展都离不开政府官方力量的支持,如果抛开政治根本而谈改革,是难以进步的。张謇因此而发出感叹,希望中国的士大夫能够担负起历史责任。

在考察结束后,张謇总结道:"就所知者评其次第,则教育第一,工第二,兵第三,农第四,商最下。此皆合政、学、业程度言之。"[2] 虽然考察的重点在于实业和教育,但日本之行触发了张謇更深层次的思考。他注意到,后发国家的崛起,离不开强有力的政府。日本"自维新变法三十余年,教育、实业、政治、法律、军政一意规仿欧美,朝野上下孜孜矻矻,心慕力追,其用意最当处在上定方针,下明大义",所以才有明治维新后日本的迅速崛起。"凡事入手有次第,未有不奏成绩者,其命脉在政府有知识,能定趣向,士大夫能担任赞成,故上下同心,以有今日。不似一室之中胡越异怀,一日之中朝暮异趣者,徒误国民有为之时日也。"就官、商关系而言:"日本士大夫为官

---

[1] 《柳西草堂日记》,李明勋、尤世玮主编《张謇全集》第8册,第540页。
[2] 张謇研究中心、南通市图书馆编《张謇全集》第6卷,江苏古籍出版社,1994年,第514页。

商,听其人志愿,方为官则一意官之事,及为商则一意商之事。华士大夫则方官而有商略,方商而有官式。"[1]

归国以后,张謇决心投身立宪运动。他说:"今环球万国,政体虽有君主、民主之不同,其主义均归于宪法。各国宪法不同,其宗旨均归于利国便民,顺人心而施政策即合众力以图富强。"此后,又详细论析了实行宪法的益处。"宪法行,则全国人民皆与国家有共戚均休之义,理财、练兵、兴学其事易举",有利于新政的推进;"宪法行,则上下志通,官吏自无从锢蔽",有利于政令的畅行;"宪法行,则关系重要案件,可以提议,不至使外交官一二人独当其冲突",有利于国家独立;"宪法行,则若辈无可藉口,自足消融其戾气,非独目前一切虚无乱党之说不足为害",有利于政局稳定。为了打消实施宪法后"君权稍替"的疑虑,张謇论证说实行宪法"不过变咨询之少数为多数,且仍决之于上,是君权转因之益尊"。张謇期望清廷"仿照日本明治变法,五誓先行,宣布天下,定为大清宪法帝国""按照日本初行宪法章程办理"。他对未来的前景是非常乐观的:"日本壤地褊小,改行宪法仅十余年,遂跻强大。中国地广民众,苟及时为之,必能事半功倍。"[2]

赴日考察,是张謇一生仅有的出国经历。亲自接触到明治维新后日本那种繁荣昌盛,使张謇进一步认识到:想要救国,可能不止在于实业、教育,更在于政治。他开始相信,中国的改革应当走立宪之

---

[1] 《柳西草堂日记》,李明勋、尤世玮主编《张謇全集》第8册,第545、548页。
[2] 《与汤涛潜赵凤昌改定立宪奏稿》,李明勋、尤世玮主编《张謇全集》第1册,第118—120页。

路。在张謇看来,想要救亡图存,唯有立宪改革。

预备立宪公会的发起

随着清廷宣布"预备立宪",张謇的政治热情再次高涨起来。他希望以地方士绅为代表的精英群体率先组织立宪团体,宣传宪政思想和主张,以此来推动宪政改革。

上海开埠较早,经济繁荣,思想开化,对西方的接受程度也较高,立宪思潮在上海地区影响是很大的。1906年9月10日,张謇邀请郑孝胥,会同岑春煊的幕僚陆炜士,商议成立一个以推动立宪为宗旨的团体。后与王丹揆、王胜之等几人,约定组织"宪政研究公会"。10月21日,这个机构命名为"预备立宪公会"。12月16日,预备立宪公会在上海正式成立,郑孝胥当选会长,张謇、汤寿潜当选副会长。此后,张謇连续担任了四届副会长。

预备立宪公会以"敬遵谕旨,以发愤为学,合群进化"为宗旨,"使绅民明晰国政,以为预备立宪基础",简章规定,凡本国人年在20岁以上,赞成该会宗旨,均可入会。1907年会员只有百余人,1910年增至374人。最初的会员以江苏、浙江、福建籍人士为多,并以实业、文化教育界的知名人士为核心,其中孟昭常、孟森、秦瑞玠、汤一鄂、邵羲、张家镇、雷奋、杨廷栋等人表现最为突出。他们均是留日学生,为江浙知识分子中的翘楚,发表、编辑、出版了许多有关宪政的论著,该会的重大活动大都由他们策划和实行。预备立宪公会的会员分布很广,遍及国内十余省以及香港、澳门、南洋各埠和海参崴。除江浙的名流外,江西谘议局议长谢远涵,安徽谘议局议长方履中，山西谘议局议长梁善济，四川谘议局副议长萧湘，吉林谘议局副议长庆山和松毓、文者，广东的江孔殷、李戒欺，湖北谘议局常驻议员陈登山，奉天谘议局常驻议员刘兴甲等，都是相当著名的人物。

预备立宪公会成立后，主要做了以下三个方面的工作。第一，振兴农工商各行业，筹备立宪国之基础。基于当时朝野对"预备立宪"的认识及预备立宪公会会员的利益攸关，公会积极关注农会的成立、汉冶萍公司的组建及制定商法调查案等实业问题。第二，进行立宪启蒙宣传，塑造合格立宪国民。预备立宪公会成立后，为启迪民智，促进立宪，于1908年发行《预备立宪公会报》，撰文宣传。与此同时，公会也发行出版了大量的立宪书籍，畅销海内外。1908年8月，清廷颁布九年筹备立宪上谕并附带九年筹备清单，规划了立宪的进程，《预备立宪公会报》依此变更体例，按筹备清单的顺序次第研究宪政并接办法政讲习所，从学理宣传走向人才培养。第三，参与国会请愿运动，敦促清廷速开国会。召开国会是立宪派孜孜以求的目标之一，预备立宪公会是国会请愿运动的重要发起者和参与者之一，在运动中起了不容小觑的作用。公会对国会问题的关注紧随时势变化，从学理研究走向实践运动，从联合沪上团体起草议会制度草案，到响应宪政讲习会的号召并最终参与国会请愿运动，敦促清廷速开国会。[1]

除此之外，预备立宪公会还为推动地方自治和成立谘议局付出了大量努力。1907年，张謇曾敦劝各地士绅学习法政，准备实行地方

---

[1] 唐论：《立宪运动大潮中的朝野互动——清季预备立宪公会研究》，华中师范大学硕士学位论文，2015年。

自治。1909年该会又催宪政编查馆迅速制定地方自治章程。1908年应各省士绅的要求，会中设立了通信部，以便统一《谘议局章程》的解释和施行方法。为把各省谘议局办好，还决定从1909年10月起，每周开谈话会一次，商榷谘议局议案；同时致函各省谘议局，征集议案，陆续在机关报发表，交流经验，互相启发。[1]

1911年以后，张謇因担任江苏谘议局议长不能亲理会务，郑孝胥热衷于奔走官场，此时立宪派人士正在酝酿组织政党，预备立宪公会的活动逐渐减少。武昌起义后不久即停止活动。与预备立宪公会类似，湖北成立了"宪政筹备会"、湖南成立了"宪政公会"、贵州成立了"宪政预备会"、广东成立了"粤商自治会"，远在海外的康有为也迅速响应，于东京成立"政闻社"。立宪运动的声势愈来愈大，宪政救国的思想也更加深入人心。

主持江苏谘议局

立宪运动向清廷施加了强大的压力。不久，清廷宣布九年预备立宪期限，列出了在九年内应该完成的立宪准备工作。其中，最重要的就是在各省设立谘议局，中央设立资政院，作为推行宪政的领导机构。

作为在东南地区颇有威望的士绅，张謇承担起了组建江苏谘议局的使命。1908年冬，江苏谘议局筹办处正式成立，张謇表示："筹办

---

[1] 侯宜杰：《二十世纪初中国政治改革风潮——清末立宪运动史》，中国人民大学出版社，2009年，第94页。

之责任在统筹宁六属调查选举之全局，提纲挈领，督促进行，使四府二州一厅之选举名册同时造成，历初选、复选之阶级而得五十五议员，成谘议局，为国会之权舆。"[1] 次年，他与两江总督端方商定，将谘议局设在鼓楼，模仿日本议院建筑，建造谘议局办公楼。张謇又推动成立了谘议局研究会，并当选会长，他主持制定了详细的章程。在张謇的不懈努力下，江苏谘议局于1909年10月14日举行会议，宣告正式成立，张謇当选为议长。

《各省谘议局章程》"总纲"规定谘议局"为各省采取舆论之地，以指陈通省利病、筹计地方治安"。也就是说，谘议局只是地方督抚的一个咨询机构。但是按照章程第六章的规定，谘议局拥有一定的实权，具体包括：应议本省举革事件；本省财政、预算、决算、税法、担任义务之增加、单行章程规则增删修改、权利之存废；选举资政院议员；申复资政院咨询、申复督抚咨询；公断本省各自治会争议，收受本省自治会或人民陈请事件。第六章还规定，谘议局议定可行事件，呈请督抚公布施行，谘议局议定不可行事件，呈请督抚更正施行，如果督抚不同意，应说明理由交谘议局复议。由此可见，谘议局有议决之权，督抚有复议及劝告、停会之权。两者如有争论，则由资政院核议裁决。江苏谘议局不只是一个咨询机构，而是一个具有立法权并能监督地方政府的权力机构。

谘议局的成立，标志着立宪派拥有了合法议政的权利。在1909年第一次常会期间，谘议局收到提案184件，其中江督4件、苏抚

---

[1] 张謇研究中心、南通市图书馆编《张謇全集》第1卷，第107页。

11 件、议员 98 件、士民 71 件。提案如此之多，充分反映了议员与士民对新式议会制度抱有高度的热情。这些议案按内容可分为军警、政治、财政、社教、其他五类。其中，财政类 118 件，占提案总数 64.13%，其次为社教类 35 件、政治类 21 件，军警类提案较少，只有 7 件。经大会表决的 109 件提案中，财经类 77 件，其次为社教类 18 件及政治类 11 件。由此可见，当时议员非常关注财政和经济问题。[1] 谘议局提出立法议案，目的要使谘议局真正成为完全的立法机关和权力机关，而不是被官府控制的咨询机关；同时议员们能够真正掌握实际的参政权，而不是仅为官府点缀的装饰品。

张謇本人亲自提出《本省单行章程规则截清已行未行界限分别交存交议案》，经谘议局全体议决通过。该案要求，根据谘议局章程规定，谘议局有权议决本省单行章程规则之增删修改事件、议决本省权利之存废事件，"则单行章程规则悉在本局议决范围之内。惟章程规则之发生在后者，须议决后始为有效"。决议强调："惟未立之法，将来必自由制台、抚台交议，或本局自行提议，皆需公决后呈请公布施行。"[2]

作为江苏省谘议局议长，张謇也与各省谘议局议员代表积极联络，提出了很多关于工商业、税收改革、财政、教育方面的议案，例如裁厘改税、改革盐法等。尽管困难重重，但江苏谘议局在张謇的主持下还是取得了不少成果。弹劾总督、议决预算、划定地方自治经费、请求速开国会等多项提案，在一定程度上促进了现代议会政治的推行。

---

1 王树槐：《中国现代化的区域研究—江苏省》，台湾中研院近代史研究所专刊（48），1984 年，第 178 页。
2 《本省单行章程规则截清已行未行界限分别交存交议案》，李明勋、尤世玮主编《张謇全集》第 1 册，第 181 页。

领导国会请愿运动

各省谘议局成立后，各地立宪派人士都纷纷展开了集会、议政、立法等政治活动。而影响力最大的，当属张謇及江苏谘议局所领导的国会请愿运动。

1909年，江苏谘议局正式成立后不久，由议长张謇牵头，联合各地督抚、谘议局，要求从速组织责任内阁，召开国会。他绕开两江总督张人骏，寻求江苏巡抚瑞澂的支持。两人商定，瑞澂负责联络各地督抚，要求迅速组织责任内阁；张謇负责联合各省谘议局，要求速开国会。张謇还应浙江谘议局议长汤寿潜的邀请，专程前往杭州，说服浙江巡抚增韫。江、浙两省地方当局和谘议局步调协同一致，很快便在全国立宪运动中处于倡导地位。经过张謇等立宪派人士的四处游说，全国大部分省份愿意参加国会请愿运动。各地代表共50余人，在上海召开各省谘议局联合大会，一致决定赴京请愿，并推举了30多名代表。张謇在为其践行的宴会上作书："闻立宪国之得有国会也，人民或以生命相搏；事虽过激，而其意则诚。我中国神明之胄，而士大夫习于礼教之风，但深明乎匹夫有责之言，而鉴于亡国无形之祸，秩然秉礼，输诚而请，得请则国家之福，设不得请而至于三至于四至于无尽，诚不已，则请亦不已，未见朝廷之必忍负我人民也。"[1]

1910年1月，代表团到达北京后，向都察院呈递请愿书，要求在一年内召开国会，组成责任内阁。为了向清廷施压，他们声称如不

---

[1] 张謇研究中心、南通市图书馆编《张謇全集》第1卷，128—129页。

从速召开国会，就有可能使国家覆灭。张謇在《请速开国会建设责任内阁以图补救意见书》中说："设请愿之来，竟格于院例而不达，至于再，至于三；或达而不获请，亦至于再，至于三，空内外将有不美之观念。一二激烈之士，将以为国家负我，决然生掉头不顾之心；和平之士，将以为义务既尽，泊然入袖手旁观之派。"[1] 显然，张謇既想保全旧有政权，又想实现立宪目的。

但是清廷不为所动，以国民程度不够、筹备工作繁巨等理由拒绝了请愿。第一次国会请愿运动失败后，立宪派人士没有放弃。张謇领导的预备立宪公会发动上海总商会、江苏教育总会，向全国的工商界、教育界呼吁参加第二次国会请愿运动。但是清廷仍然坚持九年预备立宪，并斥责不得再举行请愿运动。而立宪派人士也毫不退缩，他们开始酝酿第三次国会请愿运动。

尽管清廷不愿正面回应请愿要求，但立宪派人士的意志却愈来愈坚定，国会请愿运动的声势也愈来愈浩大。张謇致函各省谘议局，提出了他的计划：第一步，请愿书向资政院提交，这符合制度，不会被阻拦；第二步，张謇以江苏谘议局议长的身份北上进京，亲自领导请愿运动；第三步，将请愿日期定在资政院开院期间；第四步，联合各省谘议局议长，组成代表团，进京参与请愿。

第三次国会请愿运动得到了广泛拥护。资政院全体表决通过了速开国会案，各地督抚也联名电奏要求同时召开内阁和国会，工商界、教育界等社会团体组织纷纷表示声援，一时间，举国上下都形成了支

---

[1]《请速开国会建设责任内阁以图补救意见书》，李明勋、尤世玮主编《张謇全集》第1册，第189—190页。

持速开国会的舆论氛围。在强大的压力下，清廷终于宣布将原定九年预备立宪期提前三年，即于宣统五年（1913年）召开国会。

张謇领导国会请愿运动，是他参与立宪运动的终章。1911年5月，清廷推出"皇族内阁"，在13名内阁成员中，皇族超过半数。随即出台了侵夺商民利益的"铁路干路国有"政策。立宪派失望至极，怒斥"清廷于立宪之宗旨有根本取消之意"。张謇也感到："惟是筹备宪政以来，立法施令，名实既不尽符；而内阁成立以后，行政用人，举止尤多失当。在当事或亦有操纵为国之思，在人民但见有权利不平之迹，志士由此灰心，奸邻从而煽动；于是政治革命之说一变而为种族革命之狂，而蓄祸乃烈矣。"[1] 他对清政府预备立宪举措很是失望："由是以来，政府之专已自逞，违拂民心，摧抑士论，其事乃屡见而不一见。于是人民希望之路绝，激烈之说得而乘之，而人人离畔矣。"[2]

值得一提的是，在清末新政时期，特别是自立宪运动开始以后，张謇与袁世凯重新交好，展现出了政治家的胸襟。张、袁二人相识于在吴长庆的军营中，当时袁世凯来投奔吴长庆，吴将其留在军中，并令张謇教他诗文。袁世凯虽然读书不行，但为人圆滑世故，善于逢迎揣测，随着地位势力的不断提升，对张謇的称呼竟也从"老师""先生"渐渐变为"季翁""季兄"。在平息朝鲜壬午兵变后不久，吴长庆受到李鸿章的压制，被解除了兵权。颇受吴长庆、张謇照顾的袁世凯，见风使舵地投靠了李鸿章。这样背信弃义的行为，使张謇十分愤

---

[1] 张謇研究中心、南通市图书馆编《张謇全集》第1卷，第176页。
[2] 张 謇：《致铁良函》，《张謇存稿》，上海人民出版社，1987年，第18页。

怨，他给袁世凯写了一封长达八千多字的信，指责袁是忘恩负义的势利小人。两人就此断交，近二十年互不来往。

1904年，张謇向张之洞、魏光焘游说立宪事宜，张之洞暗示他需要试探袁世凯的态度。此时的袁世凯已身为直隶总督，且手握北洋新军，权势如日中天。如果想要推动立宪，必须取得他的支持。张謇向袁世凯写信，希望他能够做中国的伊藤博文，主持立宪大计。为了敦促袁世凯领衔奏请立宪，张謇不仅向其陈述立宪的大义，而且以个人权势利益诱之："且公但执牛耳一呼，各省殆无不响应者。安上全下，不朽盛业，公独无意乎？及时不图，他日他人，构此伟业，公不自惜乎？"[1] 立宪救国的坚定信念，使张謇在投身实业的同时更加关心政治改革，因此，他开始谋求实力派的支持。张謇能够放下个人恩怨，与袁世凯重新交好，劝说他推动立宪，体现出不寻常的政治风度。

第五节　辛亥革命与转向共和

张謇的政治立场经历了多次转变，甲午之前，他对中国传统政治文化充满自信；戊戌期间，他支持温和保守的有限改革；庚子以后，他又开始提出了更进一步的变法主张。辛亥革命爆发后不久，他较快地转变了政治立场，真诚地拥护共和体制。其子张孝若在《南通张季

---

[1]《致袁世凯函》，李明勋、尤世玮主编《张謇全集》第2册，第142页。

直先生传记》中有一个形象的比喻，说清廷好比一座破旧房屋，已经穿风漏雨，破烂不堪，将行倒塌，但张謇是不会动手去拆这座旧屋的，相反他总是想方设法修修补补，竭力不让它倒塌。不料别人放了一把火把这旧屋烧了，无可奈何他只好搬迁新居了。这正是张謇顺应潮流转向共和的生动写照。

革命前后的政治态度

1911年10月武昌起义爆发，拉开了辛亥革命的序幕。在革命前后，张謇的政治态度一度纠葛，但最终他做出了正确的选择。

早在领导国会请愿运动的时候，张謇就已对清室感到万分失望。最高当权者拒绝改革的态度，让他也渐渐失去了信心。但张謇毕竟是一名传统士大夫，在强烈的责任心驱使下，他仍然孜孜不倦地向清室进言规劝。皇族内阁成立后，张謇联合汤寿潜、沈曾植、赵凤昌写信给摄政王载沣，表示应当重用汉族大臣。不久，张謇决定北上进京。途中他专程去彰德见袁世凯，二人交换了对国事的观点。抵京后，张謇拜见了载沣，力陈外交、内政之事，期望朝廷能够重视改革。

此时正处于辛亥革命前夕，清廷颁布"铁路国有"的政策，使两湖、四川等地的保路风潮兴起。张謇对此表示同情，他指出："政府与人民有涵覆之义，且收民路为国有，政策也；政策以达为主，不当与人民屑屑计利。"离京后，张謇又上《请新内阁发表政见书》，提出了三点意见：一是敦促内阁表态支持改革；二是实行阁部会议，以加强联络沟通；三是与国务大臣并开幕府，拔擢人才参与议政。张謇表示,他自戊戌年离京后,十四年间专心实业、教育,对人民心理、社会情状了解较深,因此愿意承担政府与人民之间的沟通桥梁。"山野之人,能言之而不能为力。区区为国之私,既有所见,不敢不言,言不敢不尽。"[1] 张謇言辞恳切地劝说摄政王、协理大臣,表明了他仍寄望于清廷的政治态度。

武昌起义爆发时,张謇刚刚结束在武昌开办纱厂的事情,他亲眼目睹了火光冲天、枪声大作的景象。起义新军很快占领了武汉三镇,湖广总督瑞澂不知所踪。张謇乘船沿江而下抵达南京时,仍坚持维护清廷的立场,他希望两江地区能够出兵湖北,并借助此事向政府施压。为此,张謇先后找到江宁将军铁良、两江总督张人骏,但二人均没有采取行动。他又到苏州劝说江苏巡抚程德全向清廷进言,并拟就《代鲁抚孙宝琦苏抚程德全奏请改组内阁宣布立宪疏》,提出治标在于"抚"或"剿",但治本则在于实行宪政,要求解散"皇族内阁",惩治盛宣怀以抚平保路运动,明定宪法以平息革命。

但革命形势发展得十分迅速,各地接连响应,纷纷宣布独立。光复后的上海、苏州、杭州等江浙地区,社会与经济秩序稳定,一些立宪派士绅如汤寿潜、李平书等人也投向共和,与张謇交情不错的江苏巡抚程德全更是摇身一变成为江苏军政府都督。素来行事务实而灵活的张謇,是不难发现这一变化的。对于光复各省重视工商业发展的举措,他也是非常支持的。很快张謇接受了包括南通在内的南方各省"和平光复"的政治现实,开始为支持共和而四处活动。

---

[1]《请新内阁发表政见书》,李明勋、尤世玮主编《张謇全集》第1册,第224—225页。

11月11日，张謇与伍廷芳等人联名致电摄政王载沣，要求顺应民意，让位于共和体制。11月16日袁世凯接任内阁总理，18日电请张謇任农工商大臣。张謇收到电报之后于19日回电，拒绝接受任命。此前，张謇16日从报纸上得知，清廷已于13日任命他为江苏宣慰使。因此，19日的复电其实是同时拒绝两项任命。张謇在电文中首先表示，得知上述两项任命之后，他"无任惶悚"。接着他回顾了新世纪以来自己在政治改革方面的努力以及屡屡遇挫的情形，"三年以来，内而枢密，外而疆吏，凡所为违拂舆情、摧抑士论、剥害实业、损失国防之事，专制且视前益剧，无一不与立宪之主旨相反。枢密疆吏，皆政府而代表朝廷者也。人民求护矿权、路权无效，求保国体无效，求速开国会无效，甚至求救灾患亦无效"，并向清廷提出了一个"终后之忠告"："与其殄生灵以锋镝交争之惨，毋宁纳民族于共和主义之下！"张謇说，如果朝廷能颁发谕旨，"许认共和"，他就可以"竭诚宣慰"，要人民款待皇室了。但是，在此之前，宣慰使一职"不敢承命"。同时，农工商大臣之任命"并不敢拜"。[1] 这封长长的电报，道出了张謇由忠于清廷、追求君主立宪到抛弃清廷、促进共和的心路历程。字句之间，满是忧愤，但态度坚决。虽然袁世凯说自己是根据宪法十九信条组阁，但张謇却说，为时已晚，君主立宪已经不可能在中国行得通，他不愿意再为清廷效命了。

同年12月初，江浙联军攻取南京，张謇又积极给予援助，不仅出钱、出粮，还率领谘议局等立宪派士绅支持都督程德全。在转向支

---

[1]《致袁世凯电》，李明勋、尤世玮主编《张謇全集》第2册，第286—287页。

持共和的过程中，张謇特别注意维护政局稳定和社会秩序，他希望以最小的牺牲代价完成政治变革。应该说，张謇在辛亥革命前后的政治态度发生改变，这一转向是符合历史趋势和人民呼声的。正如张朋园先生在《立宪派与辛亥革命》一书中所言："立宪派最后卷入了革命。由于失望于清廷，他们放弃了拥护帝制的初衷。此一改变，关系着革命爆发的迟速，因为政治的稳定与否，常视上层社会的心理状态而定。有社会地位者，不像布衣粗食者，永远沉默于他人的统治之下。不反抗则已，一旦持反对立场，往往牵动全局。他们所感到的不满，并非物质的而是心理的。从心底里发出的反抗，最能动摇整个旧社会的秩序。"

南北和谈与清帝退位

袁世凯出山后组建新内阁，北洋新军对武昌展开了攻击，并一度占领汉口、汉阳。不过，革命党人在北方也展开了策反活动，第二十镇统制张绍曾发动滦州兵谏，宣布成立"立宪军"；第六镇统制吴禄贞在山西与阎锡山密谋"燕晋联军"，还截留了运往湖北前线的军火补给；东北、山东等地也在效忠清室与倒向共和之间摇摆不定。一时间，清廷无法以武力镇压革命，革命党人也很难建立起统一政权。在双方相持不下的态势下，张謇周旋于袁世凯北洋实力派、南方革命党人、清廷皇室等多方势力之间，尽力游说，推动南北和谈。

1911年12月间，张謇为南北议和常住在上海南洋路10号赵凤昌私宅惜阴堂，和伍廷芳、唐文治、温宗尧、陈其美、景耀月、赵凤昌等一起共商共和国事。他们以为"居今日之世界，尚不能为无政府，愚者盖知也。一紊不复，其或久乱不治，纷扰相寻，必致陷于无政府之状态，是共和改造时代之殷忧巨患也"，于是提出军队统一、南北统一、政体统一、领土统一等七项措施，"即设共和政治进行时代有力之枢机，而即成一巩固健全之大共和国家者"。[1] 与此同时，他频频与袁世凯往来通电，与东南士绅密商，组建共和统一会，还曾通过商会组织向蒙古地区致电。张謇的公开表态，有力地促进了北方对共和政体的认识，避免民族、地区分裂。为了尽快结束南北对峙状态，张謇一方面劝说袁世凯勿让北洋军扩大战事，一方面协调南方各派意见，最终促成了南北停战谈判。

12月25日，孙中山从海外归来。孙中山到达上海的第二天，亲自前往赵凤昌家中拜访赵氏和张謇等人，向他们征求和商讨组织临时政府的意见。革命党人与赞同民主共和的立宪派的合作，为稍后成立的南京临时政府铺平了道路。孙中山、黄兴等清醒地认识到，如果没有立宪派领袖和实业界领袖的参加，中央临时政府即使成立起来，也无法正常运转。此时北方代表唐绍仪、南方代表伍廷芳在上海英租界展开对话，经过协商，双方议定以"国民会议"议决政体形式，南北共举袁世凯为民国大总统，逼迫清帝退位。

1912年1月在孙中山当选临时大总统后，袁世凯否决谈判内容以示不满，冯国璋、张勋等北洋将领致电内阁，称支持君主立宪，反对共和，袁世凯又请宗室王公捐助军费，以示与南方决战之心。为保全和平，平稳过渡，张謇连连向袁世凯去电，表示拥护他担任大总统

---

[1]《共和统一会意见书》，李明勋、尤世玮主编《张謇全集》第1册，第232—236页。

的诚意，张謇提出，让北洋军发表拥护共和的声明，以向清廷施压，他希望袁世凯能够效仿华盛顿，为建立民国出力。张謇全力促成和谈，劝说袁世凯赞成共和，又为其出谋划策，迫使清室让位。他曾参与《清帝逊位诏书》的草拟："今全国人民心理多倾向共和，南中各省既倡议于前，北方诸将亦主张于后，人心所向，天命可知，予亦何忍因一姓之尊荣，拂兆民之好恶？"这样的表述顺应天理人心，使清室可以体面地退位，也融合了袁世凯以及南方革命党人的政治立场，达到了建立共和的目的。

被誉为"民国产婆"的赵凤昌曾指出，张謇等人参加临时政府，对于结束清朝统治，"其效力并不亚于革命党人"。"幸亏当时孙中山、黄兴等民党领袖，能识大体，与地方人士推诚相见，协力相济，众之翕然，无丝毫成见，因以致果。"[1] 作为南京临时政府的实业总长，张謇又以大生资产为担保，向日本借贷 30 万元，又通过其他渠道筹借了 50 万元，为新生的民主共和国尽了自己的努力。法政学者高全喜对张謇有高度评价："张謇等士绅立宪派在这场大变革中所扮演的角色不仅不是补充性的，而是具有着举足轻重的地位，他们与孙文、黄兴、宋教仁等革命党人和袁世凯北洋系势力融汇一起，共同参与了现代中国的国家构建，都可谓现代中国的立国者。"[2]

---

[1] 赵尊岳：《惜阴堂辛亥革命记》，庄建平主编《近代史资料文库》第 7 卷，上海书店出版社，2009 年，第 286 页。
[2] 高全喜：《制宪立国：作为现代立国者的张謇》，《文化纵横》，2017 年第 3 期。

第六节　农商总长的制度改革

张謇多年来大力兴办企业，提倡实业救国，对中国工业化发展具备战略眼光，由他出任中华民国农商总长，正是众望所归。1913年10月上任之后，他谋篇布局，针对全国的社会经济状况提出了一系列的改革措施，并努力付诸实施。

主持行政机构改革

在张謇上任之前，中央的经济管理机构有农林、工商两部，在职官员等数额庞大，耗资颇费，行政效率低下。因此他到任后提出要裁撤冗员，精简机构。在上任之初，他先稳住工商部员对合并传闻的担忧，大讲工商业发展除弊兴利之计划，一定程度上获得了工商业界人士对他的好感，这也为后来部务合并减少诸多阻力。张謇认为合并部务，最要紧的是安抚被淘汰人员问题，当时"张总长住宅门望门请见者，大有山阴道上应接不暇之势，每日推荐函件不下百余张"。为此他专门订章，并告知两部人员："国家设官分职，有职然后有官，用人者为事务求人才，非为个人谋位置，此古今政治之常轨，无论如何，政治无变通之余地者也。"[1] 当时工商农林两部人员多达四百余人，虽然

---

[1] 《关于工商农林两部用人原则的通告》，沈家五主编：《张謇农商总长任期经济资料选编》，南京大学出版社，1987年，第10页。

不少人富有学识，熟悉部务，但是有职名无所事事者，为数也不少。民国刚刚成立，当下民穷财尽，国家需要实行减政，救济时艰。

张謇遣散人员的办法不是采取强制的行政办法，而是动之以情，晓之以理，详述了用人的标准："当视办事之范围，有官而无事者存其官，而不必置其人。有事而人多者减其人，以适当于事。诚能全国实业，渐次稳固扩充，即暂时未能留用，诸君亦可各出所学，自谋乡里。藉以增加阅历，积累信用，遂成业发名之希望。抑或部务因发展而繁，财政因舒用而裕，诸君彼时即在浚之郊，在浚之野，干族子子，亦必乐赋嘉招也。"[1] 张謇保证以后部务发达了，大家仍有被召回服务的机会，还真诚祝福他们到乡里自谋发展。由于方法得当，被遣人员也没有什么过激的举动，农林工商二部较好地实现了合并时的平稳过渡。

合并之后的农商部人数为127人，是原有工商、农林两部人数的31%左右。由此可见，裁员比例将近70%，裁减的额度之大，令人吃惊。原来两部所设的8个司，改设为农林、工商、渔牧3个司，同时"为注重矿政起见，专设一局，共设三司一局"。在减少行政官员的同时，却增加了专职的技术官员，数量达50人之多，占到官员总数的35%以上，其加强对农林工商各业技术指导和管理的用意十分明显。在各司局的职责规定中，都把提倡、奖励、改良农工商矿事项列在首位。

张謇还为农商部增设了许多专职机构，以负责各个方面的经济活

---

[1]《关于工商农林两部用人原则的通告》，沈家五主编：《张謇农商总长任期经济资料选编》，第10—11页。

动。如著名的商品陈列所，原名"中央工商陈列所"。张謇在任，进一步完善了商品陈列所的各项制度，制定了17条章程，规定："商品陈列所直隶于农商部，管理陈列国内商品，以供公众观览参考。"该所负责承担商品展览、举办大型商品展览会等。为了提高国货的品质，不输于外国，张謇又设立了工业品化验处。负责关于工业品或原料之试验、分析、鉴定、改良质疑等事项，这也适应了工商界不断改良产品的需要。张謇设立了巴拿马赛会事务局和驻美赛会监督处，制定公布"筹备巴拿马赛会事务局章程"，推动在全国各地区举行产品博览会，征集参展商品使中国的优秀产品在巴拿马赛会上为世人所知，有18个省的2000多种产品参加了展览，其中1200多种展品获得了奖励，大大促进了中国对外贸易的发展。

有研究者指出："农林、工商二部的合并，在民初财政困难情形之下，带有一定的必然性，后来产生的农商部通过对农林、工商二部的整合，不仅没有延缓了经济的发展的节奏，破坏经济发展的延续性，相反却大大地促进了民初经济的现代化进程，一时曾出现了中国历史上少有的'黄金时期'。"[1] 沈家五先生是这样评价张謇的部务精简改革："尤其是在裁减冗员过程中，冲破遗老遗少、亲戚故旧以及裙带关系的障碍，其任务是相当艰巨的。这样的大胆改革，当时是难能可贵的。"张謇任农商总长期间所推行的机构改革，基本形成了农商部机构和人员设置的模式，尽管以后政局动荡，但这个模式及其内在运行机制却保持了相当的稳定性，这为农商部向经济管理

---

[1] 丁健：《民初农商部研究（1912—1916）》，陕西师范大学博士学位论文，2011年，第119页。

制度的现代化转型奠定了良好的基础,促进农工商矿各业的快速发展。

推动经济立法工作

张謇观察到,在日本和西方国家经济发展过程中,其不断完善不断健全的经济法制体系起到了非常重要的作用。结合多年的实业经验,他意识到中国的资本力量薄弱,尤其是民间资本十分弱小,需要通过立法的方式,来保护、引导、规范和调节经济运行,推动中国经济与社会发展的现代化。

张謇在《实业政见宣言书》中宣称:"农林工商部第一计划,即在立法。"[1] 当时颁行的各项法规,涉及工商、矿业、农林、渔牧、金融、税务、交通运输以及社会团体等各个领域。其主持厘定的各种实业法令,有许多"条例""部令""训令""通告""奖励案""说明书""理由书"等配合实施,所定法令都能落地生根,贯彻执行。

在农业方面,张謇首重垦荒。1914年3月,颁布《国有荒地承垦条例》29条,规定领地开荒者须呈请核管官署,"除政府认为有特别使用之目的外",其余未经开垦的"江海山林"均准人民按照本条例承垦。商业方面,1月14日颁布《公司条例》,共6章251条,规定了公司如何组织、注册、章程等内容;3月3日颁布《商人通例》73条,规定了商人主体资格、注册、商号、代理等方面的要求。7月20日,又颁布了《公司条例施行细则》18条、《商人通例施行细则》

---

[1] 张謇研究中心、南通市图书馆编《张謇全集》第1卷,第272页。

14条、《商业注册规则》9条，要求尚未注册者，须在法令颁布一年内登记注册。这些法令保障了公司的法律地位。另外，为加强政府对矿产资源开发、矿务方面的指导和规范监督，还颁布了《矿业条例》111条、《矿业条例施行细则》86条等以及《劝业银行条例》《典当业条例》《国币条例》《证券交易所法》等。

章开沅先生指出，张謇的经济立法思想有以下两个方面。其一，保护中国实业不受外资企业侵扰。随着外资企业进入中国，中外纠纷时相与闻。中国缺乏必要的法律，工商业往往只能坐失利权。张謇尤为重视矿业立法，拟以此解决"地产人工，贼盗斗讼，华洋纷拿"的状况。而在中外合资企业日益增多情况下，也需要有法律规范外方经济活动。同时，经济立法"可以蓄道德、养信用，而后可与外人共同营业，而后可与世界之商立于同等之地位"。其二，健全的经济法可以推动实业的发展。"实业之发达，必恃有完备之法律，以为监督保障。内地各种已举之实业，旋起旋灭非法律不备，即用法不善，有以蹙其性命。"[1]

规划产业全面发展

张謇素来重视农、牧、林、工矿业的全面发展，这些产业关系到国计民生，也是中国经济现代化的重要领域。农商部进一步有针对性地制定了较为明确和切合实际的政策，重心在于鼓励垦荒和科

---

[1] 章开沅、田彤：《辛亥革命时期的张謇与近代社会》，华中师范大学出版社，2011年，第225页。

学种田，为此颁布《国有垦荒承垦条例》，下令设立 26 处观测所，职责是观测雨量、风向、温度升降、气压变迁，服务农业生产，改良灾害预防标准。"查观测所必设之主旨，在测知气候，预防灾害，关系农业至为重要。"[1] 又征集农业改良办法，规划全国山林，提倡植树造林，大力发展植棉、制糖、牧羊、造林、捕鱼等农副业生产。张謇主持拟定了一系列发展棉、糖、林、牧的实业计划和方案。为解决棉产不够的问题，他提出全国每年递增植棉地 550 万亩，直至 10 年后扩充到 5500 万亩；制糖原料也要在 10 年内递增至 1320 万亩；在黄河、长江、珠江流域广植树木，保持水土，恢复生态，既可以发展林业增加收入，又能减少灾害损失；引进国外优良羊种，在西北一带推广，所产羊毛可作为棉纺产业原料，也开发了西部的经济。

为了提倡和扶持这些产业，张謇提出了设各种试验场的主张。他计划在各地建立专门的棉、糖、林、牧试验场，在直隶、湖北、江苏设 3 所棉业试验场；在福建、江西设 3 所糖业试验场；在黄河、扬子江、珠江三大水系地带设 3 所树艺试验场；在北京附近设 2 个种畜试验场。为试验场延聘专家，提高生产技术和产品质量，然后向全国推广成功经验。经张謇的不懈努力，这些计划得到部分落实。1915 年 3 月前后建立了 7 个新试验场。这些试验场均直属于农商部，掌管各相关事业的试验事宜，负责采集良种、培育和推广良种，推进相关产品的品种改良。张謇十分重视发展规划水利，在北平导淮局的基础上改

---

[1] 《农商部指令第九十六号：令奉黑吉闽陕晋粤桂甘湘滇蜀黔新疆等省民政长》，《政府公报》1914 年 2 月 7 日。

设全国水利局，并建立各省水利委员会，其职责为"规划全省水利工程"。

在工业的部门经济规划方面，他仍然主张把发展的重点确定为纺织和钢铁，这也就是他所一贯标榜的"棉铁主义"。他经常强调纺织工业应该"听之民办"，并且特别鼓励人们向一直比较薄弱的织布企业投资。至于钢铁工业，他认为所需要的投资数额太大，为一般资本家所难以承担，最好由国家直接经营。当时的北京政府财政极为困窘，自然也无从向钢铁工业投入大量资金，所以他主张对铁矿采掘业实行"开放主义"（即吸收外资）。张謇还首次提出了全面改革官办企业制度的官方政策，对于已有的官办轻工企业，拟采取官为倡导，民为主办的政策。"自今为始，凡隶属本部之官业，概行停罢，或予招商顶办。惟择一二大宗实业，如丝、茶、改良制造之类，为一私人或一公司所不能举办，而又确有关于社会农商业之进退者，酌量财力，规划经营，以引起人民之兴趣，余悉听之民办。"[1]

对于今后新办的矿冶企业，主张采取官民分类兴办的政策："准食盐、煤油二种定为国有，其他各矿在国家方持开放主义，原无与民争利之心。然如铁、如铅，不特为轮轨机械之所必需，亦实为枪炮弹药之原料，而采炼费巨，听民自为，动多流敝。似宜济以官力，免蹈汉冶萍覆辙。至金、银、铜、镍等矿，为造币所必需，亦拟各择一二矿产富饶之区作为官矿，以为民间之模范，以辟政府之利源。"[2] 由此明确规定了政府开办企业的目的，除了保证军需和财政的必需之

---

[1] 沈家五：《张謇农商总长任期经济资料选编》，第8—9页。
[2] 张謇研究中心、南通市图书馆编《张謇全集》第2卷，第264页。

外，主要是在于引导民众兴办企业。

扶植与奖励民营经济

张謇在任内借助公司立法，发挥法律的积极作用，"导民兴业"，培育和保护公司形式的近代民营企业，促其迅速成长和壮大。

为了更好地保护民营经济的发展，张謇于1915年2月17日向各省区发出咨文，一是明确核办工商行政事务和缴纳费用的办法，不得故意延搁和另加勒索。"公司禀请注册，应禀由县知事于五日内详转核办。""县知事署注册所需办公费，即由应缴册费内扣留五元。"二是工商行政事务的办理应力求高效便捷。他指出"工商行政注册事项以迅速简易为主""意在使商人就地禀请，不致有烦难之虞"。三是大力保护民族工商业，要求各级政府"诚以现在工商各业，正形凋敝，自应曲意保护，以恤商艰"。四是对执政违法者严加惩处，凡"勒索分文者"，一经查实，"尽法惩办，藉警官邪，而维商政"。五是凡设公司者以法律维护其合法权益。如有被勒索者，得"向上级该管地方官厅或本部禀诉"。[1]

在奖励民营经济方面，新设公司保息制度的做法非常有特色。由于民间集股公司初创三年内一般不能获利，而银行、钱庄利息较高，因此民众对投资缺少兴趣，公司在社会上集股困难重重。张謇认为，如不对公司企业采取"保育主义"措施，那么就会无法摆脱"群相观望，企业者无所藉手"的局面，政府应有必要对部分公司企业实行保

---

[1] 沈家五：《张謇农商总长任期经济资料选编》，第73—74页。

息。然后又向国务会议提议保息法案,指出:"本部行政方针,奖励民营业一项,业经国务会议决定,应即筹施行之法。奖励之道,益有种种,应时势之要求而又为中央政府财力所能及者,莫如保息。保息之法,需费无多,而收效甚大。"张謇主持制定了《公司保息条例》,该条例共有十八条。《公司保息条例》规定:政府出资拨存公债两千万元,为保息基金,每年以其利息,借给新设的六类公司,"以为其资本之息",支持这些公司的发展。公司保息分为甲乙两类:甲类为棉纺业、毛纺业、制铁业,保息利率为6厘;乙类公司为制丝业、制茶业、制糖业,保息利率为5厘。保息期限为3年。被保息的公司,自第一次领到保息金后,从第6年起每年按照所领保息金额的1/24摊还农商部。被保息的公司如没有盈余,不得于保息定率外分派官利。公司解散和破产时,农商部拥有优先索取所欠保息金的特权。张謇认为,创设保息制度的好处在于"需费无多,而收效甚大""民间因有保息之利,而营业资本易于筹集,因营业资本之易筹集,而生产额日见增加,则于国民经济上,为以百二十万博取一万万,其利何可胜计"。[1]

有研究者把张謇对民营经济"扶植之防维之涵濡之而发育之"的思想概括为"保育主义",认为其宣示与推行,在近代中国公司发展史上掀开了新的一页。它适应了中国民族工商业发展的需要,符合广大工商业者的要求,为公司形式的近代企业的发展提供了法律支持。[2]《中华实业界》杂志评论:"民国政府厉行保护奖励之策,公布

---

[1] 沈家五:《张謇农商总长任期经济资料选编》,第274页。
[2] 王珂:《论张謇的公司法思想》,《船山学刊》2012年第2期。

商业注册条例、公司注册条例,凡公司、商店、工厂之注册者,均妥为保护,许各专利。一时工商界踊跃欢快,咸谓振兴实业在此一举,不几年而大公司、大工厂接踵而起。"

在知名经济学家樊纲看来,张謇任北洋政府农商总长时期注重立法与改良的制度综合性发展,一方面延续并创新了清末的法律制度以保持制度的适宜性与兼容性;另一方面张謇实施了一套适合近代经济发展的立法原则,并同步亲身实践于制度博弈的规则之中,从而使得近代民营经济制度化进程具有建设性的意义。可以说,张謇在担任农商总长期间奠定了近代中国有利于民间资本主义经济发展的立法体系,尤其是对民营经济保护制度的全面性实施是近代中国最为关键的历史时期。[1]

引进外资与振兴实业

大力引进外资,推动实业振兴,是张謇在任内的重要工作。在向大总统提交《筹画利用外资振兴实业办法呈》中,提出"以开放门户、利用外资,为振兴实业之计",而且处之以积极慎重、量力而行、以我为主、平等互利的政策。他指出,可采用"合资""借贷""代办"等多种方式引进外资;但是,引进外资,"利之所在,害亦因之,自应密定标的,确示范围",力求有利而无弊。对引进之外资,必须"令其按公司条例,呈验资本",以免欺诈;还必须坚持"非确有把

---

[1] 樊纲、姚勇:《中国经济制度化研究——以张謇与中国国家近代化为个案》,周新国主编《中国近代化先驱:状元实业家张謇》,第49页。

握，不可轻准商民借用外款"，并要选择好合资的项目、地点、人员和国家，择优而行，不可轻举妄动。利用外资，要以振兴中国实业为出发点，"以活动社会经济为本位"，以有利于国家财政为其次。外资企业都必须"遵守中国的法律"，否则均予以"取缔"，在经营管理上，不允许外国人"兜揽把持"；中方则"有利与外人相共，亏损亦然"，双方共同管理，共享利益，共担风险。[1]

张謇坚持引进外资的前提是不能损害国家和民族利益，合资企业必须遵守中国的法律，依法缴税。汉冶萍公司向日本借资，张謇多次表示反对。他认为以合资方式兴办的矿业、钢铁业、机械工业等，大多有西方参与，鉴于其事关国计民生，须由国家主持合资才可以确保主权。在航运业、银行机构方面，则没有做这样的限制。

张謇主持推动了很多引进外资的项目。1914年1月31日，他代表中国政府与美国红十字会美国驻京公使签订导淮借款草约，借款额为2000万美元，年息5厘。同年2月12日，张謇又以农商总长的名义与美孚石油公司签订和约，约定合办油矿。为了开发东北的荒地，张謇支持实行代垦制，与美国东益公司合作，充分利用美国资金技术。张謇推动引进外资的政策，一定程度上弥补了国内资本力量不足的情况。1913年他与日本商人沧知洽谈了中日合资兴业公司事宜，翌年审定了中日实业股份有限公司的章程条款。1914年他与法国人签订了中法劝业银行合约与办法。

---

[1]《筹画利用外资振兴实业办法呈》，李明勋、尤世玮主编《张謇全集》第1册，第272—274页。

改革金融与税收制度

民初振兴实业,但中国素来缺乏金融基础。由于金融市场落后,使民间的资金难以流动,而企业则难以融资。张謇看到了这一点,他主张改变以钱庄、票号为主的传统金融市场,建立以银行为主的现代金融市场。

民国以前,张謇曾尝试建立南通劝业银行、盐业银行,以此来吸收当地资金,不过未能成功。张謇一直希望能够组建现代金融机构,他先后担任过中国银行理事、交通银行总理,还被选举为中国银行股东联合会会长。他曾指出银行是最有利于实业的金融机构,而银行的主要功能在于"劝业"。张謇推动《劝业银行条例》的颁布,该条例指出劝业银行必须放款于农、林、牧、垦、水利、矿产、工厂等事业。

出任农商总长以后,他进一步总结历史经验教训,提出了更为完善的改革金融制度的方案。在国务会议上发表实业政见宣言书指出:"近十年来,商场之困顿不可言喻,盖以国家金融基础不立,而民间钱庄、票号等金融事业,索索无生气,重以倒闭频仍,信用坠地。于是一国现金,非游荡而无所于归,即窖藏而不敢或出。"由此造成金融停滞,银根短细,利率上涨,企业融资无门,集资无路。因此,"为今之计,惟有确定中央银行,以为金融基础,又立地方银行,以为之辅;厉行银行条例,保持民业银行、钱庄、票号之信用;改定币制,增加通货"。通过完善国家金融体系、维护民间金融市场、改革不合理的货币制度，三管齐下，缓解金融困难。[1]

张謇所提出的改革税收制度的办法，包括进出口的海关税收制度和国内商品流通的税收制度。对于海关税收制度，他认为"今世界大通，国际贸易日增月盛，则关税之影响于农林工商业者尤大"，应按照国际惯例，根据国内需求，灵活调节关税。对于进口商品，废除以往"值百抽五"的税率，对于有些应收重税的货物可提高到"值百抽五十至值百抽百"，而对于有些货物则可以低于"值百抽五"，甚至免税。对于国货则应参照各国办法减免出口税，并力争关税自主。对于国内商品流通税收制度，他提出，首先必须改变以往那种单纯以国家收入为目的的税收观念，树立国家税收政策既要发挥调节生产的杠杆作用，又要兼顾国家利益和生产经营者利益的新的税收观念。他说："农工商之政策，惟借税法为操纵，或轻减以奖励之，或重征以抑制之。盖未有不顾农工商之痛苦，而纯然以收入之目的，为征收之标准，猥曰苟且以济国用者也。"本此原则，必须改革原有之厘金、常关等"内国之恶税"。[2] 他创办大生集团就深受厘金之害，这种形成于20世纪50年代的临时性赋税制度，严重制约了近代中国企业的发展。他主张必须废除厘金，通过税率的调整，达到调节生产的目的。

张謇曾非常自谦地总结自己担任农商总长的业绩："首订法律次事查勘，次设劝业银行。"又说："默计部绩，内不过条例，外不过验场。"其实他所做的关于经济立法的开创性工作，填补了农工商业立

---

1 《实业政见宣言书》，李明勋、尤世玮主编《张謇全集》第4册，上海辞书出版社，2012年，第258页。
2 《实业政见宣言书》，李明勋、尤世玮主编《张謇全集》第4册，第258—259页。

法空白，为今后中国市场经济逐步走向法治化提供了良好的基础，亦可视为开以法治国之先河。章开沅先生认为张謇的社会影响力是一般人难与比拟的："其辐射作用决非仅限于'倾动东南'，而实际上是涉及全国。不过这又是一种藕断丝连式的转化，也可以说是新旧相互包容式的转化，在转化过程中缺乏具有足够力度的冲突与决裂。没有刀光剑影的惊险，没有叱咤风云的雄武，然而却是脚踏实地改变着中国社会的根基，其影响甚至在百年以后也可以看见。"

在民国北京政府历任农商总长之中，张謇在任内的业绩与贡献无疑是最为出色的。他在任职期间，不仅致力维护共和政体，而且全力实践他实业救国的理想，积极制定经济法规与税则、奖励补助民营企业，力促振兴实业，全面领导中国的现代化建设事业。

第二章　地方自治与早期治理现代化

地方自治是指一定的地域范围内的居民自愿通过民主方式组成自治团体，产生自治机关，自行处理与己有关的事务，一般情况下国家不得干预的一种社会管理方式。"地方自治是人类历史发展过程中自然产生的一种社会秩序，它是人类个体行使权利的结果，因而它是权利而不是权力。从构成要素上讲，地方自治是个人自主权、社会自治权与地方自我管理权的一种权利叠加。"[1] 必须指出的是，地方自治与地方建设不同的是，其重点是政治建设与社会自治，核心在于防止权力过度集中，以保障地方的自主性和独立性，实业、教育与慈善事业等一般意义上的地方建设，其实是地方自治的现代化基础。

对于张謇来说，地方自治是他一生中坚持最久的理想，也是成效最为卓著的政治现代化尝试。在中国古代，老子曾有言："治大国若烹小鲜。"张謇作为南通现代化建设的总设计师，既有宏观的总体指导思想，也有微观的具体规划举措。大至南通的一厂一校，小至南通的一桥一路，均是他个人意志的体现。张謇认为："日人治国若治圃，

---

[1] 周小平、刘志强：《地方自治的理论与实践》，《法治研究》2007 年第 6 期。

又若点缀盆供，寸石点苔，皆有布置。"[1] 近代南通的地方自治模式，对20世纪初期的江苏与全国都产生了引领性的历史作用。"张謇认为以实业、教育、慈善和各项建设事业为核心的地方自治模式，不仅是南通的自治目标，而且也是可以推及全国的。"[2]

第一节　地方自治与近代南通现代化

两次鸦片战争之后，西方列强的武力入侵和清王朝自身的衰败，迫使中国精英士大夫群体开眼看世界。他们不约而同地开始对西方政治制度、社会经济体制以及思想文化产生兴趣，希望能够找出中国的弊政所在，学习西方以图自强。维新运动时期，"地方自治"作为一种革除弊政的强国之途，更为人们所重视。康有为、梁启超等维新派人士也认识到，中央政府要办理的事务千头万绪，而旧体制的治理效能又十分低下。中国要实现强国富民的目标，必须实行地方自治，把中央政府无暇顾及的一部分事务交给人民自己来办理。1898年年初，为了推行地方自治，梁启超、谭嗣同、唐才常等人在湖南巡抚陈宝箴的支持下，组建了"南学会""时务学堂"，吸纳地方精英人士，主张地方政事自治。

清末立宪运动兴起以后，朝野上下都把地方自治视为通上下之

1　《柳西草堂日记》，李明勋、尤世玮主编《张謇全集》第8册，第538页。
2　卫春回：《张謇评传》，南京大学出版社，2001年，第312页。

情、为宪政奠定基础的途径，地方自治的实践活动也随之广泛开展起来。地方自治组成为清末立宪运动的重要部分，同时也是近代中国在地方治理方面的探索和尝试，有力推进了政治现代化。张謇积极倡导地方自治思想，他在《变法平议》中指出要学习日本的地方自治制度，设立府县议会作为自治的机构。在精英士绅、地方官员、商人等群体的支持下，当时涌现出了一大批地方自治团体，广泛开展了地方自治的实验，标志着近代中国地方治理现代化事业的正式启动。

近代南通地方自治的全面规划

关于南通的地方自治战略规划，张謇的思路是非常清晰的，"窃謇抱村落主义，经营地方自治，如实业、教育、水利、交通、慈善、公益诸端。"在张謇的观念中，"经营村落""村落主义"时常与"地方自治"交相并称。"张謇不仅是南通早期现代化的设计者，也是组织者和领导核心，没有张謇就没有当年南通的早期现代化，至少也会推迟若干年。"[1]

地方政治现代化的规划，是地方自治最为重要的建设目标。张謇曾在《变法平议》提及府县议会方面的自治机构设想。拟定的府县议会议员，至多不过 5 人，而且选举人与被选举人限于"有家资或有品望"的士绅。张謇认为，士绅通过地方府县议会，可以"释民教之争""通上下之情"，并且筹设学堂、警察以及农工商各类公司，实现地方自治的目的。强调以士绅精英来领导区域现代化，并指出地方士

---

[1] 蒋国宏：《审视与比较：张謇的思想与实践研究》，上海书店出版社，2021年，第17页。

绅应负责兴利除弊、建设乡里的责任，同时将士绅作为沟通官商、调和官民的中间力量。王奇生认为，张謇的"地方自治"在很大程度上是一种"绅治"。事实上，在中国早期现代化和地方自治的历程中，近代资产阶级尚处于生命发育的襁褓时期，作为中国传统精英阶层的绅士以其固有的社会地位和历史使命感，肩负起新时代的重托，充当了启动中国现代化的动力群体是势所必然的；"以绅权孕育民权"，也是近代中国社会过渡时期社会阶级结构演化的必然现象。梁启超"欲兴民权，宜先兴绅权"的主张，即在某种意义上预言了近代中国社会转型过程中所必经的一个历史阶段。张謇主导下的南通地方自治无疑顺应了这一历史潮流。

在地方经济与社会现代化规划上，张謇结合南通的县情，从兴办纺织工业入手，进而创办通海垦牧公司，试图以大农业来解决纱厂的原料问题，随后又以大生纱厂为中心，创办了一系列辅助性企业，形成一个地方性资本集团。兴办实业不久，教育事业也开始启动。师范是教育之母，所以首先创办通州师范学校，接着是基础教育，继而是专科和职业教育，最后在专科教育基础上创办综合性大学。一切均按照教育的内在规律进行，显得脉络井然而又顺理成章。"惟是国所与立，以民为天。民之生存，天于衣食。衣食之源，父教育而母实业。"他把实业与教育两者的关系比喻为一个家庭的父母双亲，相互补充，相辅相成，至亲至密，缺一不可。实业的创办奠定了教育的经济基础，而教育的发展和人才的培养，又转化为新的生产力。待实业、教育初具规模后，进而致力于慈善、公益，并汇总于地方自治的总体规划中。

在张謇看来，慈善公益事业是传统儒家文化中"仁爱"的体现。既然在社会现实中王政不得行，清政府软弱无力，自顾不暇，那么就需要以慈善公益的形式，去实现"仁爱"，追求"老吾老以及人之老，幼吾幼以及人之幼"的那种理想社会。如果"失教之民""失养之民"太多，而社会没有相应的保障措施，就会成为一种隐患，甚至威胁国家政治秩序，也是地方自治的缺憾。因此，慈善公益是非常有必要的。有研究指出，张謇慈善公益思想中最为显著的一大特点，是不像以往的慈善界人士那样，仅仅单纯地就慈善而论慈善，而是将慈善事业纳入整个改良社会的系统工程中的重要一环，视之为具有深远政治意义的一项活动。这种深刻的认识，应该说在当时是不多见的。只有张謇意识到，从事地方自治必须与发展慈善、实业、教育紧密地结合在一起，才能充分发挥其作用，达到预期的目的。[1]

在地方文化现代化规划上，张謇不仅是中国最早博物馆的创办者，而且是中国近代博物馆学的研究者和奠基者。"学校以教"是张謇给南通博物苑的定位。他为苑内最早兴建的南馆书写了对联，表明其兴办文化的育人理念："设为庠序学校以教，多识鸟兽草木之名。"张謇认为"文化必先教育"，遂创办了一系列教育事业，践行现代教育理念，引进科学技术教育。张謇兴办文化，创建了更俗剧场，用张謇的话说："教育以通俗为最普及，通俗教育以戏剧为易观感。"他对报刊媒介的巨大影响力有着十分深刻的认识。"一国之报纸，所以为文明进化之利器者，必具能发挥国民之心理，而深应乎时势之需要者

---

[1] 朱英：《论张謇的慈善公益思想与活动》，《江汉论坛》，2000年第11期。

也。"[1] 张謇认为，社会要进步，首先必须提高人民的思想觉悟和知识水平，而这又有赖于报纸的发行，舆论的引导。值得一提的是，当代文化学者余秋雨则一直把南通作为"城市美学的范本"来研究。

在地方生态现代化规划上，张謇就任农商总长后，拟订针对东北的《东三省林务局暂行规程》和《东三省林务局分科规定》，1914年扩大到全国范围，他向各省区发出禁止采伐国有森林的训令，后又呈交全国山林的规划方案。同年，在张謇的主持下，我国最早的《森林法》颁布，共6章32条。1915年又出台了配套的《森林法施行细则》20条，这一系列举措不仅保护并扩大全国林源，而且通过法律手段培养国民的生态意识。近代南通具有前瞻性和现行性的生态城市建设和规划，是在不断考量西方的城市规划和建设的得失成败，并结合本国国情与地方特色的理性实践，为生态城市理论带来了许多的超越和创新。"他从城市的空间布局到产业结构的生态化，从植树造林到城市绿化，从立法护林到生态教育，进行以人为本、优化人居环境的一系列作为，无不实践追求人与自然的和谐，关注发展可持续化的生态思想。"[2]

经过多年的探索和实践，张謇的地方自治思想趋于成熟，充分认识到地方自治制度建设与建设路径的重要性。"立宪大本在政府，人民则宜各任实业、教育为自治基础，与其多言，不如人人实行，得尺则尺，得寸则寸。"[3] 他的建设方案也得到了社会和官方的认可。清

---

[1] 《时报馆新屋落成颂词》，李明勋、尤世玮主编《张謇全集》第6册，第529页。
[2] 姚颖、陈晗：《张謇生态城市建设的世界视野》，《南通职业大学学报》，2014年第1期。
[3] 《啬翁自订年谱》，李明勋、尤世玮主编《张謇全集》第8册，第1022页。

政府正式出台的地方自治章程，其中所强调的地方事宜和张謇的治理思路类似。地方自治是由下而上的，容易培养逐级参政的兴趣与能力。所以地方自治是训练人民行使政权的最好方法，同时也是实施宪政最基本的工作。

政治现代化：近代南通的民主政治

按照清政府筹备立宪的总体规划方案，各省从1908年开始，先行筹办城镇乡下级自治，然后再筹办府厅州县上级自治，到1913年下级自治一律成立，1914年上级自治一律成立。1909年1月，《城镇乡地方自治章程》和《城镇乡地方自治选举章程》颁布，要求各级官员迅即筹办，实力奉行，不准稍有延误。城镇乡地方自治范围极广，凡是基层应办的事情几乎无所不包。主要有教育文化、医疗卫生、道路工程、农工商务、慈善事业、公共营业等。自治作为一种固定的地方管理制度正式确立下来，并把全国的地方自治纳入统一的轨道。

关于地方自治组织，《城镇乡地方自治章程》规定在城镇设立议事会和董事会，在乡村设议事会和乡董，人口过少的乡，不设议事会，改设选民会。议事会为议决机关，议员由选民选举产生，正副议长由议员选举产生，皆为名誉职务，不领薪水。其职权为：议决应兴应革事宜；筹集经费，审定年度预算、决算；订立自治规约；惩戒有过错的自治职员；调解诉讼；选举董事会职员等。每季度开会一次，还可以召开临时会；会议必须有半数以上出席才能开议，议决以出席者过半数的意见为准。董事会为执行机关，设总董1人，董事1至3

人，由议事会议员选出。其职权为：办理议事会选举；执行议事会议决的事件；执行地方官委任办理的事件。每月开会一次，以总董为议长，非有2/3以上出席不得开会，议决以出席者过半数的意见为准。乡董、乡佐各1人，由议事会选举，职权与城镇董事会一样。自治机构与上级地方政府之间的权力关系的设计，规定议长、副议长、总董、董事的选举和任命都需要上级政府核准。与地方行政有关系的事件也需要地方官员核准。当议事会与董事会发生争执时，不服地方官员核准，可由地方官申请交省谘议局公断。

虽然清廷强调地方自治须受官府监督与掌控，但是张謇以自己的影响力与经济实力，提前在通州创造性开展地方自治活动。1907年，张謇等人参照天津自治章程，会同教育会、劝学所及商会，草拟自治章程。经州署呈报江苏巡抚核示，转报两江总督批准，试办通州自治。1908年年10月，通州地方自治公所成立。自治公所为议事会与董事会办公之地。早在是年4月，已经设立调查选举局。8月16日，由州区选出议事会议员30人，张謇为议事会议长。9月5日，选举产生州董事会，知州琦珊、张謇胞兄张詧分别当选为会长、副会长，周汇瀛等8人为董事会会员。推定了户籍、财政、工程与警务各科工作人员。这在当时是江苏第一、全国第二。此后陆续筹办测绘局、法政讲习所、自治研究所、宣讲练习所、调查户口事务所、清查公款公产事务所，办理谘议局调查选举、筹办市乡议会的选举等，实际承担了部分政府管理职责与职能。"现在精英们不仅有了个可于此工作的行政中心，而且此中心还很好地超越了清廷的限制。精英势力的联合和扩张最终动摇了官方任命官僚和旧绅士的平衡而使之转向新的工商精英。"[1]

民国成立后，1912年年初，通州筹备选举，将原21个自治区并为7个选区。张謇、孙儆、刘桂馨、习艮枢、施述之等5人被选为省议员。同年9月，在通州贡院成立议事会，于振声为议长、邢启才为副议长。12月，废州建县，通州改为南通县，宣布撤销南通军政分府，改称县公署，设县知事。至此南通光复后建立了县行政、议会等机构。1908年成立的自治公所和地方自治会也宣告结束。会所的房屋、器具及各项办事成案，造具清册并备文交县议会接收办理。[2] 新成立的县议会举行第一届常年会，先由推定的议员拟订县议会议事规则及旁听规则，造具草案，交由会期中开会公决。一是人民可以直接提出请愿案件，而且可以旁听议会议决过程；二是县知事的权力受到约束和限制。提出的24件提案中只有14件通过，其它十多件被否决。这些在专制制度下是不可能发生的。县以下的21个市乡的行政机构也分别建立议事会和参事会，完成了基层政权的建设。"辛亥革命促成南通政权的更迭，建立起代议制的地方政权，成为南通社会成功转型的决定性因素。"[3]

1914年2月，北京政府下令停办地方自治。3月，南通县议事会和董事会撤销，市、乡议事会、董事会随之撤销。1920年10月，南通县再度筹建自治会，拟订自治章程，议定自治会会员50名。13个

---

[1] Qin Shao, *Culturing Modernity: The Nantong Model, 1890 - 1930*, Stanford: Stanford University Press, 2004., p29.
[2] 佚名.《南通地方自治十九年之成绩》，南通张謇研究中心重印，2003年，第164—169页。
[3] 张廷栖：《学习与探索——张謇研究文稿》，苏州大学出版社，2015年，第338页。

市各举 2 人，8 个乡各举 1 人；县商会举 6 人，县农会和教育会各举 5 人。在张謇的影响下，10 月 31 日自治会召开筹备会，到会会员选举张孝若为主任理事。自治会下设财政、统计、教育、实业、交通、水利、工程、卫生、慈善、公共营业等 10 股委员会。每股设主任委员 1 人，委员若干人，其内部机构设置、职权分工与地方政府相仿，支配了地方政局。

1921 年底，上海海关税务司英国人戈登洛德在向英国政府提交的《海关十年报告 1912—1921》曾这样评价南通："通州（南通）是一个不靠外国人帮助、全靠中国人自力建设的城市，这是耐人寻味的典型。所有愿对中国人民和他们的将来作公正、准确估计的外国人，理应到那里去参观游览一下……现为上海附属口岸的通州，早在 1895 年就开始了建设。它从一开始就坚持自治的原则。当地有财有势的商人在二十年前就组成南通自治会，对通州后来的发展，对于为建立警备力量、修筑道路、兴建医院、学校而筹措资金做出了贡献。"

经济现代化：近代南通的"工业革命"

南通早期经济现代化进程是从工业化开始的，启动标志是 1895 年大生纱厂的筹建。大生纱厂是张謇"状元办厂"的开端，也是南通实业的核心。出于对原料、产品的需要，工业化又推动了南通农业的现代化，及新式航运业的兴起。作为一种新的现代化模式，"南通之所以能成功地以自治为屏障来抵制皇权的罗网，之所以能成功地进行城市的政治革命，之所以能建设起为全国之先的新文化形态与初级的社会福利体系，之所以能从一个非开埠的闭塞的旧式州城跃进为一座新型的走进近现代文明社会的先锋城市，正是南通从自身的工业革命中获得了强大的动力。"[1]

1895—1913 年，南通初步建立起了以棉纺为核心的现代工业体系。前后兴办的实业有大生纺纱有限公司、通海垦牧公司、广生榨油股份有限公司、翰墨林印书股份有限公司、大达内河小轮公司、吕四同仁泰盐业公司、大生第二纺纱有限公司、阜生蚕桑染织公司、大达轮步公司、泽生水利公司、颐生酿酒公司、资生铁厂、资生冶厂、达通航业转运公司、大中通运公司、大咸盐栈、复新面厂、惠通公司、大有晋公司、大聪电话公司等，形成了清末民初中国最大的民营企业集团。这些实业围绕大生纱厂形成一个产业链。清末民初的南通基本上建成了以棉纺业为核心的近代工业体系。

在农业现代化方面，通海垦牧公司借鉴西方管理模式，结合中国实际，将农户组织起来，大大推动了荒地的开发。以通海垦牧公司为起点，逐步建立了包括大有晋、大丰、中孚等 20 余个垦殖公司和农会、水利会、棉业实验场、天生果园等棉农事业。张謇的做法满足了大生纱厂对原料的需要，也在客观上提高了农民收入，发展了农业生产。有研究者指出，农工商结合的集团发展倾向，使近代工业与传统农业有机地交融结合，以工促农、以工促商、以城带乡的发展特色为通海地区经济向现代化迈进奠定了坚实基础，其意义远已超过集团经营本身。[2] 张謇的实业热情出自爱国爱民之心，资本逐利色彩淡薄，他不以获取经济利润为终点，而是源源不断地将收益投入其他地方事

---

[1] 羽离子：《东方乌托邦：近代南通》，人民出版社，2007 年，第 16 页。
[2] 卫春回：《张謇评传》，第 318 页。

业中。大生，即"天地之大德曰生"之涵义，南通地方自治各项事业的推进，几乎都受益于大生资本集团，受益于实业的发展。

1895年到1913年，可以视为南通早期经济现代化的起步阶段。据羽离子统计，在清王朝终结以前，江苏省是全国各省中工业化最快和最全面的地区。从1903年至1911年，全省共诞生了110家工业企业，资本总额14885000元。而在江苏省内，南通和无锡两地就拥有40家企业，占全省民族企业的三分之一强。南通与无锡是那一时期的江苏省工业经济的中心，南京和苏州等地都排在这两个地区之后。在包括了外国资本的工业企业所在的各个地区的全国范围内，南通与无锡的工业地位仍处在全国各地的前列。"而就南通和无锡而言，加上1903年以前创办的企业，南通的企业量又多于无锡，而为第一工业区。"[1] 南通的地方自治能够取得成功，离不开实力雄厚的经济基础。南通的实业蓬勃发展，为兴办教育、公益等其他事业提供了可靠动力。

1914年以后，南通早期经济现代化进入腾飞阶段，也是最辉煌的历史时期。南通的工业以大生纺织公司为主体，继续向前发展。据1921年统计，大生所属27家企业资本总额达3400万元，为同时期其他民族资本企业所不及。以大生纱厂为依托，其他工厂均次第建设，有大生第二厂、第三厂及第八厂。大生企业集团是机器大工业，是南通近代史上第一次工业大变革，或者称为一场工业革命。一个以机器纺织为龙头，涵盖轻工业、重工业、银行金融、运输、通讯、贸

---

[1] 羽离子：《东方乌托邦：近代南通》，第33页。

易等行业的南通早期现代工业体系逐步形成。经过多年的规划营建，大生纱厂所在的唐闸地区迅速城市化，分布着经规划的生产区、码头仓储区、学校、医院、公园、住宅区、商业区等。

在大生企业集团的辐射下，南通的第三产业也迅速发展。在20世纪开始的十年里，南通一地竟涌现出了几十家钱庄、几十家布庄、300余家花行、1000余家其他行业的商号。除了这些传统的布庄、商号，银行、证券交易所等现代金融机构也纷纷在南通落地生根。到20世纪20年代中叶，南通地方已经有五家银行。其中淮海实业银行由张謇之子张孝若在1920年创办于南通，在南通、上海、苏州、扬州、镇江、南京均设有分行。中国银行、交通银行、上海商业储蓄银行、江苏银行四银行均在南通设立支行。1921年9月成立南通棉业、纱业、证券、杂粮等联合交易所，简称股票花纱交易所。最早的新式旅馆是开业于1914年的有斐馆，除旅馆部外，还有餐厅、浴室、弹子房等设施，丰富新颖的经营项目吸引了许多外地旅通者入住。南通俱乐部、桃之华馆、永朝夕馆三家现代旅馆都于1921年开办，这些新式旅馆聚餐饮、休闲、娱乐、会议等功能于一体，不仅在当时的南通，乃至全国都属引领新潮流之列。

王敦琴还特别指出南通在工业体系的建立和农业现代化方面的独特贡献。自1895年到1924年，大生集团仅纺织厂就拥有16万枚纱锭，1600余台织布机。以机器纺织为骨干的南通近代工业体系基本形成，其门类涵盖了轻工业、重工业、农业、金融、交通运输、通讯、水利、商贸服务业等。近代企业、公司不仅开南通机器工业之先河，且大多在全国也是处于民营经济的前沿阵地。以大生纱厂为龙头的近代机器工业是南通历史上空前的工业革命,数十家企业养活了数十万人。它不仅将南通带入近代工业的行列,也带来了人们思想的空前解放。此外,张謇推行的科学种地、品种优化、土壤改良等为南通向高效农业转化奠定了基础通海垦牧公司 20 多年中,开垦荒滩盐荡 10 多万亩,使荒滩变良田,让更多的农民获得了地面权。垦牧公司的早期现代化尝试改变了长期的租佃制度,开阔了人们的视野给农业的发展提供了一种新的思路。据《江苏省鉴》记载,1912 年前后,南通棉田年均 130—140 万亩。南通一地即占全省总面积的 14.41%,居全省之首。

文化现代化:近代南通的"文艺复兴"

地方自治鼓励民众参与地方事务的管理,其关键在于人才,而人才的造就依赖于教育。"自治之本在兴学,兴学之效在普及。"[1] 南通地方自治的重要目标之一就是发展教育,"开民智,明公理"。在中国的历史文化传统中,教育的内容偏重道德文章、纲常伦理,实际上是为了培养政治人才,服务于官僚体系。对于自然科学以及农工商业方面的实用知识和技能,则视为偏门,不够重视。在张謇看来,这正是中国落后于西方的原因之一,即民众素质太低。尽管身为状元,但张謇赞成废除科举,主张兴办新式学堂,推广新式教育。

自 1901 年始,张謇先后亲自创建各类学校,形成了比较完整的教育体系。1903 年通州师范学校成立,这是中国第一所师范学校。

---

[1] 张謇研究中心、南通市图书馆编《张謇全集》第 4 卷,第 31 页。

通州师范学校为乡村教育培养了大量优秀师资，后来南通地区的小学教员大多都为南通师范毕业。从幼儿园到小学、中学，乃至高等学府，都陆续在南通落地建成，按区域划片，循序渐进，体系完备。此外，还有盲聋哑学校以供特殊人群接受教育。张謇注重职业教育。为了促进实业发展，他创办各种类型的职业技术教育，提供专门化的职业教育，为南通地区的纺织业和农垦业提供了大量受过训练的劳动力。如1902年，张謇在通海垦牧区投资创办南通农业专门学校，即"农学堂"，农校设有实验场，作为农业研究机构，直接为垦牧建设事业服务。蚕桑讲习所、职业学校、技工学校、测绘学校、伶工学校等女红传习所、医学专门学校、商业学校、银行学校等一系列传习所、讲习班，也都纷纷建立起来，为社会民生事业提供了各式各样的人才。

据1913年的统计，全县初等小学有215所、高等小学10所，中等学校有南通师范、女子师范、农校、公立中学、商校、银行专修学校等近10所，高等学校除医校、纺校外，还有国文专修科。根据实业和事业发展的需要创办各类各级的职业教育，形成了完整的南通地方性的教育体系。在辛亥革命后全县组织了教育会，教育分会普及到21个市乡中的16个市乡，近80%的市乡有了教育的组织，反映教育发达的程度。除此之外，张謇还兴办了法政讲习所、交通警察学校、宣讲练习所等，推动地方自治和宪法政治的普及。[1]

南通的公共文化设施建设也陆续展开。1905年，中国人自办的

1　张廷栖：《辛亥革命与南通社会的转型》，《江海纵横》2011年第10期。

最早博物馆——南通博物苑建成。之所以称"苑"而不称"馆",是因为这一创建性的博物场所不仅包括被收藏在建筑物内的各种文物,还包括在建筑物外面的自然界中的有生命和无生命的各种物体。1912年,南通图书馆建立。图书馆的建筑费用由张謇出资。建馆之初,图书馆即藏书近十万卷;其中十分之六由张謇提供,十分之四由本地各界人士捐献。南通地区所设博物苑和图书馆等公益性文化机构,则起到了弘扬传统文化的作用,搜集文物、保护和收藏图书典籍,并且进一步延伸了学校的教育功能。"盖有图书馆、博物院以为学校之后盾,使承学之彦,有所参考、有所实验,得以综合古今,搜讨而研论之耳。"[1]

1907年《星报》的创办,通州有了近代的新闻媒体。它是张謇领导立宪运动的舆论工具。《星报》的主要任务是运动立宪,宣传自治。这些政治宣传冲击着君主专制的政治理念。辛亥革命后,南通的新闻媒体空前活跃,原来的《星报》停刊,在它的基础上于1912年3月创办了《通报》,每周两次,每次一大张。1913年3月,又出版了《通海新报》,1914年《新通报》又创刊。以后还有《南通新报》《紫琅声报》《公园日报》等。1912年,南通就成立了多个阅报社,各阅报社附设于各自治公所或市集处。通过全县各市、乡的阅报社在社会上广泛传播信息,改变了传统社会的闭塞和封闭。[2] 张謇于1903年创办了翰墨林印书局,经过多年的发展,成为南通甚至苏北地区影响力最大的出版印刷机构。

---

[1] 张謇研究中心、南通市图书馆编《张謇全集》第4卷,第272页。
[2] 张廷栖:《辛亥革命与南通社会的转型》,《江海纵横》,2011年第10期。

张謇认为："至改良社会，文字不及戏曲之捷，提供美术工艺不及戏曲之便。"[1] 1914 年，成立通俗教育馆、妇女宣讲会。后来还建有伶工学社、更俗剧场等文化机构。伶工学社是我国近代第一所正规的戏曲专业学校，是张謇委托欧阳予倩筹备创建的。欧阳予倩是当时和梅兰芳齐名的戏曲界南北泰斗，有很高的戏曲修养。伶工学社的办学宗旨是为改良京剧，培养戏剧演员。梅兰芳评价说："在那时的南方，这个科班的设置，是开风气之先，惟一的一个训练戏剧人才的学校。它在制度、教材方面，都采用了新的方法。"[2] 更俗剧场耗资 8 万银圆，综合上海、北京、日本等地剧场的特点建造的，可容纳 1500 人的空间。舞台面积大，设备好，在当时的中国也是数一数二的。一时间，戏剧名角荟萃南通，国内著名的京剧演员几乎都来南通演出，如梅兰芳、欧阳予倩、程砚秋、王凤卿等都曾在南通更俗剧场登台献艺。南通地区设立伶工学社和更俗剧场，以大众文化的形式促进文明发展，改良社会风气。注重培养具有戏剧改革意识的新式演员，同时强调为社会和大众服务的独立艺术地位，体现出完全不同于旧式科班的现代戏曲教育的鲜明特征。"与之相匹配的更俗剧场不仅具有当时国内堪称一流的现代设备，更以推出改良社会、教育民众为宗旨的新剧目为己任，还实行了一套移风易俗的新式管理制度。学社与剧场相互呼应，为南通的社会文化生活增加了前所未有的现代文明气息。"[3]

---

1 张謇研究中心、南通市图书馆编《张謇全集》第 4 卷，第 289 页。
2 梅兰芳：《舞台生活四十年》，团结出版社，2006 年，第 278 页。
3 卫春回：《张謇评传》，第 326 页。

从 1919 年起，张謇联合了程龄荪、朱庆澜等，投资筹建中国影戏制造股份有限公司，并聘请留美归国的卢寿联为导演，于 1921 年拍摄了由南通伶工学社演出的京剧艺术片《四杰村》，该片还被运往美国纽约放映，反响不错。这是中国特色的歌剧艺术——京剧以及武打艺术第一次被真切可视地介绍给西方社会，也就是说，在如今的欧美几乎是家喻户晓的中国的传统歌剧与武打，其在西方的源头正是从多年前的《四杰村》开始的。[1] 从宋代以来，茶馆、说书场是传统社会的最重要的大众文化娱乐场所，而南通社会的文化结构已发生了根本性的变化，现代的文化设施得到不断的丰富和发展，发展成为南通的主流文化。

社会现代化：近代南通的"新新世界"

在"村落主义"思想指导下，张謇试图建设一个"新新世界"，完成兼济天下的志向。作为近代中国乡村建设事业的开拓者，张謇苦心经营数十载，兴办教育、改良农业、调剂金融、提倡合作互助、移风易俗等，南通地方自治事业全面发展。同时，他的乡村建设事业也颇有成就，南通被誉为"模范县"，社会各界人士无不赞叹其自治之效。在社会建设领域，推动了传统社会向现代社会文明的过渡。

南通乡村曾有弃婴之风，特别是女婴，常常遭到遗弃。1906 年，张謇创办育婴堂，收留抚育了二百多名婴儿，小至两三个月，大至十三四岁，最多时达到 1700 多人。张謇以鬻字的方式来为育婴堂筹资，

---

[1] 陈翰珍：《二十年来之南通》，南通张謇研究中心重印，1998 年，第 198 页。

相继设立了残废院、盲哑学校等，以收容社会弱势群体。大生纱厂等南通地方企业，对地方慈善事业多有资助。1905 年，南通遭遇飓风灾害，当地农民损失惨重，张謇从大生纱厂拨出 6000 余两银子用于赈灾，并分区域进行抚恤。张謇将经营实业获得的巨额利润，毫无留恋地投于地方自治和慈善公益事业之中，南通地区也得以建立起一个集传统善举与近代公益于一身，囊括赈灾济民、水利交通、学校教育、文化公益等方方面面的地方慈善公益体系。南通地方自治的慈善事业，覆盖范围惠及南通全境，影响力度更是波及海内外多地。残废院、育婴堂、养老院、公用医院、盲哑学校、贫民学校、栖留所、模范监狱等慈善举措，极大地扩展了自治的领域和范围。

近代慈善事业研究学者周秋光认为，张謇在南通的慈善事业是一个新的高度："传统的慈善救助多是救人身体而难救人灵魂。近代以来，伴随西方社会福利观和公益思想的传入，中国慈善家大多认识到这点，并开始着手改变此弊端：即不仅要恤贫济困、赈灾救荒、施医赠药、容留鳏寡孤独，更要发展社会公共事业，改良社会生活环境，去除社会不良习俗，提高被救者的受教育程度和文明健康水平，使全社会都为之受益。"[1] 朱英的研究指出，张謇之所以能够主要依靠自己个人的力量兴办众多的慈善公益事业，首先是因为他经营实业颇具有成效，经济实力之雄厚为他人所可比拟，具备了独自兴办各项慈善公益事业的能力；其次则是由于他对慈善公益事业的作用与影响有着独特的深刻认识，将其作为地方自治和自强救亡的一项重要举措，因

---

[1] 周秋光、李华文：《达则兼济天下：试论张謇慈善公益事业》，《史学月刊》2016 年第 11 期。

而不惜花费巨资，以满腔热情孜孜不倦地创办一项又一项慈善公益事业。

张謇在南通的地方自治实践，结合了传统儒家仁爱思想与现代公益，重视慈善事业，对解决失养、失教问题和稳定社会秩序是功不可没的。社会现代化还包括移风易俗，发扬中华民族传统美德，反对陈规陋习，提升人民文明素质的内容。在经营实业的同时，张謇推动了南通人民树立时间观念，改善卫生习惯，禁止赌博、吸鸦片、嫖娼等。垦牧公司要求佃户建房必须整洁通风，与厕所保持一定距离；张謇本人也常常亲自检查学校厕所和厨房卫生，强调学生应该培养个人卫生习惯。中国老百姓没有精确的时间观念，往往用"一袋烟的工夫""一炷香的时间"来模糊计时，张謇采取措施强化村民时间意识，为方便村民掌握时间，还设置了钟楼。大生纱厂章程规定："不准吸鸦片烟。虽有贵客，不准赌钱，不准挟妓。"禁止赌博和吸食鸦片等恶习，促进了乡村社会风气的改进。[1]

在社会教育理念的构建层面，南通地区所设的各类学校也尤为注重培养人才的精神品格。通州师范以"坚苦自立，忠实不欺"为校训，垦牧乡初高小学校以"合群自治，体农为学"为校训，商业中学以"忠信持之以诚，勤俭持之以恕"为校训。1914年张謇为纺织专门学校亲题的校训"忠实不欺，力求精进"，是张謇关于职业道德思想的精华。在张謇看来，道德教育首为爱国，这是其教育救国宗旨的必然体现。在爱国的基础上，张謇倡导"合群"的集体主义精神，认

---

[1] 熊彤：《中国近代乡村建设的另一种典范——张謇的南通乡村建设》，《南通大学学报（社会科学版）》，2009年第1期。

为个人是社会、国家、群体的一员，应相互爱护，团结和谐。这些思想在其所题写的校训"合群自治""爱国爱群，爱亲爱己"等内容中得到了充分展示。[1] 南通地区还修建了大量的公园、体育场等公共娱乐设施，以陶冶人民的心灵情操和开展运动锻炼。例如南通著名的五公园，拥有山水花木、亭台楼阁、游乐设施、茶点服务，建筑内还精心地融入妇女家政、儿童游戏、孝敬老人等社会教育内容，潜移默化地改造社会文明。一些名胜古迹、纪念碑亭也得到了修缮和维护。通过这些措施，让人们得到愉悦和放松，提高精神文明程度。

1915年，张謇回顾关于南通慈善公益事业的成绩曾言："教育除地方各村镇公立私立之初高等小学校二百四十余所外，凡专门之校六：曰男初级师范学校；曰女初级师范学校；女工传习所附焉；曰甲乙种农业学校；曰甲乙种商业学校；曰纺织染学校；曰医学校。其辖属之事三：曰博物苑，曰图书馆，曰气象台。慈善除旧有恤嫠、施棺、栖流诸事外，凡特设之事六：曰新育婴堂，曰养老院，医院，曰贫民工场，曰残废院，曰盲哑学校。总凡十有六所。"[2] 此后，1916年主导疏导淮河；1917年筹建城郊公路；1919年兴设伶工学校与交通警察养成所；1920年将医、农、纺三校合并为南通大学，同年合筹一百万用于赈灾；1921年规划并建造高小与第二堤国民小学；1922年兴建第三养老院；1922—1924年连年鬻字以补善款缺额，直

---

1 羌建、马万鸣：《张謇与黄炎培职业教育思想及实践之比较研究》，《贵州师范大学学报（社会科学版）》，2012年第6期。
2 《呈筹备自治基金拟领荒荡地分期缴价缮具单册请批示施行文》，李明勋、尤世玮主编《张謇全集》第1册，第431页。

至逝世前三个月还在操劳女子师范学校之事。[1] 张謇在南通的慈善公益事业，结合了传统儒家仁爱思想与现代公益，对解决失养、失教问题和稳定社会秩序是功不可没的，被誉为"近代中国慈善第一人"。[2]

有学者指出，张謇的南通乡村建设是中国近代乡村建设的另一种典范。首先，南通乡村建设推动了乡村市镇化浪潮的出现。例如通海垦牧公司，在滨海一带的茫茫荒野上，设花行收购棉花、籽棉和皮棉等，为大生纱厂提供原料。农垦公司连片围垦，开荒植棉，集聚了附近的农民，淮南垦区陆续吸收了二十多万农民，随后又建筑学校、仓库、道路、桥梁，设立邮政，架设电话线……在此基础上形成了现代意义的市镇，大大促进了南通地区的市镇化进程。其次，南通乡村建设推动了农业现代化进程。张謇在南通地区开垦荒地，引入资本主义生产和经营方式、资金和技术设备，使农场面貌全新，促进了传统小农经济向现代农业的转变。再次，南通乡村建设开风气之先，拓宽人们的视野，引领了二十世纪初的社会改良运动。实业繁荣，教育兴盛，社会慈善公益体系完善，俨然将南通改造成了一个美好的新世界。[3]

生态现代化：近代南通的"花园城市"

张謇在城市总体规划设计上，就考虑到生产、生活、生态的合理

---

[1] 周秋光、李华文：《达则兼济天下：试论张謇慈善公益事业》，《史学月刊》2016年第11期。
[2] 叶沈良：《张謇的慈善传承》，江苏凤凰教育出版社，2022年，第2页。
[3] 熊彤：《中国近代乡村建设的另一种典范——张謇的南通乡村建设》，《南通大学学报（社会科学版）》，2009年第1期。

布局，人与自然的和谐共生。他比世界著名的城市规划大师霍华德还早三年提出并践行了"花园城市"的理念。除了主城区以外，他将唐闸镇设定为工业和港口区，狼山设定为风景旅游区，形成了科学合理的"一城三镇、城乡相间"的现代城市格局，既方便了人们的生产生活，又改善了自然环境。他还对南通的"五山"封山育林，保护自然生态，在街道、公路两旁栽种行道树美化自然景观。

其中最为突出的举措是产业布局的生态战略。有研究指出，首先，建厂的选择具有生态考量。张謇既不就近选择老城区，也不以交通为衡量选择西北侧大码头，而在唐闸镇建厂，显然是考虑南通东临黄海，夏季多刮东南风，减少工厂对城市的空气污染，与霍华德在建设田园城市时的生态考量不谋而合。其次，城乡分工，发展均衡化。卫星城镇的布局有利于城乡间的互补；城镇间的农村，既可净化工业生产带来的污染，又是今后城市发展的预留地，避免了城市扩张的各种弊病。再次，自然资源实现综合利用，并建立循环经济，净化环境。张謇在南通建大生纱厂，体现其因地制宜、就地取材的思想。他又先后创办辅助产业：大兴面粉厂、资生铁厂、广生油厂、大隆皂厂和大昌纸厂，使南通在 1910 年左右已初步建立了以棉纺织业为中心、相关产业相配套的循环工业体系，提高了资源利用率，实现了资源再生，是以保护生态环境为目标的超前设计。[1]

建于 1913 年的唐闸公园是南通地区第一座公园，选址在通扬运河东岸，北有敬孺高级小学，东有平民学校，西为通向南通城区的马

---

[1] 姚颖、陈晗：《张謇生态城市建设的世界视野》，《南通职业大学学报》，2014 年第 1 期。

路，对岸为大生纱厂，有大洋桥相通，因此极为方便产业工人、师生民众在闲暇之余前来游赏观览。唐闸公园占地十余亩，具体由孙支夏整体设计营造，入口处建有客厅、餐厅、办公、健身等用房，园内西南区以草坪为主，叠黄石假山，东南区开凿溪流接通运河，鱼藕莲池以及桃园，既增景致，又有经济收益，园中还有小桥、茅亭可供游赏休憩。南通近代造园的特点在于泛园林化，也即因地制宜、体系完备、功能齐全、无处不园，多层次、多类型的园林景观完全融入了南通民众的日常生活之中。

张謇从开始规划建设南通就大力提倡植树造林，这对地方生态、经济产业和人居环境而言，都是有着长远利益和影响的举措。张謇所规划建设的南通处处有绿植：城区民居周围遍植花木，道路两旁的人行路侧栽种杨柳，并杂植桃李之属，城市到处整洁秀丽；公路沿线，杨柳夹道；乡村附近空地及河滨，均植有树木，甚至连垦殖荒滩也规定预先布置适宜在盐碱地生存的树种；建设遇到大树古树，宁肯将路线改避，或房屋让开，也要予以保护。张謇在五山景区的建设中，重点在植树造林涵养水土，开通曲折的林溪、设通江水闸以利灌溉，河中植莲、岸上种桃柳芙蓉等花木，山上则遍植梅、竹、樱、桃等花木，自然而然促成山水美景，并将自然山水、植树造林与林业经济相结合的，因此具有良好的可持续生态效应。[1]

1922年6月24日刊登在《北华捷报》刊登《南通：中国最新式的城市——张謇的繁忙活动，上海代表团参访记》一文，生动地描述

---

[1] 徐宏：《祈通中西，融汇古今——论张謇造园思想中的传统因素与现代意识》，《张謇研究年刊》2017年。

了近代南通现代化发展的奇迹："南通现在所获得的地位与前景，几乎完全通过张謇的努力所得。毗连的繁盛的农业地区，也见证了这样一点，如果能够拥有这样的优秀管理人才，中国的发展指日可待。除了纱厂、丝厂、铁厂、学校以及学院，这一城市还囊括了许多其他的公用设施。这里有着通衢大道、公园亭台以及所有欧洲城镇所具备的生活设施。在一些地方，大楼的规模常见于两到三倍人口的西方城镇。南通俱乐部提供了三层楼面供来访者下榻，每一间房间都以欧式风格装修得富丽堂皇，而按照访客们的说法，这里的菜肴与上海能提供给外国人的最佳饮食相比，丝毫不逊色。除了物质的吸引力外，这一俱乐部也占据着独特的位置，俯瞰着碧波荡漆的濠河。河道在整个地区纵横交错，同时，这里也有着700里的优良道路。作为交通发展成就之一，一条宽敞的机车道连接着南通与扬子江。"

正如胡适评价张謇："独力开辟了无数新路，做了三十年的开路先锋，养活了几百万人，造福于一方，而影响及于全国。"关于"独力开辟了无数新路"中的"独力"，罗一民强调了其中两层含义：张謇创业中"孤掌难鸣"的艰难，以及在缺乏大众对其事业认识和理解的环境下取得"一枝独秀"的成就。对于"无数新路"的解读，其中所蕴含的是张謇在政治建设、经济建设、文化建设、社会建设、生态建设方面的开创性成就，反映了张謇事业的全面性与体系性。对于张謇"做了三十年的开路先锋"的历史定位，这是高度评价张謇在30年创业进程中所展现的持之以恒，三十年如一日的刚毅不屈，以及"开路先锋"所彰显的勇往直前、造福后人的先锋精神。"养活了几百万人，造福于一方"表明张謇以非官员的身份，创办实业，解决了当时偏于一隅的通州及周边区域几百万百姓的民生问题，不仅是以"有形财富"的方式推动了社会现代化发展，更是以"无形财富"形式从精神上启迪后人在现代化道路上不断前进。作为"影响及于全国"的人物评价，张謇具有全国性的两点关键影响。一是为中国现代化贡献了经济硬实力以及文化软实力，二是以一方的建设，尤其在区域现代化建设方面，发挥了南通作为"中国近代第一城"的示范与引领作用。

第二节　政治现代化的清末地方试验

政治现代化，即传统政治体制向现代政治体制过渡的演化过程，或者如《走向现代国家之路》一书所说，就是从专制制度向民主政治的转化进程。美国学者亨廷顿指出政治现代化涉及权威合理化、结构的分化、大众参政化三项因素。[1] 张謇在南通以及江苏地区的地方自治事业，是探索政治现代化的实验，是二十世纪中国地方治理现代化的初始阶段。章开沅认为张謇"从一开始就没有局限于通海地区的狭小范围，不仅着眼于江苏全省的规划，而且还想把这种地方自治的模式推广扩大到全国。"[2]

---

[1] 塞缪尔·亨廷顿：《变化社会中的政治秩序》，王冠华等译，上海世纪出版集团，2008年版，第27页。
[2] 章开沅：《开拓者的足迹——张謇传稿》，中华书局，1986年，第203页。

地方政治现代化的政府规划

甲午战争中国战败以后,政治现代化改革逐渐成为朝野共识。不少政治精英对地方政治现代化的认识也日趋成熟,他们提出了申民权、重乡权、设议院等政治改革主张。1901年,张謇提出中国的选举要模仿日本。他在《变法平议》中说:"其府县会议之法,以地方大小,定议员多寡,多不过五人。议长若副,选于议员之中,上其名于内务省。选举之人,被选举之人,均以有家资或有品望者充之,示期投票,票数多者中选。"[1] 清末新政开启后,政治现代化进程大大加快了。

1905年日俄战争的结果,给中国社会带来了更为强烈的震撼,立宪成为急切的救国主张。1906年,五大臣出洋考察宪政。其中,端方对议会制度有比较深入的了解,他主张设立中央议会同时在地方设立地方议会,"一省之议会实有参与立法之权","地方议会即为地方自治",并提出"在未开国会之前,可于各省设省议会;在省议会之前,先办府州县议会。议员由选举产生,大州县二人,小州县一人"[2]。统治集团内部也开始相信,中国与列强之间的根本差别在于政治制度的不同,如果不改革落后的专制政治,中国将继续落后于西方列强。

1906年9月,清廷宣布预备立宪,宪政改革和地方自治开始启

---

[1]《变法平议》,李明勋、尤世玮主编《张謇全集》第4册,第39页。
[2] 张朋园:《中国民主政治的困境:1909—1949 晚清以来历届议会选举述论》,上海三联书店,2013年,第44页。

动。1907年8月，清廷成立宪政编查馆，作为政治改革的统筹机构。同年10月，发布要求各省速设谘议局的谕令："前经降旨于京师设立资政院，以树议院基础。但各省亦应有采取舆论之所，俾其指陈通省利病，筹计地方治安，并为资政院储才之阶。著各省督抚均在省会速设谘议局慎选公正明达官绅，创办其事……其各州县议事会一并预为筹画，务期取才日宏，进步较速，庶与'庶政公诸舆论'名实相符，以副朝廷勤求治理之意。"[1] 1908年7月，清政府相继颁布《谘议局章程》与《谘议局议员选举章程》，明确了谘议局的性质、地位、职权、职责，及其与中央和地方政府的关系、选举区划，对名额分配，选举人与被选举人资格、选举组织、选举方法等都作了详细规定。清政府从上到下制定了一系列有关选举的法律、文件，指导选举工作，规范了后来的各级选举活动。各地也相继开始了筹备谘议局的工作。

与此同时，宪政编查馆拟定预备立宪的"逐年筹备事宜清单"，其中有关实施地方自治的步骤规定得非常清晰。第一年（1908年）颁布城镇乡地方自治章程；第二年（1909年）筹办城镇乡地方自治，设立自治研究所，颁布厅州县地方自治章程；第三年（1910年）至第五年（1912年），筹办、续办城镇乡地方自治和厅州县地方自治；第六年（1913年）城镇乡地方自治一律成立；第七年（1914年）厅州县地方自治一律成立。1909年1月，清政府正式颁布《城镇乡地方自治章程》和《城镇乡地方自治选举章程》，谕令谘议局筹办处兼

---

[1] 孟森、杜亚泉：《各省谘议局章程笺释》，商务印书馆，2015年，第8页。

理地方自治筹办事宜。1910年2月,又颁布了《京师地方自治章程》及其选举章程。与此同时,再颁布《府厅州县地方自治章程》与《府厅州县议事会议员选举章程》。至此,地方自治各级规范章程基本完成,地方自治的制度设计初步成型。

清政府推行地方自治的尝试最终止于城镇乡这一层面,厅州县自治没来得及实施。按照清廷的规划,城镇乡地方自治范围极广,凡是基层应办的事情几乎无所不包。主要有教育文化、医疗卫生、道路工程、农工商务、慈善事业、公共营业等。关于自治组织,在城镇设立议事会和董事会,在乡村设立议事会和乡董,人口过少的乡,不设议事会,改设选民会。议事会为议决机关,议员由选民选举产生,正副议长由议员选举产生,皆为名誉职务,不领薪水。其职权为:议决应兴应革事宜;筹集经费,审定年度预算、决算;订立自治规约;惩戒有过错的自治职员;调解诉讼;选举董事会职员等。城镇董事会为执行机关,设总董1人,董事1至3人,由议事会议员选出。其职权为:办理议事会选举;执行议事会议决的事件;执行地方官委任办理的事件。

谘议局与地方议会政治的兴起

地方选举政治在中国首次出现,也是中国对西方议会制度的实践探索。作为地方自治实践中的民意机构,谘议局具有十分重要的意义和地位。1907年,张謇推动建立的预备立宪公会以及其他十多个立宪团体在上海集会,讨论筹办谘议局有关事宜。次年9月,又成立谘议局研究会,为推动和协助地方官办理谘议局筹谋划策。江苏地区有着宁、苏两属的谘议局筹办处,这是由于两江总督和江苏巡抚的治所分别在江宁(南京)和苏州两地的缘故。因此,关于江苏一省如何设立谘议局,各方人士都非常关心。张謇极力推动合设一个谘议局,他积极向两江总督端方进言,并为此在两地开展联络活动。为商定谘议局研究会章程,江苏立宪派士绅在江苏教育会开会,又投票公推宁、苏两属谘议局筹办处总办、会办备选人员,并呈请督抚从中遴选。谘议局筹备处为选举议员、成立谘议局做了大量的准备工作,各府厅州县相继成立了选举调查事务所。关于选举调查、选民登记、章程解释及巡回演讲等具体工作,筹办处要借助地方士绅的力量,在全省范围的府、厅、州、城、镇、乡内,开展调查统计等,以确定选民资格。地方官员也比较依赖这些立宪派士绅精英,希望能够通过他们来完成推动选举、创立谘议局的任务。

谘议局议员选举分为初、复选两个阶段,复选当选人即谘议局议员,是由初选当选人选举产生。初选举以厅、州、县为选举区,复选举以府、直隶州为选举区。府、厅、州、县境界有变更时选举区一并更改。初选当选人分配办法,由复选监督以全区选举人总数,除以该复选区应出当选人名额,确定每若干名得选出当选人一名,再以此数分除各初选区选举人数,视得数多少确定各该初选区应出当选人若干名。复选由初选当选人齐集复选监督所在地方举行。复选当选人即为谘议局议员,其各复选区应得议员若干名,每届由督抚按照各复选区选举名册总数以全省议员定额分配。复选当选人分配方法,由督抚在各复选区选举人名册报齐后,按照名册以全省选举人总数除以该省议员定额,视得数多少,确定若干选举人选出议员一名,再以此数分除各复选区选举人数,视得数多少确定各该复选区应出议员若干名。复选以初选当选人总数除以本区应出议员额数,获得半数为当选票额,否则不得当选。

虽然受到选举资格的限制,选民总数仅约占人口总数的 0.60%,而且在政治实践中也出现了选举舞弊等不良现象,但这毕竟是中国历史上第一次有一部分民众(尽管是少数)开始有了民主选举的权利,这恰恰彰显了其历史意义。[1] 张謇也称赞江苏选举:"议员从各地当选,差不多完全是人民的意志自动地认为优秀可靠,就选他出来,拿最重大的代表责任和地位加在他的身上;势力和金钱的作用的运动,在那时竟没有人利用,也没有受利用的人。那当选的议员,也人人自命不凡,为代表民意力争立宪而来,拿来所有的心思才力,都用在这带来的责任上边。所以彼此的交接和自处的来路,都是极纯正清白,大家都没有一点含糊。"[2] 立宪派士绅精英与地方官员合作,较为出色地完成了选举筹备工作,推动了谘议局的成立。

1909 年 10 月 14 日,江苏谘议局正式成立。上午举行了开局仪式,共有 116 位议员,两江总督、江苏巡抚以及行政官员均到会参加,加上外国领事、记者等,共有千余人。张謇高票当选谘议局议长,仇继恒、蒋炳章为副议长。张謇在担任江苏谘议局议长期间,极力推行现代议会制度,确保谘议局作为地方立法机构的法律地位,在维护其权威性的基础上发挥参政、立法的作用。张謇所领导的江苏谘

---

[1] 傅怀锋:《试析清末民众的政治参与——基于清末江浙谘议局议员选举的个案研究》,《二十一世纪》,2004 年第 2 期。
[2] 张孝若:《南通张季直先生传记》,第 141 页。

议局也因此在国内赢得了较高声誉。

江苏谘议局成立以后，共召开过 2 次常年会、2 次临时会，总共提出议案 321 件，其中督抚交议的 66 件、议员提议的 190 件、人民请愿的 65 件。这些议案有的关于立法，有的关于推进预备立宪，有的关于检举地方官员，还有的涉及维护中国主权，最多的是关于财政的问题。长期以来，"普天之下，莫非王土，率土之滨，莫非王臣"一直是中国统治者的统治观念，"天下"都是皇上官家的，统治者任意花钱天经地义。至于说政府不能任意花钱，要公布财政、公布预算，且要经过"民"的审议，确实闻所未闻，见所未见。江苏谘议局曾否决了两江总督张人骏提交的一项财政预算案，但张人骏对此非常不满，宣布"其预决案未经成立之先，自应暂照上年之案办理"。1911 年 5 月 1 日，江苏谘议局议长张謇与副议长及常驻议员"全体引咎辞职，即日出局"以表抗议，随后，江苏绅商成立预算维持会，声援谘议局。京城的江苏籍官绅也准备上书严批张人骏，要求妥善解决江苏预算案。在各方面压力之下，朝廷要求张人骏公布预算案，张人骏最后不得不公布了预算案。张謇感叹道："官民隔阂已久，有时在议会为和平立论，而行政官已觉其拂逆难堪，此一难也。"[1]

在行政权力监督方面，江苏谘议局两次弹劾两江总督张人骏。1910 年 6 月，上海正元、兆康、谦余三钱庄倒闭，上海道台蔡乃煌请准借洋银 350 万两维持市面，并代钱庄偿还所欠外债。谘议局认为

---

[1] 张謇研究中心、南通市图书馆编《张謇全集》第 1 卷，第 126 页。

由政府代钱庄还债不妥,并就此事多次质问张人骏。张置之不理,并未经谘议局议决再次向洋商借款300万两。谘议局将张人骏侵权违法事实呈请资政院核办。同年11月12日,资政院审查此案,作出了张人骏负责偿还外债的批复。此外,江北徐、海饥民发生了抢米风潮,张人骏指责永丰公司经营不善,咎由自取。谘议局认为张人骏枉情违法,摧残实业,再次呈请资政院将张人骏交部议处,以杜其专横。[1]

在清末立宪改革规划中,谘议局的设立,承载着议会政治与地方自治双重属性的实验。至1909年10月14日,"各省谘议局第一次常年会开会之期,除新疆奏明缓办外,各省一律开办"。全国共设奉天、吉林、黑龙江、直隶、江苏、安徽、江西、浙江、福建、湖北、湖南、山东、河南、山西、陕西、甘肃、四川、广东、广西、云南、贵州21局,选出议员共1643人。作为地方自治中的民意机构,谘议局的出现在近代中国政治现代化进程中意义深远。

谘议局无疑是中国历史上前所未有的新事物,其筹备工作是十分艰巨而且困难的。张謇在江苏谘议局的创办与运作过程中,发挥了引领性与建设性的作用,也使得江苏地方议会政治成为全国的典范。当时日本人井手三郎在参观过各省谘议局后,认为江苏谘议局是办得最好的。

---

[1] 王树槐:《中国现代化的区域研究——江苏省》,台湾"中研院"近代史研究所专刊(48),1984年,第185页。

第三节　民初议会政治与地方自治

地方议会政治在民国初年也非常活跃。1912年独立各省的谘议局纷纷改为临时省议会。1913年初，各省第一届省议会宣告成立。一些省份的县还成立县议会，不少乡镇也有议事会。

民初江苏地方议会政治

武昌起义爆发后，1911年11月5日，江苏宣布独立，同月13日，江苏都督府公布《江苏临时议会章程》，预备设立临时省议会，按照规定："江苏临时议会为本省临时立法机关，设于江苏都督所驻之地。临时议会以本省谘议局议员组织之，即以议会开会之日为谘议局消灭之日。"临时省议会议员由谘议局议员充任。有研究指出，临时省议会章程更多体现出了政治参与扩大化的趋势。比如对选举人资格是按照县议事会议员选举资格而定的。规定年满二十一岁，在本地连续居住三年，年纳直接税二元以上者均具有选举资格。与谘议局时期对选举人资格的限制相比容易了不少，使更多民众获得了政治参与权。此外，规定议决案如得三分之二以上议员同意，则都督必须公布执行。这与谘议局时期相比，议会在权力制衡的能力上又较为提高。另外，在其他相关内容制定上，如保障议员言论自由、允许民众旁听等，都体现出议会制度的民主性和进步性。当时，江苏省临时议会议案主要涉及地方官制、各司官制、民政长选举章程、厘金赋税裁减等方面内容。教育、自治、民政方面与民众生活关系密切的议案则提出不多。这与民国初建、政局不稳有关。因此，稳定省政、创立新的行政机构、实现权力的顺利过渡成为当务之急。[1]

此后，从1913年2月开始，江苏省历经了三届省议会。分别为1913年成立的第一届省议会，1918年成立的第二届省议会，1921年成立的第三届省议会，每届议会时长与议员任期均为三年。不过由于第一届议会选举与第二届议会选举之间经历议会解散、袁世凯复辟、议会恢复等事件，其前后相隔近六年时间。张謇曾担任临时省议会议长，并连任第一届省议会议员，对江苏地方议会政治做出了非常重要的贡献。

第一届省议会自1913年2月开始，至1918年10月结束，共召集3次常年会和6次临时会。1913年2月22日，江苏省第一届省议会在南京丁家桥省议会会场举行第一次常年会。会议选举许鼎霖为议长，钱崇固、沙元炳为副议长，会议共议决《维护现行司法制度》《江苏银行条例案》等81件议案。5月19日举行第一年第一次临时会，议决通过《提倡教育博物馆案》《筹办全省道路案》和《民国两度江苏省地方内务、行政费预算案》等议案。11月4日举行第一年第二次临时会，议决议案8件。恢复后的第一届议会于1916年10月1日在南京举行第二次常年会。会议议决《电请参众两院恢复地方各级自治案》《查办常熟、武进县知事案》《整顿各县警察案》《停止地

---

[1] 祝小楠：《清末民初江苏地方政制转型研究1905—1927》，南京大学博士学位论文，2012年，第45页。

丁省税案》等议案。12月20日，江苏省第一届议会改选国会参议员，因到会议员不足法定人数，决定于次年召开常年会时重新选举。1917年3月16日，议决通过《江苏省实业视察员条例案》《民国六年度江苏省地方预算案》等议案。6月5日，举行第三年第一次临时会，议决《咨请省长拨款浚河以工代赈紧急动议案》《江苏地方物品展览会章程案》等议案。12月5日举行第三年第二次临时会，会议议决《电请中央要求停战并请抵御日本在山东设立民政案》《查办沭阳、海门两县知事违法、纳贿案》等议案。会议还通电各省议会派议员来宁组织省议会联合会。1918年5月21日，举行第三年第三次临时会，会议议决《省议会民国五年度决算案》、《民国七年度江苏省地方预算案》等议案。因《民国七年度江苏省地方预算》等议案尚未三读通过，经商请省长同意，于6月20日举行第三年第四次临时会。因到会议员不足法定人数，未能议决《民国七年度江苏省地方预算案》即闭会。[1]

20世纪20年代初，联省自治运动兴起后，张謇与韩国钧、张一麐、沈恩孚、黄炎培、朱绍文、钱崇固等人筹商，分函各地同志，共同发起苏社，以谋发展江苏地方自治。1920年5月12日，苏社在南通更俗剧场开成立大会，到会者计140余人，另有美国参观团7人。会员中省议员入该社者有80余人，比例超过一半，张謇任理事会理事长，核心人物为张謇与韩国钧。张謇在苏社成立大会上演说："地方自治，不可无连合策进之机关，拟组织苏社，专谋自治事业，期

---

[1] 邹福露：《江苏省议会研究1912—1925》，渤海大学硕士学位论文，2018年，第22—23页。

置苏省于最完全、最稳固地位，所定范围，标本兼治。"并郑重申明两点："本社与政党毫无关涉。""如与官治相关之处，亦需明白宣布。干干净净，永不失为完全自治之团体。"[1] 不难看出，"张謇欲通过苏社办理地方自治事业，力图撇清与旧有官僚政治的关系，以图民治"[2]。

苏社的宗旨是"为谋江苏地方自治事业之发展组织成立……社之范围，则不涉及政党，不为私人利用，为官治之助而不树敌，为社会之导而不鸯名"。主要提倡宪政思想，并涉及主持地方正义、协助地方治安、促进地方建设事业、广求地方自治方法、唤醒民众自治意识等多方面。[3] 苏社在成立的同时，在上海设立了其机关刊物——《苏社特刊》，为季刊。在江苏省宪自治运动期间，从1922年至1923年，连续三期集中刊载江苏联省自治派在省宪、地方自治、地方财政三方面的述论，其亦称《苏社临时特刊》，较全面地反映了江苏省宪自治思潮的概况，在当时江苏政界和民间舆论界具有很大的影响力。

在张謇与苏社的影响下，江苏旅京同乡会于1920年11月10日成立了由12人组成的"省自治法起草委员会"，并着手制定苏省自治宪法草案。最终采用了折中的办法："即本草案决定取省宪法之实质，而以省自治法为标题。在此一江苏省自治法之内容上，则以实现联省自治为前提，在省权责之规定中，为中央预留权限之余地，以显示省

---

[1] 《苏社开幕宣言》，李明勋、尤世玮主编《张謇全集》第4册，第460—461页。
[2] 陈亚杰：《民国初期的苏社与精英主导的江苏省自治》，《西部学刊》，2019年第4期。
[3] 《附件：苏社简章及第三届大会时社员李万里君之演词（未完）》，《河南自治周刊》第1期，1922年，第23—24页。

自治之本身，并非对中央脱离而独立。"[1] 关于选举权，决定废除先前的省长制，而采用委员制，以避免之前省长直接任命下属官员、形成省长独裁局面的隐患。1920年冬，原江苏省省长齐耀琳被北京政府免职，但其长期不去职，而新任省长王瑚亦不前往江苏述职。省议会趁此时机，兴起了"民选省长"运动。并于同年11月26日省议会中，通过了由议员张福增、黄炎培提出的"民选省长提案"。但此提案一直未见诸实施，最终毫无结果。同年12月，江苏省议会又提出设立省参事会的提案。次年6月，江苏省议会议决了省宪制定的规程。但最终，江苏省宪自治运动皆未能成功。

政党政治与精英政治参与

1906年9月1日，预备立宪上谕公布后，清政府筹备在各省设立临时议会性质的谘议局，这就促使各地立宪团体大量涌现。同年11月1日，预备立宪公会在上海成立，成为清末最早出现的立宪团体。预备立宪公会的主持人为张謇，此外还有郑孝胥、汤寿潜等人。由于张謇在全国的巨大影响力，所以预备立宪公会也成为当时国内所有立宪团体的翘楚。国会请愿运动正是由上海预备立宪公会发起，各地立宪团体纷纷响应。除上海预备立宪公会外，当时还有上海宪政研究会、吉林自治会、宪政公会、帝国宪政会、政闻社、广东地方自治研究社、粤商自治会、贵州自治学社、贵州宪政预备会、湖北宪政筹备会、直隶宪政研究会等大大小小几百个立宪团体，立宪派的势力可

---

[1] 胡春惠：《民初的地方主义与联省自治》，中国社会科学出版社，2001年，第274页。

谓蔚为壮观。

民国建立后，作为民主共和象征的政党政治开始进入黄金时代，大小政党有数百个之多。"民国成立后，国内民气发扬，政党活动，非常发达。"[1] 1912年3月2日，经过紧张的商议，以章太炎为首的中华民国联合会与张謇领导的预备立宪公会同意合并成为统一党。其宗旨为"巩固全国之统一，建设中央政府，促进共和政治"。统一党的政纲有11条：1. 固结全国领土，厘正行政区域；2. 完成责任内阁制度；3. 融和民族，齐一文化；4. 注重民生，采用社会政策；5. 整理财政，平均人民负担；6. 整顿金融机关，发达国民经济；7. 整理海陆军备，提倡征兵制度；8. 普及义务教育，振兴专门学术；9. 速设铁路干线，谋便全国交通；10. 厉行移民开垦事业；11. 维持国际平和，保全国家权利。统一党采用理事制，成立时理事4人，分别为章太炎、程德全、张謇和熊希龄；参事为汤寿潜、蒋尊簋、唐绍仪、汤化龙、庄蕴宽、赵凤昌等人；总部机构内设总务、书记、会计、交际、庶务5科，每科人数不等；各省设评议员。统一党的主要领导人，大多是清末预备立宪时期的江浙立宪派，行政经验丰富。后因临时政府迁往北京，为参与国会活动，统一党亦决定将本部从上海移往北京。

1912年3月南北统一后，多党政治态势继续发展，统一党大部分成员与民社等合建共和党。5月9日，共和党成立大会在上海张园举行，出席者千余人，公推张謇为临时主席。大会一致通过了共和党

---

[1] 杨幼炯：《中国政党史》，商务印书馆，1937年，第4—5页。

规约及支部分部条例,选举黎元洪为理事长,张謇、章炳麟、伍廷芳、那彦图为理事,并宣布林长民、刘成禺、籍忠寅、沈彭年、张一鹏等54人为干事,暂以上海为临时本部。次日,临时本部举行第一次职员会,推举干事周大烈、胡钧、陈敬第、袁毓麟、沈彭年五人前往北京协同组织本部。其成员除少量原同盟会人士外,大部分为前清立宪派人士,特殊的人员构成决定了该党保守、温和、稳健的性质。共和党的组织机构主要包括参议员讨论会、政谈会、政务研究部、交通事务所等。

共和党宣布的党义是:1.保持全国统一,采取国家主义;2.以国家权力扶持国民进步;3.顺应世界大势,以平和实利立国。共和党的党纲完全符合张謇的政治立场。

对议会政党来说,其成立的组织目标就是为了赢得国会选举。第一届民国国会选举开始于1912年12月,至翌年3月中旬结束。在第一届民国国会选举中,政党发挥了重要的组织动员作用,共和党采取了积极的竞选措施:1.遍设分部,加强选举的组织工作,传达本部的选举精神;2.要求党员:一不可放弃选举权利,二不可选举本党以外的人,三要慎重选举、"不可空投",四则"运动急宜着手占先,不可退落人后"。[1] 当时的竞选均为公开进行。共和党王绍鏊在江苏当选为众议员,曾回忆当时公开竞选的情景:"我在江苏都督府任职期间,曾抽暇到江苏的苏、松、太一带作过四十九次的竞选演说。竞

---

[1]《选举须知》,《时事新报》1912年11月11日,第1张第2版。

选者作竞选演说，大多是在茶馆里或者在其他公共场所里。"[1] 值得一提的是，南通本为共和党的势力范围，国民党直到选举期临近才在南通设立分部，之后便极力扩张党势，各市乡自治公所职员、城乡各校教员学生入党人数最多，很快党员人数与共和党不相上下。最后南通的众议员选举，国民党取得过半数的胜利。

共和党是当时实力最强的两大政党之一，在北京临时参议院的地位仅次于同盟会。后来与民主党、统一党正式宣布合并为进步党，合并通电宣布党义三条："一、采取国家主义，建设强善政府；二、尊重人民公意，拥护法赋自由；三、顺应世界大势，增进平和实利。"[2] 黎元洪为理事长，张謇、汤化龙、梁启超等人当选为理事，进步党成为当时最具代表性的议会型政党。

清末民初的政治参与是一种精英参与，而不是大众参与。有学者认为："实则民初的国会选举，有民主政治的外观，尚少民主政治的实质。人民在这次空前的大选中是茫然的，对政治有兴趣的只有极少数的优异分子。优异分子的造型是半传统半现代性的，他们有求变的观念，但自身的利益优先。"[3] 与此相似的，欧美民主国家在早期民主化阶段也是精英参与。如在美国建国初期："民众的政治参与极为有限；政党组织松散而力量脆弱。宪法整个忽略了政党领导的可能

---

[1] 王绍鳌《辛亥革命时期政党活动的点滴回忆》，《辛亥革命回忆录》（1），中华书局，1962年，第405页。
[2] 谢彬、戴天仇：《民国政党史：政党与民初政治》，中华书局，2011年，第55页。
[3] 张朋园：《清末民初的两次议会选举》，《中国近代现代史论集第十九编民初政治（一）》，（台北）台湾商务印书馆，1986年，第81页。

性,党派也不具备组织选民与领导政府的能力。"[1] 当然,无论是参与主体的数量、参与质量的高低,精英政治参与都是无法与大众政治参与相比拟的。但是经验表明,在制度化水准低下的情况,大众政治参与往往会引发政治参与危机,导致政局混乱。[2] 20 世纪 30 年代德国魏玛共和国的历史也表明:"相信高度参与永远有利于民主的观点是没有根据的。"[3]

地方公民社会的成长与成型

作为国家控制之外的社会与经济安排、规则、制度的市民社会,其雏形开始出现。这意味着国家与社会之间权力关系发生了显著的变化,这是政治权力聚散的另一个突出表现。"20 世纪一二十年代之交,中国资本主义得到迅速的发展。这一时期是中国民族工业的黄金时期。一直处于不发达状态的资本主义是在辛亥革命之后才得到蓬勃发展的。"[4] 城市资产阶级、现代知识阶层等独立的社会力量开始出现,社会政治影响日益扩大。从晚清以来,绅商阶层继续成为民国初年城市资产阶级的主体。

张謇积极联络实业家参与社会改良运动,组织起从事地方自治的

---

[1] 张千帆:《自由的魂魄所在——美国宪法与政府体制》,中国社会科学出版社,2000 年,第 17 页。
[2] 亨廷顿认为在政治制度化落后的状况下,政治参与的剧增会产生政治动乱,两者之间形成一种正比例关系。参见塞缪尔·亨廷顿《变化社会中的政治秩序》第 51 页。
[3] 西摩·马丁·李普塞特《政治人——政治的社会基础》,张绍宗译,上海人民出版社,1997 年,第 11 页。
[4] 白吉尔:《中国资产阶级的黄金时代,1911—1937》,张富强、许世芬译,上海人民出版社,1994 年,第 77 页。

民间团体，如商会，还有水利会、教育会等，都是在该行业的专家、能人中推举组成的，既是议事的机关、决策机关，又是行政性的执行机关，其成员都是能者主持，不能者被淘汰。这些机构和上级委派的政府形成了相辅相成的关系。这些组织在当时的地方自治运动中占有重要的地位，显示了参与政治的积极性和主动性。[1]

通崇海泰商务总会与上海、南京、苏州总商会并列为江苏四总会。该会成立于1904年，范围遍及南通、海门、如皋、崇明、泰县、泰兴、东台等数县商务，会员多达数万人。自成立直至20世纪20年代中期，该会正副会长始终掌控在张謇兄弟和其他大生企业领导人之手，其职能包括联络工商，调查商情，受理商事纠纷，保护工商业利益等。有别于全国其他商会的是，它不仅开展商业范围内的活动，而且涉及本地的政治、军事、教育、慈善、市政等方面，几乎无所不及。如1910年，总商会设体操会，教以兵式体操，辛亥革命后，体操会员辅助军警维持地方治安。1913年，南通城外有土匪滋事，体操会员参加平定；1911年6月，南通沿江堤决，总商会办理救灾并建保坍会修筑江堤；1911年7月，总商会开设银行专修学校和乙种商业学校；1913年，总商会集股组建电话公司；1914年，总商会筹设城港道路工程局。绅重官轻成为当时的南通特色。通崇海泰总商会事实上成为"一邑之总枢"。"由于商会对地区事务的经济支持，所以也赢得了人们更多的尊重。并且商会积极参与地方事务，成为地方政

---

[1] 戚小倩：《张謇与中国公民社会的构建》，《南通纺织技术学院学报》，2010年第4期。

治中主要的参与者。"[1] 与晚清时期的商会一样，这些实业团体也成为公共领域的重要内容，具有广泛的社会功能。[2]

张謇等绅商希望达到的目的是，将触角伸到基层社会生活的各个方面，使国家把本应属于政府的权力还给社会。在职权上，国家与社会管理自己职权分内的事务，在职权分明的基础上进行合作。在南通基层社会，张謇等绅商是办实业、兴教育、维持治安、修建桥路的主体力量。他们涉足的不仅仅是私人领域，还在政府无法触摸到的社会公共领域发挥着巨大作用。

在当时江苏的上海、苏州等地，公民社会发展同样较有特色。在绅商的有力组织下，在上海人民的积极参与下，上海自治公所积极进行自治实践。他们选举自治机关，举办地方公益事务，具有一定的自治性和独立性。马小泉提出："上海的地方自治，是由地方新式资产阶级绅商人士自发倡办，并经地方官府认可的社会政治活动。资产阶级绅商不仅是地方自治的热心倡办者，而且在地方自治团体中居于中坚地位……并通过总工程局设置的议参两会，行使官方允许范围内的一部分地方行政权力，这是上海新式绅商积极参与地方政治、谋求社会进步的一种尝试，对于推动中国地方政治革新和地方自治的发展起着典范作用。"[3]

苏州市民公社是清末地方自治运动中另一个优秀代表。苏州市民

---

[1] Xin Zhang, Social Transformation in Modern China: the State Local Elites in Henan, 1900–1937. Cambridge University Press, 2000, P50.
[2] 陆仰渊、方庆秋主编：《民国社会经济史》，中国经济出版社，1991年，第66页。
[3] 马小泉：《地方自治：晚清新式绅商的公民意识与政治参与》，《天津社会科学》1997年第4期。

公社由地方居民自发组织，以街区为组织界限并以街区命名，依照一定的程序处理地方事务。这些市民公社都订立了详细的章程，规定了选举议事制度，以及组织结构和事务活动范围。"苏州市民公社是由民间组织，以街区为单位，以商人为主体的基层自治组织。市民公社由民间自愿联合筹建，拟定详细的章程自我规范，基本上不受制于政府，领导人由市民选举产生，活动经费自行筹措解决，并且独立自主地进行公益活动，取得了相当一部分市政建设和管理权。市民公社具有一定的自主性与独立性，是清末民间自治的一种典型模式。"[1]

正是在张謇等人的努力下，在1915年至1927年这十二年间，"中国的市民社会在政治衰败与军阀混战的背景下，得到了长足的发展"[2]。民国早期的市民社会，"虽然它还存在一些致命的弱点，但从本质上说，它已成为制约国家权力，制衡国家政权的社会实体的胚胎"[3]。中国经济、社会、文化自由的迅速发展，推动了市民社会的快速成型，传统的强势国家、弱势社会的政治权力格局，受到了短暂而有力的冲击。日益自由化的政治社会环境对民国初年的政治转型产生了积极的影响。

---

1 王德志：《清末宪政思潮研究》，山东文艺出版社，2012版，第228页。
2 许纪霖：《寻求意义：现代化变迁与文化批判》，上海三联书店，1997年，第7页。
3 陶鹤山：《市民群体与制度创新——对中国现代主体的研究》，南京大学出版社，2001年，第196页。

第三章 地方治理现代化的世纪遗产

以地方治理现代化为主导的早期全面现代化,在百年前的意义与价值是什么?其历史经验与教训又是什么?张謇的早期现代化认知与实践的历史价值、治国经验对于当下现代化建设的启示是什么?这些问题都是我们审视百年前张謇与地方治理现代化的世纪遗产时需要深刻总结的。

一个不可忽视的历史事实是,在那个艰难的转型时代,张謇以地方治理为导向的全面现代化思想具有强烈的超前性与前瞻性。正如有学者评价指出,20世纪下半叶,人们开始从理论上认识到:现代化的发展是一个社会系统工程,它牵涉到经济、政治、文化、教育、社会稳定等各个方面;现代社会的发展目标应是一个目标体系,这个体系中的各个子目标是互相关联、互相制约的。因此在实践中人们开始注意现代目标追求的系统性。"然而,张謇在19世纪末、20世纪初叶,就注意到了社会发展的系统性问题,这是极其难能可贵的。"[1]

---

[1] 严翅君:《伟大的失败的英雄——张謇与南通区域早期现代化》,苏州大学博士学位论文,2001年,第127页。

第一节 地方治理现代化遗产的历史审视

张謇不仅是中国早期现代化的伟大实践者,更是一位杰出的设计师。他立足于南通,但又不局限于南通,常能高瞻远瞩,超前思维,如他所言:"一个人办一县事,要有一省的眼光,办一省事,要有一国的眼光,办一国事,要有世界的眼光。"19世纪末,张謇开始"经营乡里""实业救国",后又融入地方自治实践中,为全国提供了一个可资借鉴的"南通模式",开创了一条地方治理现代化的中间道路,或者说是第三条道路,成为20世纪中国超越左右之争的伟大政治家。

地方治理现代化的中间道路

从政治发展模式的角度来评价南通模式,当然与20世纪激进的革命模式截然不同,也不同于专制的威权政治模式,而是一种建设性的地方治理现代化中间道路,具有整体性、系统化、合作型与有效性的特色,对于当代中国特色社会主义现代化建设也是富有历史启迪与借鉴意义的。

首先是一种整体性自治制度。南通模式的地方治理现代化,不仅是一次工业革命式的经济现代化,还包括地方在政治、文化、社会、生态方面的全面均衡发展,从而构成了一种整体性的自治制度,为现代国家建设贡献了一个真正的地方现代化发展基础。马敏指出:"张謇所持的发展观是一种全面发展观和整体社会改良观。他并不局限于发展以棉纺为核心的工业，而是农业、盐业、交通业、金融业多业并举；他并不局限于发展与国计民生有关的实业，而是实业、教育、慈善、公益全面发展；他并不局限于物质财富的生产，而且也看重精神财富的生产和人文道德的建设；他并不单单建设城市，同时也瞩目于发展乡村，提倡城市带动农村、城乡一体化发展；他并不仅仅着眼于当下的发展，而且思考了如何获得持续的发展。"[1]

具体而言，在经济现代化领域，其整体性体现在几乎在所有的工业门类中都有所建树，包括棉纺织、面粉、榨油、酿造、造纸、火柴、制皂、印刷、冶炼、航运、陆运、电力、旅馆、金融、房地产、水利、盐垦等企业。在教育方面，他创办了师范、幼稚园、小学、中学（中专）、专科、大学等，既有学前教育、普通教育、又有成人教育、女子教育、特殊教育，教育内容包含了基础教育、技术教育、职业教育等。在公益方面，他主持修桥铺路，建码头，修水闸，建医院、剧场、体育场、图书馆、博物苑、公园等。在社会救济和扶助方面，建孤儿院、育婴堂、栖流所、敬老院、义茔等。甚至还有社会观念的现代化，如张孝若曾提及张謇创办伶工学社及更俗剧院，其动机就是改变社会大众的传统习俗观念："想到观剧一层，在社会号召力量最大，感化的习惯也最快最深。"[2]

其次是一种系统化自治机制。地方自治在张謇眼中是"立宪之根

---

[1] 马敏：《营造一个和谐发展的地方社会—张謇经营南通的启示》，《华中师范大学学报》2006年第2期。
[2] 张孝若：《南通张季直先生传记》，第229页。

本"。他到处宣传"立宪基础，首在地方自治"。作为一位务实的政治家，他也深刻地体认到"自治须有资本"，所以非常重视自治规划的系统化。他曾在解释实业、教育、慈善三者之间的关系时说："以为举事必先智，启民智必由教育；而教育非空言所能达，乃先实业；实业、教育既相资有成，乃及慈善，乃及公益。"[1] 这是一种有系统的自治建设科学方案，即以工业化模式推动发展工业、农业，奠定经济基础；兴办教育，培养人才，提高民众的基本素质；通过慈善、公益事业，弥补社会短板问题，改善人文生态环境。在经济、文化与社会的基础上，实现地方政治现代化。"在南通地区，张謇并不是仅仅建立一种现代工业体系而已，而是建立一种区域一体化的发展模式，建立了包括工业、金融商贸、交通运输、盐业、农垦与农田水利、文化教育、慈善公益、在外地投资与资助的企事业等在内的完整的区域发展战略。这个制度的安排可以说一枝独秀，是中西经济制度合璧与交融的制度典范。"[2]

在经济体制构建上，他先从兴办纺织工业入手，重视构建符合地方实际的产业链。"嗣因纱厂必需棉花，棉花必待农业，于是设垦牧公司。又因棉子制油为副业而设油厂，又为畅销途利交通计，而设轮船公司。"[3] 对于现代金融与经济的关系，张謇的认识也是非常深刻

---

[1]《谢参观南通者之启事》，李明勋、尤世玮主编《张謇全集》第5册，上海辞书出版社，2012年，第198页。

[2] 樊纲、姚勇：《中国经济制度化研究——以张謇与中国国家近代化为个案》，周新国主编《中国近代化先驱：状元实业家张謇》，社会科学文献出版社，2004年，第37页。

[3]《北京商业学校演说》，李明勋、尤世玮主编《张謇全集》第4册，上海辞书出版社，2012年，第186页。

的："欲求商业之发达，必求金融之活动。金融活动之机关则银行是也。金融机关愈活动，则商业愈发达。商业愈发达，则金融机关亦愈活动。"[1] 在区域经济协调发展方面，王敦琴研究指出，张謇运用其企业集团的实力带动着长江三角洲的经济发展，用自己的实践走出了一条适合本国本地区实情的工业化道路。应该说，张謇在实业、教育与民生领域的现代化事业，是 20 世纪初期中国区域治理现代化的典范，开启了长三角区域一体化的历史发展历程。

再次是一种合作型自治体制。张謇自谓"介官商之间，兼官商之任，通官商之邮"。他先后担任过翰林院修撰、总理通海商务、总理两江商务局、学部谘议官、商部头等顾问官、江苏教育会会长、苏省铁路公司协理、江苏谘议局议长、农工商部大臣、东南宣慰使、两淮盐政总理、南京临时政府实业部总长、北京民国政府农商部总长、全国水利局总裁、中国银行股东联合会会长等职务，凭借自己的绅商的身份与地位，在地方治理现代化进程中，初步建立起一种国家与社会合作型的自治体制。王奇生认为，对一个地方自治领袖而言，其事业的成功与否，一个不容忽视的因素，在于如何处理好与国家政权之间的关系。一般而言，国家权力与地方精英之间的矛盾与紧张，是地方自治过程中比较普遍存在的问题。而张謇在南通地方自治事业的成功，却创造了一个国家权力与地方精英关系相对调适的范例。[2]

一方面，在 1895—1927 年间的绝大部分时期，南通地方行政官

---

1 《商业初等学校演说辞》，李明勋、尤世玮主编《张謇全集》第 4 册，第 194 页。
2 王奇生：《张謇与南通地方自治模式——兼论地方精英与国家权力的调适》，《苏东学刊》，2001 第 1 期。

员的任免虽事先与张謇多有商讨，但主要还是由上级官府来定夺。除张謇在民国初年一度出任县知事外，张謇家族成员没有直接执掌过南通县印；地方军事权力方面，民初张謇一度出任县民军总司令，但平定地方后便迅速交权，地方军政权力基本上一直掌握在官方之手，张謇并未抵制国家行政机能在南通的发挥。另一方面，通过通崇海泰商务总会等自治组织来实现对南通经济社会事务的实际控制，其职能包括联络工商，调查商情，受理商事纠纷，保护工商业利益等。历任通、如、海、泰各县的县长、警察厅长、局长和镇守使之类，到任之后的第一件事就是拜访张謇，甚至南通警察厅厅长办案亦常向张謇请示。在他卸任农商总长后，仍然与江苏军政要人冯国璋、韩国钧等人保持比较密切的联系，经常获得来自省里的各种支持。从这种合作型自治体制的运行不难看出，地方政府的官治保留军政权力，但来自民间的自治则有进行经济社会文化事务的权力，在有关地方重大事务决策问题上，官治与民治进行有效的协商与合作。

最后是一种有效性自治制度。在近三十年的自治建设中，地方治理现代化取得的成就是毋庸置疑的。在实业领域，他创办了中国第一个民营资本集团"大生资本集团"、第一个农业股份制企业"通海垦牧公司"、第一所气象台"军山气象台"、第一个现代化渔业公司"江浙渔业公司"等。在教育领域，他创办了中国第一所师范学校"通州民立师范学校"、第一所本科制民办女子师范学校"通州女子师范学校"、第一所独立设置的纺织高等院校"南通纺织专门学校"、第一所水利高等院校"河海工程专门学校"等。在文化与慈善领域，他创办了第一所公共博物馆"南通博物苑"、第一所戏曲学校"伶工学社"、第一所盲哑学校"狼山盲哑学校"等。仅在1910年年初，通州在教育方面就办成"初等男女小学校七十处，男女高等小学校四处，师范三处，中学一处"。教育会、劝学所、宣讲所、博物苑、阅报社也相继建成。[1]

现代建筑学家吴良镛院士指出："南通是中国早期现代化的产物，它不同于租界、商埠或列强占领下发展起来的城市，是中国人基于中国理念，比较自觉地有一定创造性地通过较为全面的规划建设经营的第一个有代表性的城市。从这个角度讲，南通堪称'中国近代第一城'。"[2] 著名历史学家茅家琦先生尝言："我们可以毫不夸张地说，从1895年到1926年，张謇创办的工业、农业、交通事业，对南通地区生产力的发展作出了重大贡献；他的实业活动再加上他所举办的文化、教育、社会福利事业，对南通地区社会结构、社会面貌的进步也作出了重大贡献。他的业绩为今天南通地区工业、文化、教育事业的兴旺发达奠定了基础。"[3] 曾任南通市委书记、市长的罗一民认为："张謇将南通打造为'中国近代第一城'，也培育了近代的南通精神，对南通城市的突破性发展起到了关键性作用。"[4]

值得一提的是，地方治理现代化的中间道路，对于当代中国现代化建设仍然具有时代的生命力。20世纪后期的第三条道路，或者称

---

[1] 《预计地方自治经费厘订地方税界限应请开国会议》，李明勋、尤世玮主编《张謇全集》第1册，上海辞书出版社，2012年，第200页。
[2] 吴良镛：《关于"南通——中国近代第一城"的探索与随想》，《南通大学学报（哲学社会科学版）》，2004年第1期。
[3] 茅家琦：《试说"张謇精神"》，《历史教学（中学版）》，2009年第5期。
[4] 罗一民：《政治家张謇和南通精神》，《江苏省社会主义学院学报》，2019年第5期。

新中间路线在发达国家兴起，其中肯定自由市场的价值，强调解除管制、地方分权（非核心化）和低税赋等政策，与地方治理现代化的中间道路在诸多方面是不谋而合的。

从深层次来说，张謇开创的地方治理现代化的第三条道路，更加符合当代社会的现代性特征。所谓现代性就是人类社会经过种种政治、文化、经济、科技等各方面重大的变革，所形成的不同于传统社会的新型社会特性，尽管学术界迄今对现代性尚无一致认同的概念概括，但普遍认为，现代性应包含市场经济、民主政治、科学理性和历史进步主义四个基本要素。罗一民研究指出，张謇在南通现代化事业开拓中，总能有意无意地以现代化的眼光来看待人和事，以现代性为准绳来衡量各项事业的成败得失，确定南通现代化的目标定位和路径选择。[1] 正如张謇自己总结南通事业时所说："对于世界先进各国，或师其意，或撷其长，量力所能，审时所当，不自小而馁，不自大而夸。"[2]

立宪事业与政治现代化

在政治社会中，"合法性是对被统治者与统治者关系的评价。它是政治权力和其遵从者证明自身合法性的过程。它是对统治权力的认可"。[3] 政治权力的合法性基础，是一种政治权威，解决的是"社会

---

1 罗一民：《张謇如何开创南通早期现代化》，《江苏地方志》，2022年第1期。
2 《为南通地方自治二十五年报告会呈政府文》，李明勋、尤世玮主编《张謇全集》第1册，第524页。
3 让-马克·夸克：《合法性与政治》，佟心平、王远飞译，筱娟校，中央编译出版社，2002年，第1页。

政治秩序何以持久"的问题。[1] 无论是君主立宪，还是共和立宪，均表明政治权力的合法来源是民意，而不再是传统的天意。《中华民国临时约法》在中国历史上第一次明确规定："中华民国之主权，属于国民全体。中华民国以参议院，临时大总统，国务员，法院，行使其统治权。"民意最重要的表现是代议制。各级议会正是代表民意的机构。传统人治权威逐渐削弱，现代理性权威不断加强。现代理性权威要求把人民作为其统治基础，还要求有具有民主、法治、权利意识的现代公民。这对于扭转传统"顺民"意识以及确立现代"公民"意识起到了一定的推动作用。"在人们的心目中，宪法、国会、总统、内阁这些形式，以及选举、立法等程序已成为民主共和的象征与符号。"[2]

在地方政治现代化进程中，作为一位政治家，正如张謇晚年的自我总结："一生之忧患学问出处，亦常记其大者，而莫大于立宪之成毁，不忍舍弃。"[3] 从最初支持君主立宪，到后来转向民主共和，张謇始终利用自己的政治地位和社会资源，极力推动立宪事业，渴望以宪政方式达到救亡图存的目的，这也大大推进了从全国到地方的政治现代化进程。张謇在立宪主张、思想传播、政治实践等方面，为地方政治合法性的转变做出了重要的贡献。关于宪法的重要性，张謇认为比什么都来得紧要："因为宪法一天不能成立，就是国家一天不能稳定，政治一天不能上轨道，人民一天不能放心。"[4]

---

[1] 毛寿龙：《政治社会学》，中国社会科学出版社，2001年，第60页。
[2] 朱英：《辛亥革命与近代中国社会变迁》，华中师大出版社，2001年，第45页。
[3] 《年谱自序》，李明勋、尤世玮主编《张謇全集》第6册，上海辞书出版社，2012年，第565页。
[4] 张孝若：《南通张季直先生传记》，第234页。

一是立宪主张的前瞻规划。1901年张謇所作《变法平议》，是他对于中国政治现代化所作的基本规划，初步表达了他的宪政思想。张謇在这份文件中阐述了对时局的看法，强调了变法改革的必要性，特别是"置议政院"与"设府县议会"的主张，虽然与真正的君主立宪体制有一定差距，但体现了张謇对于立宪的早期认识与初步计划。《变法平议》中所提的关于议员的资格、选举办法、运行方式等内容，与日后成立的谘议局非常相似。

1904年日俄战争爆发后，宪政思潮进一步得到了广泛响应，张謇更加积极参与立宪运动。为了宪政救国的理想，张謇付出了巨大努力。他为张之洞、魏光焘代撰倡议立宪的奏稿："今环球各国，政体虽有君主、民主之不同，其主义均归于宪法。各国宪法不同，其宗旨均归于利国便民，顺人心而施政策，即合众力以图富强。"[1] 希望通过督抚重臣向清廷进言，采纳立宪体制。日俄战争结局也深深触动了中国，清廷不得不认真考虑立宪问题。1905年，清廷派五大臣出洋考察宪政。翌年颁布预备"仿行宪政"上谕，朝廷正式开始进入预备立宪时期。

二是立宪思想的积极传播。预备立宪期间，张謇又积极倡导组织立宪团体。张謇率先在苏州成立"江苏立宪学会"，随后又在上海成立具有学术性质的"宪政研究会"。特别是与郑孝胥等在上海成立"预备立宪公会"，先后担任副会长、会长。预备立宪公会以筹备立宪推动立宪、提高人民宪政知识为宗旨，出版了大量宣传宪政的书刊，

---

[1]《为汤寿潜赵凤昌改定立宪奏稿》，李明勋、尤世玮主编《张謇全集》第1册，第118页。

先后创立《预备立宪公报》《宪报》等，开办法政讲习所，还联络邀请各商会人士，共同研讨编纂保护工商业发展之商法等。组织编译出版的《日本宪法义解》《日本议会史》以及地方行政制度、地方自治纲要、公民必读书籍等影响较大。

在张謇和预备立宪公会的影响下，各地纷纷成立预备立宪公会，以推动立宪。此后，张謇又领导了声势浩大的国会请愿运动，这是清末立宪运动的高潮。国会请愿运动遭到了清廷保守势力的反对，但张謇等立宪派士绅不屈不挠，仍坚持继续请愿。在三次大规模的国会请愿运动的压力下，清廷终于将预备立宪期从九年改为六年。

三是立宪政治的勇敢试验。1907 年 10 月，清廷正式下旨，要求各省筹设谘议局。张謇立即响应，着手筹办江苏谘议局。他派设计师前往日本学习议会大厦的设计，给谘议局办公大楼选址，在南京建起江苏谘议局大楼。江苏地区的选举工作完成得较为出色。经过选举职员及立宪派士绅精英、民众的共同努力，大部分府县都按期完成了历史上的第一次选举。

江苏谘议局的设立和运行，开启了中国地方民主政治现代化的先河。选举的实施，促进了人民群众的民主意识的觉醒，扩大了政治参与程度，也是政治现代化的重要一步。在南通以及江苏地区，地方自治运动进行得有声有色，在全国范围都堪称领先。随着宪政改革不断深入，地方政治参与的扩大，模仿西方议会制度而诞生的谘议局在江苏运行起来。

民国建立后，在张謇的主持与参与下，江苏省临时议会与第一届正式议会基本确立了选举法规则，对选举名额及分配选举人及被选举人资格、选举组织、选举区划、选举诉讼等选举制度进行详细的制定与完善。以后第二、第三届议会议员选举也基本上延续了第一届省议会议员选举模式。相较于前清谘议局时期，选民资格要求降低了许多，在年龄、学历、财产、纳税等方面均放宽了限制。这有利于吸纳更多民众参与到选举活动之中，为民众政治参与扩大化奠定了基础。江苏省议会还出台了选举诉讼法律，纠正选举过程中出现的营私舞弊等诸多弊端，更可以保护选举人及被选举人自身合法权益不受侵害，在一定程度上确保了选举的正常运行。江苏省议会在议员名额分配、选举人资格与被选举人资格、选举组织、选举区划、选举人口比例、选举诉讼等制度方面，都进行了不断完善和发展。

四是立宪政治的认同塑造。1903年张謇赴日本考察回来后，其政治观念发生了重大变化，认识到立宪的重要性。"立宪之不可复缓，固已。海上欧人以华人不用美货，为文明抵制，涨力甚速，忌我立宪，观是乃愈不可缓。"[1] 在1906年组织翻译的《日本议会史》一书序言中，他进一步指出："彼东西各国之宪法虽不尽同，判而别之，曰少数政体，曰多数政体。要之立宪之始有事在，不立宪法，遂无望立法、行政、司法之实行也。西方之人有言：不知政治之组织，而妄求政治之权利，是妄想也。此非过论。"[2]

为了获取更多支持，张謇不遗余力。他向体制内的官员友人进行劝说，还曾亲自向袁世凯写信，劝他赞同立宪。张謇的这些努力没有

---

[1] 《致铁良函》，李明勋、尤世玮主编《张謇全集》第2册，上海辞书出版社，2012年，第189页。
[2] 《日本议会史序》，李明勋、尤世玮主编《张謇全集》第6册，第319页。

白费。通过大量的宣传,"立宪救国"思想越来越为人们所认同。张謇参与和领导的立宪运动,极大地推动了现代中国政治合法性的构建与政治认同的转变。晚年张謇在历经清末民初政局动荡后,仍然不改初心:"黄帝以来,五千年君主之运于是终,自今而后百千万年,民主之运于是始矣。"[1]

五是立宪经验的客观总结。在清末立宪改革中,谘议局为新出现的准代议机关,其运作不免会出现问题与不足。张謇作为江苏省谘议局议长,在首期会议结束后总结认为,谘议局的立法成就是不容否定的,"至论议案内容,或为本省谋永远之利益,或为人民附非常之弊害,要旨不谬于应兴应革之旨",主要原因还是政府不能适应新的政治体制,"官民隔阂已久,有时在议会为和平立论,而行政官已觉其拂逆难堪"。[2]

民国初年政局动荡,南北纷争不断,张謇认为问题不在于是否制定新宪法与成立新国会,而是国会议员如何产生的制度问题。"不先正《选举法》,国会必不能有良好议员。国会不得良好议员,必不能有适宜之《宪法》,此可断言者。《选举法》如何?曰严资格、少名额、薄俸给、重惩罚四者而已。"[3] 关于联省自治与统一问题,在张謇看来并不复杂,"自治属各省,统一属中央。属各省者,就所宜分,以竞进内政;属中央者,审所宜合,以后盾外交。事理易明,约绝非深奥",即使中央与地方产生争执,"亦可诉全国舆论,听其公评,非

---

[1]《年谱自序》,李明勋、尤世玮主编《张謇全集》第6册,第565页。
[2]《江苏谘议局首届议会闭会演说》,李明勋、尤世玮主编《张謇全集》第4册,第159—160页。
[3]《答岑春煊函》,李明勋、尤世玮主编《张謇全集》第2册,第677页。

绝对须为仇敌之事"。[1]

地方自治与全面现代化

从清末新政开始的地方自治，虽然在袁世凯威权统治时期中断过两年多，但一直延续到南京国民政府建立统治的 1927 年。与南京国民政府推行的官治型地方自治不同，清末民初的官民合作型的地方自治，作为近代中国全面现代化方案在地方的试验，曾经有力地推动了政治现代化进程。张謇甚至认为："以为国可亡，而地方自治不可亡。"[2]

过去人们谈及张謇的地方自治，往往着眼于他所从事的职业教育、慈善公益等事业，实际上南通地方自治的核心和要害是政治现代化。"各国通例，地方团体分为代议机关、行政机关二种。"府县等各级议会均为代议机关，参事会为行政机关。"凡水利、恤贫、赈灾、教育、警察、卫生、地方租税及一切公共事务，与吾身、吾家有密切关系者，皆有地方团体之代议机关集议决策，而由行政机关按照而施行之。"[3] 张謇在经历种种追求现代化强国等的探索后，充分认识到民主政治是国家强盛和治理现代化的根本之策。他认为"实业之命脉无不系于政治""政治能趋势于轨道，则百事可为"。因而他在全国积

---

1 《致大总统国务总理等电》，李明勋、尤世玮主编《张謇全集》第 3 册，上海辞书出版社，2012 年，第 907 页。
2 《为南通地方自治二十五年报告会呈政府文》，李明勋、尤世玮主编《张謇全集》第 1 册，第 524 页。
3 《恳告绅董预习法政以备地方自治书》，李明勋、尤世玮主编《张謇全集》第 4 册，第 120 页。

极投身政治变革和立宪运动,在南通则全力推进地方自治。

章开沅先生指出,张謇所从事的地方自治,其实质是谋求建立一个完整的近代社会范型,而其范围又决不是仅限于自己所居住的村落。他脚踏实地而又放眼全局,不仅谋求南通的物质文明与精神文明超过国内其他一千七百多县,而且还雄心勃勃地谋求与外国的先进"村落"作文明之竞争。张謇的设想是以南通为示范,将这种地方自治模式逐步推广到江苏全省,最后推广到整个中国,而用我们今天的语言来说,就是全面实现中国的近代化。平心而论,张謇提倡并推行的"实业救国""教育救国""立宪救国",都是从不同侧面谋求中国近代化,而地方自治则是这三个方面的综合,或许也可以说是管总的纲。罗一民进一步认为,张謇以现代化的理念和标准,在地方自治的政治、经济、社会、文化、生态等五个方面,全方位推进近代南通的现代化建设。

在政治建设方面,张朋园先生认为,张謇发展南通地方自治,其中以地方议会影响最大。他在州议事会中被推为议长,这是南通迅速发展的原因之一。后来他又被选为江苏谘议局议长,发动全国人民要求清廷及早召开国会。在经济建设方面,张謇从创办大生纱厂开始,由工业到农业(盐垦、种植),到生活服务业(商业、旅馆、房地产开发)到物流运输(大达轮船公司、汽车公司、十六铺码头),到金融保险(淮海实业银行、保险公司)等,甚至还与比利时合资兴办中比航业公司及专事对外贸易的新通贸易公司。在社会建设方面,张謇在加强社会管理、改善社会风气的同时,大力创办现代化的社会公共事业和社会保障体系。在文化建设方面,张謇致力于文化事业现代化。特别是创办了三百七十多所各类学校,从幼儿园、小学、中学到大学,从普通学校到职业学校、特种学校(聋哑人学校、技工学校、师范学校),几乎无所不包。在生态建设方面,张謇将唐闸设定为工业和港口区,狼山设定为风景旅游区,形成了科学合理的"一城三镇、城乡相间"的现代城市格局,既方便了人们的生产生活,又改善了自然环境。他还对南通的"五山"封山育林,保护自然生态,在街道、公路两旁栽种行道树美化自然景观。

近代南通的全面现代化成就为中外所瞩目,其打造的"新新世界之雏形"具有引领与示范性作用。1920 年 8 月,中国当时最优秀科学家和学者的团体——中国科学社在南通召开第七次年会,一些与会的科学家们对南通现代化成就深感惊异,他们称南通为"中国最进步的城市"。1922 年梁启超提到:"南通是我们全国公认第一个先进的城市,南通教育和各团体是我国教育界中之先进者,他们价值之高,影响之大,国人共知。"美国学者约翰·杜威对南通也有高度评价。1920 年 6 月,杜威来南通讲学,称赞南通是"广为著名的中国的模范城"。[1]

不过对于张謇来说,经济、文化与社会建设是地方自治的重要基础,以立宪为核心的政治建设才是地方自治的根本。"立宪之大本在政府,人民则宜各任实业教育为自治基础。"具体而言,不同于一般意义的地方经济社会建设,政治建设是地方自治的根本保障,其核心

---

[1] John Dewey's Impressions of Soviet Russia and the Revolutionary World—Mexico—China—Turkey 1929, William R. Brickman Ed. New York: Teachers College, Columbia University Comparative Education Series, 1964, P166, 转引自羽离子《东方乌托邦:近代南通》, 人民出版社, 2007 年, 第 163 页。

和要害是议会民主与法治社会。

法国历史学家、政治家托克维尔强调地方自治制度是民主政治的重要基础，它对于培养人民的公民意识，锻炼人民的政治参与能力，提高人民的政治素质具有重要意义。"只要有可能，公众选择就应该引发出这样的论点，即什么对社会的成员们有益，而不仅仅是反映需要和利益的综合。通过表明这种与公众相关的情绪，这种地方的政治制度致力于加强这种情绪。而且，通过让公民们行使判断的权力，使这种权力得到改善。于是公民们将更能判断他们的立法者进行审议的意图和能力。"[1] 英国政治学家詹姆斯·布莱斯认为，人们必先在地方上养成处理公共事务的能力，地方自治可以培养民众参政的兴趣和经验，布莱斯的名言即是"地方自治是民主主义的摇篮"。不难看出，张謇是那个时代众多改革家中，最深谙地方自治之道真谛的，这也是胡适称之为"开路先锋"的历史价值所在。

政治人格与政治智慧

可以想见，正是张謇的德高望重和远见卓识，才成就了他那个时代里几乎不可能干成的事业。"就他个人而言，最大限度地实现了自己的人生抱负和人生价值；就他所代表的新兴阶层而言，表达了其要求改善政治环境、发展社会经济、改善民生福祉的愿望；就江苏南通而言，成就了其在中国近现代史上的灿烂辉煌；就今天而言，张謇的

---

[1] 李建良：《法律制度与社会控制：法治国家中法律控制能力及其界限之问题初探》，林继文主编《政治制度》，(台北) 中研院中山人文社会科学研究所，2000 年，第 74 页。

影响仍然清晰可辨；就明天而言，张謇的影响仍将继续下去。"[1]

一是理念人格的影响力。张謇多年来接受"以天下兴亡为己任"的儒家教育，在传统士大夫的责任感的驱使下，"救亡、雪耻、强国"成了他的人生抱负。在张謇看来，只有发展民族工业，才能抵制帝国主义的侵略、抵制外国资本的侵入，办厂也不失为一种救国之途径。于是，他放弃功名仕途，利用通海地区产棉的优势，着手创办大生纱厂。此后，兴办教育，推动改革，领导立宪，筹办地方自治等事业，无不以救国为目的。张謇强烈的爱国情怀和社会责任感，使他远远超出了士绅、商人的身份，他从来不是想建立一个商业帝国，而是想建设一个理想社会。"企业家不仅要做大，更要做实；不仅要爱国，还要爱社会；不仅要办慈善做公益，还要育平民担责任。这是士大夫的根本价值观所决定。"[2] 更为难能可贵的是，为了培育法治意识，倡导文明新风，张謇以身作则，带头依法办事。他一生经历了无数的风波，开创了无穷的事业，在那混沌污浊的年代，却从来没有出现过违法乱纪及背信弃义的行为，真可谓是"出淤泥而不染"。有一次，他的轿夫因抬轿子时没有点灯，违反了当地警察局的规定，被巡警发现而要罚款，张謇不仅认罚而且还奖励了这位巡警。从这件小事上，亦可看出张謇遵纪守法的模范作为。

深受儒家思想影响的张謇，还有着"穷则独善其身，达则兼济天下"的人文情怀。张謇创办实业数十载，从未给自己敛财。所以他在创办第一个企业时就以《易经》中"天地之大德曰生"简称"大生"

---

[1] 王敦琴、陈蕊：《张謇》，江苏凤凰美术出版社，2019年，第190页。
[2] 姜朝晖：《大力弘扬张謇爱国企业家精神》，《南通日报》2021年2月8日。

来命名，意在使大多数老百姓能生活下去，使没有饭的有饭吃，使生活困苦的能够逐步提高生活水平。张謇认为发展民族工业是养民之大经，富国之妙术。"通州之设纱厂，为通州民生计，亦即为中国利源计。"张謇以"大生"之名，行为民之实，关心民生苦乐。在创办实业取得效益，有了经济实力以后才去创办教育，提升民族和国民的素质。在唐家闸工业区内为工人建造工房和公园，还创建医疗卫生事业。尤其对待弱势群体备加关怀，如对待弃婴建育婴堂；对待鳏寡老人建养老院；对待盲哑儿童建盲哑学校；对待流浪乞丐建栖流所；对待残疾人群建残废院，使这些残疾人群有了稳定的生活；对待孤苦贫民子弟建贫民工场、平民学校，为的是使他们有一技之长，能独立谋生；对待不良妇女建济良所，使其改邪归正，成为自食其力的劳动者，培育良好的社会风气。如此种种，体现了他以人为本、关心民生疾苦的仁爱精神，彰显了仁者爱人的大义。[1] 在享誉全国的同时，张謇在家乡南通具有极高的威望。正如张孝若所说，"因为父亲是事业为公的信用，得到了人民牢固的敬仰，所以才收到非但可与乐成，并且可于虑始的功效了。"

二是经世致用的领导力。在中国近代史上，不乏慷慨激昂之士，但张謇取得如此大的成就，更多在于他脚踏实地的务实精神。有远大理想和抱负的人很多，但同时脚踏实地做出成效的人不多；肯干务实的人也很多，但同时拥有崇高的境界与远大志向的人不多。罗一民指出，张謇既有远大抱负又能求真务实脚踏实地做事，他有崇高的现代民主政治理念和远大的政治变革志向。

---

[1] 张廷栖：《试论张謇精神》，《学习与探索——张謇研究文稿》，苏州大学出版社，2015年，第57页。

张謇在实业、教育、慈善等地方自治事业方面，也坚持一切从实际出发，从大局出发。张謇为南通纺织专门学校题写的校训就是"忠实不欺，力求精进"，要求学生求真务实，不好高骛远，不弄虚作假，不欺世盗名。这也是张謇精神的可贵之处，他不是坐而论道之徒，反而事必躬亲，踏实勤苦的付出，一步一个脚印，将各方面事业都做到实处。李玉认为，除了纱厂之外，张謇所办企业还涉及银行、交通、榨油、面粉、垦牧、盐业、火柴、照明、商贸等行业，每一行业均需具备专门知识者方能掌控，张謇在这方面措置裕如，足见其学识之广与能力之强。在《张季子九录》中的《实业录》以及《张啬庵先生实业文钞》等著述中，可以发现不少涉及垦牧、盐政、水利、银行的专门论述，理论与实践并重。这些论著反映了张謇不断学习的进取精神及其高超的学习效率，无疑也凝结了张謇为创办实业而付出的无法计量的"心智资本"。[1]

三是务实审慎的行动力。在维新运动期间，张謇虽然对遭到顽固派捕杀的维新党人表示同情，但是他并不支持维新运动中的激进措施，也反对以武力发动宫廷政变的狂想。在维新运动即将迎来百日变法的高潮前夕，张謇再一次选择离开，1898年4月，他以"通州纱厂系奏办经手未完"的理由请假，回到家乡继续纱厂事业。1920年年初，当其留美归来的张孝若倡导成立一个真正意义上的由"南通人民自动自决自卫"的自治会时，张謇虽然同意试办一下。但是在张謇看来，民智未开，民众知识才力均不足以担当欧美式的地方自治。南

---

[1] 李玉：《从"以身发财"到"以财发身"——张謇创业的人力资本与社会效应》，《江苏社会科学》2014年第4期。

通自治会成立后实际成效有限,正好证实了他的判断。张謇所主张的官民合办的地方自治模式,还是比较符合当时中国的实际情况的,也是一种比较稳健的改革立志。正如王奇生所言,事实上,在中国早期现代化和地方自治的历程中,近代资产阶级尚处于生命发育的襁褓时期,作为中国传统精英阶层的绅士以其固有的社会地位和历史使命感,肩负起新时代的重托,充当了启动中国现代化的动力群体是势所必然的;"以绅权孕育民权",也是近代中国社会过渡时期社会阶级结构演化的必然现象。梁启超"欲兴民权,宜先兴绅权"的主张,即在某种意义上预言了近代中国社会转型过程中所必经的一个历史阶段。20世纪初期,张謇主导下南通的地方自治无疑顺应了这一历史潮流。

张謇以地方自治为名,全面推进现代化。不是地方官的他,无法直接操纵地方政治权力机构,只得运用自身的特殊政治身份,施加特殊的政治影响,从而获得各方面的政治资源,包括各界官员的支持。张謇的特殊政治身份,首先来自几乎伴随他一生的各种各样的官职、官衔。这些林林总总的官职、官衔,尽管大都是虚设、兼职的,但却能"介官商之间,兼官商之任,通官商之邮",并可以大大提高他在官场、士林和地方社会上的声望。在这些官场光环的照耀下,一般的官吏和民众都会对他敬重有加。他便可借此对上争取官府资源,对下动员民间力量,创造性的开拓南通地方事业。在这种情况下,张謇在南通地方上兴办各项事业,自然也就会多了助力,少了阻力。正因为张謇有了这样的特殊政治身份和影响,官场上的各级官僚才会对他另眼相看,给予特殊的支持,从而使南通的地方自治取得特殊的成功。张謇与清末的清朝权贵及民初的政坛要人都有交往,有的交情还很深。这对他"遁居江海,自营己事"很有好处。江苏省的督抚大员张之洞、刘坤一、程德全等人,更是给了他许多特别的帮助和扶持。

张謇的政治人格与政治智慧,除了与他的政治理念与政治经验因素,也与他的"生平万事居人后"的品格有关,其子张孝若有这样描述:"我父生平做事,只晓得实实在在,闷了头守着他自己的本分,靠着他的努力能力,来做他的事业,达到他的志愿……假使遇到了困难的局势,他仍旧靠傍他的努力奋斗,以渡过难关。所以在平常顺手的时候,除非是人家来看来问,他是绝不标榜宣传,使人家晓得了帮他鼓吹。"他的信念是:"功不必自我出,名不必自我居。"[1] 章开沅先生指出,张謇的"步伐总是比较缓慢……他相信眼睛甚于相信耳朵,习惯于凭借事实而不是凭借哲理来思考,在没有思考清楚之前决不采取行动,而一经采取行动就决心进行到底。他步履虽迟,但每一脚都踏在实处。他并不喜欢冲刺在最前面,然而却有足够的后劲,往往是后来居上"。这种政治品格无疑是一位杰出的政治家所必备的。

第二节 地方治理现代化结局的全面反思

1926年8月24日,73岁的张謇在故乡南通病故。"张季直(张謇)先生在近代中国史上是一个很伟大的失败的英雄……他独力开辟了无数新路,做了30年的开路先锋,养活了几百万人,造福于一方,

---

[1] 张孝若:《南通张季直先生传记》,第347—348页。

而影响及于全国。终于因为他开辟的路子太多，担负的事业过于伟大，他不能不抱着许多未完的志愿而死。"胡适这样评价张謇。张謇的病逝，意味着地方治理现代化进程的遭受严重挫折。

政治现代化进程的挫折与中断

其实在张謇逝世之前，在全国及地方层面的议会政治已经出现衰败的现象。在北京，舆论普遍认为曹锟当选总统是通过贿选的非法方式，众议院议长吴景濂与众多贿选议员被时人痛骂为"猪仔议员"。1924年10月北京政变后，段祺瑞政府于11月24日颁布《中华民国临时政府制》，废除国会制度，民主化试验的标志性机构——第一届民国国会正式结束。

在地方，1921年4月开幕的江苏省第三届省议会，因议员加薪、议长贿选等事件，同样饱受舆论批评，民主形象不佳。1922年秋，江苏省议会在审议1922年度预算案时，削减教育经费并移作议员个人薪金，结果在1923年1月初引发省教育界的强烈反对，进而引发风潮，并将议会、教育界、政府悉数卷入其中。引起社会舆论的极大瞩目。此次风波从1923年1月7日爆发至2月末结束，历时近两月，引起社会舆论的极大关注。从表面上看，该风波是因议会削减教育经费，议员加薪而起，但透过事件本身来看，却反映出当时社会各界对议会政治的失望和议员滥用职权的愤怒与不满。在此种情形之下，议会自然成为众矢之的，成为舆论抨击的焦点。此外，导致此次事件的根源性因素在于：一方面，江苏省不断膨胀的军费开支长期挤压行政开支，以致用于行政开支的经费极度缺乏；另一方面，则在于议会民主精神失坠，议员多图私利，难表达公意。[1]

此时江苏省议会内部最大的势力为"北张""南张"两派，北张派以张孝若为首，南张派以张一麐为首，皆欲推己方首领为议长。南张派议员指控北张派领袖张孝若贿选议长。议会内部的派系斗争经《申报》为首的舆论鼓动，本来为三千万江苏人公义的事业，变成了少数巨绅弄权的试验场。经历一系列戏剧性的变故与冲突，张孝若与张一麐最终联电双双退出选举。公与私的张力之下，学生与一般民众有失理性的参与，逐渐演变成一场群众运动，议会的权威受到极大损害，江苏省宪自治运动亦受顿挫。[2]

南方的国民党人从 1922 年夏开始，已经着手进行国民革命，不仅反对联省自治和平统一方法，称"联省只能成官治，不能达自治"[3]。而且更进一步提出放弃民国宪政制度，主张暴力革命，认为"国会招牌已成废物，不足起国人之信仰，故国会之纯洁分子，如能同来革命，则无不表示欢迎"[4]。所以在国民革命兴起后，联邦制的国体制度选择不再具有任何实质作用与意义，北伐战争开始后，北伐军进入长沙后，1926 年 7 月 14 日废除湖南省宪法，很快解散省议会。攻克杭州后，浙江省议会会所成为国民党浙江省党部，宣告浙江省宪运动与自治成为历史。中央集权再次成为国民党人新的制度

---

1 祝小楠：《1923 年江苏"议教风潮"探究》，《历史教学》，2012 年第 4 期。
2 张亮：《公与私的张力——省宪自治中的议会：苏省第三届议会议长贿选风波为中心》，《南京大学学报》，2016 年第 6 期。
3 《复林支宇函》，《孙中山全集》第 7 卷，中华书局，1985 年，第 19 页。
4 《孙中山就国会问题与冯自由的谈话》，汤锐祥编《护法运动史料汇编（二）国会议员护法篇》，花城出版社，2003 年，第 641 页。

选择。

江苏省议会虽然在1921年议决了省宪制定的章程，因宪法起草委员会委员选举等问题发生争执，直至会议结束，亦未能解决。1925年4月，省议会召开第三届议会第四次临时会也不再集会，本届省议会就此告终。江苏省宪自治运动失败原因在于，苏省"一直处于连接不断的江浙和奉浙战争中，无所成就。所谓'覆巢之下焉有完卵'，以选举和议会为主体的民治主义，是无法在武人的枪弹横飞中建立起来的。"[1]当国民党执掌全国政权，中央集权逐渐强化的背景下，南通纳入国民党政权的直接控制，其地方自治的局面也一去不复返。

内战、革命与激进主义的多重冲击

1917年7月张勋复辟失败后，护法运动兴起，南北分治局面开始形成，内战与政局动荡席卷全国，不可避免地影响到张謇的现代化建设事业。对棉纺织业来说，平时面对资金不足、原料高昂的情况，可以面向社会融资、借款，原料问题可提前囤货以缓解高价对生产成本的冲击。但战争基本阻断了厂方平时的筹资路径，原料也无可囤积。单个工厂面对这样的恶劣环境，采取任何应对措施都是杯水车薪。1925年的浙奉战争不仅让往年积压的问题无从解决，还产生了新的生产经营滞销困难。

国民革命兴起后，北伐战争在中国南方激烈展开，工厂逐渐连最低限度的运转都难以维系。各厂原料和产品的运销问题比军阀战争时

---

[1] 胡春惠：《民初的地方主义与联省自治》，中国社会科学出版社，2001年，第276页。

更严重，前期还能艰难经营的工厂，到 1927 年，已因战事阻隔和缺乏运销工具而陷入近乎完全停工的状态。各厂面对的困境在 1927 年达到顶点，这一方面是因北伐战争本身的影响造成的；另一方面，江浙地区自 1924 至 1927 年连年遭受战争侵袭，当地棉纺织业既无暇也无力恢复生产经营。

有研究者指出，发生战争的年份，如 1918 年护法战争、1920 年直皖战争，大生一厂、二厂该年的利润都有所减少。大生纱厂利润的减少，势必影响其他企业和社会事业的发展。[1] 为此，张謇多次呼吁和平："近来举国扰扰，半遭糜烂，江浙商业已蒙间接之害；而土地、人民及中外商业重心所系之上海尚幸安辑。此诚两省军民长官从前保境安民、提挈维护之功。然每经一度政变，必有一度恐慌。江浙固不能使政事之无变端，但变端何为而必连及江浙？"[2] 1918—1924 年历次军阀战争，破坏了江浙两省之间原本相对稳定的社会秩序，在一定程度上阻碍了商业的发展。张謇作为一名商人，政局稳乱与其商业发展息息相关。国内纷扰不已的军阀战争，张謇的各项事业都陷入了困难。

每当战争爆发前后，张謇便以个人或商团名义致电政府当局及江浙两省军政长官，陈说江浙两省商业地位之重要，力图维持江浙两省原本相对稳定的社会秩序。张孝若对此描述称："我父到了七十前后，看到国家统一的局面，已纷争破坏到极点，暂时没有收拾的办法和可

---

[1] 弓楷：《1918—1924 年张謇开展和平活动的多重身份探讨》，《档案与建设》2016 年第 12 期。
[2] 《致中央政府暨江浙当道电》，李明勋、尤世玮主编《张謇全集》第 3 册，2012 年，第 1215 页。

能，而各省事实上割据的形势已经成就，一时也不容易打破。人民自然最希望全国有良好的统一政治，然而既河清难俟，也只有退一步，希望得到局部的安宁……这并不是我父忽视放低了他的严格责望，和改变了他的本性的人格，有所迁就合污，实在是人民经不起再闹，地方经不起再扰乱，事业更经不起再破坏。"[1] 在内战与革命的双重冲击下，地方治理无法得到一个持久稳定的环境，无疑是那个时代最大的发展桎梏。

作为一位英美式的保守主义政治家，张謇强烈反对暴力激荡的革命，希冀在稳定的社会环境中实现平和渐进式的立宪改革。1912年2月，张謇写成《革命论》，表明了自己对激进革命的反对态度，所谓"圣人言革命之慎"，"使革人之命，而上无宽仁智勇文武神圣之君，下无明于礼乐兵农水火工虞之佐，则政教号令，旧已除而新无可布，而布者复不足以当王泽而餍民望，其愈于不革者几何？"他又把革命分为四种类型，"圣贤之革命""豪杰之革命""权奸之革命"与"盗贼之革命"，他特别推崇汤武"顺乎人应乎人"的"圣贤之革命"。[2]

但是新文化运动开始后，宪政主义在思想界的主导地位迅速丧失，社会主义、无政府主义等各种社会改造思潮不断涌现，政治认知呈现多元化格局。"五四"以后，在俄国十月革命的激励下，"人们的兴奋点愈益移向苏俄和马列主义。兼具科学形式和人际激情的马列主义，以其大同理想和革命方略相统一的实践性魅力，吸引了急谋改造

---

[1] 张孝若：《南通张季直先生传记》，第381—382页。
[2] 《革命论》，李明勋、尤世玮主编《张謇全集》第4册，第207页。

中国社会的'五四'知识分子"[1]。马列主义与三民主义成为20世纪20年代知识界的主流认知取向。在民主政治试验不断遭到挫败、国内政局动荡不安的情况下，人们对宪政民主政治日益失望，革命情绪不断滋长。顾维钧在回忆录中也提到："（当时）我的同事们——有些是我的至交好友，有些亦曾在国外留学——一般地不像是能理解国会是整个政治制度的必要部分，而且它的地位为宪法所保证。相反，他们把国会看作是令人厌恶的东西。"[2] 20世纪20年代以后，"宪制第三第四次恢复又失败，对宪政幻想的破灭感是深刻而普遍的"[3]。

"五四"后一些信仰马克思主义的学者开始从阶级角度重新审视民主宪政，认为西方民主本质上是资产阶级民主，这种民主是在资本主义经济基础上产生和发展的，是为资产阶级经济和资产阶级统治服务的，并不能体现多数人民的意志与利益。因此，他们开始否定英美宪政民主，要求无产阶级民主。而与此相呼应的是从20世纪20年代开始，孙中山、朱执信等国民党人士也开始否定英美宪政代议制度，鼓吹"直接民权"。1923年1月国民党更是明确批评："现行代议制度，已成民权之弩末；阶级选举，易为少数所操纵。"在孙中山等人看来，真正民权是人民拥有选举、复议、创制、罢免等"直接民权"。而只有通过国民革命，打倒帝国主义与北洋军阀，才能实现真正民权。

---

1 高力克：《"五四"后的社会文化思潮》，许记霖、陈达凯主编《中国现代化史，第一卷，1800—1949》，第357页。
2 《顾维均回忆录第1册》，中国社会科学院近史所译，中华书局，1983年，第371页。
3 安德鲁·J.内森：《立宪共和国：北京政府，1916—1928年》，费正清编《剑桥中华民国史上卷》，第310页。

张謇之所以主张以改良的方式推行立宪政治,"立宪所以持私与公之平,纳君与民于轨,而安中国亿兆人民于故有,而不至颠覆眩乱者也"[1],与此相反,暴力激进的革命则会破坏现有的平稳秩序,导致社会动荡不安,能破坏而不能建设。然而从20世纪20年代开始,宪政主义不断受到批判,其影响也日益缩小。胡适等人提出的"好政府主义"是这一时期宪政主义最后的挽歌。"直接民权"与"国民革命论"的盛行,标志着倡导代议制与渐进改革的英美宪政主义的衰落,激进主义的社会文化氛围,已经不允许温和渐进的立宪改革模式的继续试验下去。

国民党北伐成功,党国体制取代民国宪政制度,此后英美式宪政主义不再成为主流意识形态,超越左右的地方治理现代化中间路线也就不复存在。从某种意义上讲,即使张謇不在1926年不幸病逝,大生集团也渡过经营危机,但是在党国体制下,原先的立宪事业与地方自治进程也将被迫中止。

行业经济危机与经营能力的制约

一战的中后期一度成为中国棉纺企业的获利良机,大生集团资本收益率从1916年的9.8%增长为1919年的108%;根据京都大学教授森时彦对当时23家中国棉纺织厂的统计,1919年,这些工厂的平均资本收益率都超过了100%。按照严中平先生的总结:"地无分南北,厂无论大小,大都全能获得意外的厚利。"但是随着大量新企业

---

[1]《年谱自序》,李明勋、尤世玮主编《张謇全集》第6册,第298页。

在战后集中进入市场，导致国内企业生产能力过剩，1922年年底，市场很快由盛转衰，发生了"（原）棉贵（棉）纱贱"的现象，诸多新设企业甚至未及盈利即告倒闭，行业经济危机由此产生。

在国内的粗纱市场上，主要是棉纺业与印度和日本的纱厂竞争，以国内市场为目标的棉纺业也面临萎缩的局面。在1919—1920年，中国东北作为通海土布的最大市场，进口日本等国的棉布总值达726多万两，导致大生纱厂机纱销量骤减，以至于在1922年首次出现亏损。日本从一战之后也增加了对中国的直接投资，通过在中国设厂和吞并小厂，日厂逐步占领了高支数的棉纱市场。相对华厂，日厂有更优的经营管理水平和充足的资金支持。从1931年至1935年，因国内战乱和美国《购银法案》的影响，纱价跌落，市场萧条和融资困境让中国纺织企业再度陷入困境。根据严中平的研究，从20世纪20年代中期开始，超过一半的棉纺织企业经历破产、兼并或直接被银行接管。

此外，长江下游地区棉纺业，依赖附近内陆农村的原材料，当地原材料供应对纺织业至关重要，但企业却无法控制原料的种类与质量。经济大萧条引起农产品价格下降，农民收入减少，生活日益贫困，信贷活动也相应减少，农村的资金向中心城市的流动，导致了农村地区现金短缺，严重破坏了农村的金融机构与农业生产。而农民购买力与生活水平的下降，则导致工业企业面临国内市场的萎缩，对城市工业来说也是一种直接损害。

进入20世纪20年代之后，在内忧外患的恶劣环境中，经济现代化的衰败也是在所难免。大生集团于1922年开始进入衰落状态，并进一步导致了南通经济的衰落。大生一、二纱厂共结亏 100 余万两银,账面负债额高达 835 万余两。这是整个大生系统由盛而衰的历史转折。此后数年,大生集团的经营持续恶化,连年亏损。1923 年张謇在《海门大生第三纺织公司第三届营业说略并账略》回顾一年经营状况时说"保本已不易,何获利之可言"。大生企业集团内部诸多公司,都是负债累累,大生二厂就曾在 1922 年向国外借款高达 180 万两,后来因为无力偿还,被汇丰拍卖。大生信誉因此一落千丈,企业迅速陷入周转不灵的危境,不得不靠抵押贷款勉强维持营运。到 1925 年,大生一厂累积亏损达 906 多万两,债务负担沉重,产品成本不断提高,经营条件更加不利,导致大生纱厂从顶峰急速衰落下来。1925 年 7 月,中国、交通、金城、上海四家银行和永丰、永聚钱庄债权人组成银行团,清算和接管了大生各厂,并成立联合接管机构,张謇虽保留董事长的名义,但实权已经转入江浙财团手中。1926 年 8 月,张謇的去世使大生集团遭受了进一步的打击,从此大生集团再也没有回复到曾经的繁荣。"近代南通这一朵曾经怒放而奇异的花,很快就调谢了。甚至在北伐战争爆发之前,就几乎已从中国的风景巨变的大舞台上隐失了。"[1]

在从传统士大夫向现代企业家转型过程中,张謇的企业管理水平的局限性也是客观存在的。"得利全分、举债经营这种缺乏风险意识的分配方针,决定了大生纱厂经营体制的脆弱性。而张謇之所以做出

---

[1] 羽离子:《东方乌托邦:近代南通》,人民出版社,2007 年,自序,第 3 页。

这样的选择，与张謇对企业折旧和积累的意义缺乏足够理解和认识有关。"[1]

有学者总结了大失衰落的教训。第一，不能严格遵循经济规律，进行积累，不断增强自身的经济实力，相反，超负荷地承担"工厂办社会"的重任。张謇通过企业的盈余来支持整个南通地区实业的兴办和地方教育、社会福利、公共事业，需要准确估计自己的承受能力。可是，他却越位承揽了许多本应由政府办理的事情。1919年后社会、文化教育方面的急速扩展，大大超过了企业的负担能力。第二，1919年后大生集团进行的远超过自身力量的过度扩张，是经营决策中的一大失误，正如张謇所沉痛指出："南通实业，三、五年来，因急进务广，而致牵搁……此事实也。"正是这个失误，增加了企业资金周转的困难，直接导致大生在日后危机中无力自救。[2] "可以看到大生的扩张在很大程度上是属于信用膨胀的性质。虽然扩张面广迅速，但扩张的基础十分脆弱。这与大生各厂后来在纱市萧条经营失利之时分别落入银团财阀之手，有着不可分割的因果关系。"[3]

在企业日常管理过程中，张謇已经注意到了西方的现代股份制，在他设计目标体系时，多次强调要引用西方的"公司法"（即公司制度）。但是，可惜的是，由于他的直观主义的方法使然，他只看到股份制的表象，而没有认识它的本质。《张謇全集》洋洋洒洒414万余

---

[1] 周见：《近代中日两国企业家比较研究——张謇与涩泽荣一》，中国社会科学出版社，2004年，第445页。
[2] 蒋国宏：《张謇与南通早期现代化》，《南通工学院学报（社会科学版）》，2003年第3期。
[3] 大生系统企业史编写组编撰《大生系统企业史》，江苏人民出版社，1990年，第151页。

字，虽然多处提到股份制、公司法，如他在1901年所写的《变法平议》中已经提出"集公司而兴农业""公司，新法也"，但他并不知道现代公司制度的实质性内涵是什么。他没有一篇文章是专门探讨股份制的实质及其作用的，在涉及股份制的篇目中也很难找到他对股份制的准确认识。比如，从1901年到1907年，张謇先后总共创立了19个企业单位，资金主要来自大生纱厂的利润，但没有为此开过一次股东会。短短五六年分散资金办了这么多企业，超过了大生纱厂的合理负荷，引起了股东极大的不满，于是1907年7月才开了第一次股东会。这时大生一厂开车已经12年。12年内竟没有开过一次股东会，这种情况即使在早期的任何合股企业中，恐怕也是少见的。[1] 张謇作为经营者还没有完全树立起与近代企业集团发展相适应的经营意识。"这突出地表现为他在大生企业集团内没有对自己的权力做出制度上的约束，实行的是一套带有独裁色彩的指挥方式，由此使企业经营战略的制定和内部资源配置的合理化受到了严重影响。"[2]

此外，虽然张謇十分重视发展教育和培养人才，并且在这方面投入了大量的财力和精力，但培养出来的人才在数量和质量上是有局限性的，还不能对大生企业的发展形成推力。企业内部的管理人员缺乏相应的专业知识和科学管理知识，重流通，轻生产，部门编制庞大且不合理，导致企业产品质量和经济效率低下。

---

[1] 严翅君：《伟大的失败的英雄——张謇与南通区域早期现代化》，第134—136页。
[2] 周见：《近代中日两国企业家比较研究——张謇与涩泽荣一》，第446页。

现代化建设的资金与财政困境

张謇在南通地区推行全面现代化建设过程中，所面临的资金困境是不言而喻的。有研究分析指出，张謇的急进式的推进，不可能为处于萌芽状态的现代化因素积累条件，因而常常花了很大的功夫使刚刚有所发端的现代化因素又倒退回去。比如，他按照大农的思想创建通海垦牧公司，化了10年的功夫把零碎分割的土地连成大片，并进行集中开垦，为机耕大农业准备了前提条件。但由于后期，各项事业铺的摊子太大，没有经费支撑，更由于制度跟不上，大片的土地后又被分割成狼牙犬齿状态，连后来资生铁厂为垦区生产的水泵都用不起来。张謇化了10年功夫集田成片搞机械大农业的努力全付诸东流。张謇在中国早期现代化进程中确实是一个勇敢的探索者，但是他的那种民族主义的激情、理想，明显超过了对所从事的事业的工具性思考。因而，他常常有了一些很好的开头，但又因在宏大事业推进的极端复杂和万般困境中智掘技穷，而使这些可贵的萌芽毁于一旦。[1]

具体到张謇兴办的盐垦之类的大型建设工程来说，无论是从兴办盐垦的效益、规模，还是所需资金、牵涉面等来看，淮南盐垦都不是一个为私人资本营利的经营事业，而是一个更具社会效益的基本建设大工程。这类具有国家基本建设意义的工程，不但要大量投资，而且投资在短期内注定不能回收，绝非私人企业所能承担。因此，从根本上说，淮南盐垦就该以国家为主进行，并实行拨款型而非赢利型的资

---

[1] 严翅君：《伟大的失败的英雄——张謇与南通区域早期现代化》，第194页。

金投入。然而，在当时政局的动荡与财力的匮乏的实际情况下，以国家投资方式进行这类大型工程显然是难以实现的，这就迫使以张謇为代表的有志于振兴国运的一批社会精英阶层，从民族、国家的长远利益出发，不计代价，"明知不可而为之"。此时，只要国家给予一定扶持，整个淮南盐垦事业的结局当有另外一番景象。显然，经济与社会的振兴仅靠个别精英人物的力量是难以成功的，近代化的成功离不开国家对重点工程的扶持。[1]

南通地区当地的公共设施、慈善公益事业主要依靠大生集团的投入。张謇自称："上而对于政府官厅，无一金之求助；下而对于社会人民，无一事之强同。"[2] 张謇利用大生企业的资金投入社会公益和慈善事业，陆续建成盲哑学校、贫民学校、气象台、伶工学社、更俗剧场、公共体育场、公共医院、残废院、育婴堂、养老院、警察传习所、栖留所、模范监狱等慈善机构和公众场所。小小的南通在20世纪初期聚集了如此众多的实业、教育文化和社会公益慈善机构，可谓是张謇对这座城市的贡献。张謇"村落主义"的推进和实施，为南通现代化奠定了坚实的基础。

创办公共事业无法像实业一样追求利润最大化，甚至会投入大量资金，如新育婴堂创办费用为23400余元，每年用费超20000元，常因经费紧张，张謇不得以以鬻字补助；第一养老院创办费用18221元，每年用费达5000至6000元；贫民工场创办费用18550元，每年

---

[1] 羌建：《近代南通棉业发展研究（1895—1938）》，南京林业大学博士学位论文，2010年，第151页。
[2]《为南通地方自治二十五年报告会呈政府文》，李明勋、尤世玮主编《张謇全集》第1册，第524页。

开支 20000 元；济良所每年开支 1200 余元；残废院创办费用达 14390 元，每年用费 6000 多元。据大生纱厂档案记载，仅 1902 年至 1906 年的 5 年中，该厂先后共 7 次提用 78305 元用于通州师范一校。20 世纪 20 年代初，张謇自己说历年所资自治费用"达百数十万"，而文教、公益、慈善事业的年维持费也在 30 万元左右。

南通的教育慈善和公益事业，惠泽南通全民，而其庞大的经费支出，上不仰给于官，下不摊派于民，而是由张謇个人之力独立支撑。1925 年张謇总结说："二十六年以来，謇之得于实业而用于教育、慈善及地方公益者，凡二百五十七八万，仍负债六十万有奇，叔兄所出亦八九十万，不与焉。"[1] 在经济繁荣时期，大量资金的投入尚可维持。但是从 1921 年经济危机开始，大生以及其他事业的资金不得不依靠银团维持，到 1925 年，大生纱厂对外借款多达 1000 余万两。在内外形势不利的情况下造成周转资金的严重匮乏，只能靠借债维持经营，张謇的实际管理权旁落，企业被迫由江浙财团接受，这种资金投入模式也就不可持续了。有学者考证，日本近代地方自治制度成功的重要原因之一，就是建立了近代地方财政制度。因为地方财政不仅是地方自治的重要内容，且亦是地方自治得以施行的重要物质保证。而中国近代地方自治失败的原因之一是没有建立近代的地方财政制度，难以真正实施下去。[2]

因此，不仅是地方经济现代化建设，社会现代化建设也是如此。

---

[1] 《太虚以佛法批评社会主义录答问》，李明勋、尤世玮主编《张謇全集》第 4 册，上海辞书出版社，2012 年，第 623 页。
[2] 郭冬梅：《日本近代地方自治制度的形成》，第 239—240 页。

在地方财政制度不健全的情况下,"教育、慈善、公益等社会事业目标更缺乏制度依托。就拿慈善事业来说,张謇已经看到了社会转型中的社会分化,意识到了社会整合的重要性,但是解决这一问题的手段是极其传统和落后的,这就是依靠少数富人发善心"[1]。随着大生集团的衰落,近代南通经济也不复曾经的兴盛,经济发展陷入了极其艰难的境地。1934年,南通的大型棉纺厂大生二厂在坚持了多年以后彻底破产而被拍卖,其机器被拆并运往杭州,南通的纺织业从此不振。据1937年的统计,在全国六大主要工业城市中,南通所占的工业比重很快落到了第四位,前三位已经是上海、南京和无锡,而尚在南通后面的则有天津和青岛。整个南通工业带已经生锈。虽然南通所在的通崇海泰地区此后一直是中国六大棉纺织工业中心(上海、通崇海泰、无锡、武汉、青岛、天津)之一,但到抗日战争爆发前,通崇海泰地区的纺织业已经落后到六大地区的最后一名了。

---

[1] 严翅君:《伟大的失败的英雄——张謇与南通区域早期现代化》,第138页。

第四章　张謇与地方治理现代化的近代传统

　　长期以来，地方治理现代化的近代本土资源，并未得到各地主政者的高度重视。其实中国从 1860 年开始的现代化进程，除了当代中国的中后期发展阶段以外，还有清末民初的早期现代化阶段。相对于传统治理资源的复杂性与争议性，近代本土资源对于一个地方的治理现代化来说，其实更具有充分发掘的现实价值。当代南通的地方治理现代化进程表明，百年张謇的治理现代化经验与精神，具有历史传承与借鉴作用，有力地推动了南通的跨越式发展与基本现代化目标的实现，也是当下推进中国式现代化建设的近代历史传统资源。

　　1978 年改革开放时代的来临，同时也迎来一个制度变革的时代。一个国家进行新的制度建设，不可避免地要处理传统与改革的关系问题。不同历史阶段的治理现代化，既有共性经验，也有个性作法，其实是可以交汇融通的。与学术研究路径不同的是，对于务实的地方主政者来说，更为看重的是一种可供实际资政的本土资源。进入 21 世纪，张謇作为现代中国治理现代化的先行者，受到南通地方的推崇，也就在意料之中了。从 20 世纪初期开始的南通地方治理现代化，在经历张謇时代之后的多年沉寂，终于再次启动。

第一节　治理现代化历史进程中的张謇

作为中国治理现代化先行者的张謇，一直以来，他的历史遗产是被低估的。不仅于此，在改革开放初期的中国社会，张謇还是一个富有争议性的历史人物。21世纪初重新发现张謇的时代意义，不仅是在学术研究层面，更为重要的是一种新世纪改革精神的构建。正如罗一民所说，张謇孕育了近代南通精神："城市精神就像人的灵魂，像我们说的核心价值一样，能代表整体状态。一个城市发展得好与不好，要看这个城市的精神气质、精神动力。张謇在打造'中国近代第一城'的时候，也打造了近代的南通精神。南通近代的城市精神是张謇一手孕育出的，对南通城市的突破性发展起到了关键性作用。"

没有张謇的地方治理现代化实践，当然就没有近代南通精神，更无从谈起当代南通城市精神。从这个意义上讲，21世纪的南通高度重视治理现代化的近代本土资源，注重接续过去的政治传统，确实走在了全国的前列，为全国其他地方树立了很好的典范。

重新发现张謇的划时代意义

身处一个改革的时代，对于有理想的改革者来说，寻觅可以效仿的改革先驱无疑是非常重要的。此类改革先驱不仅是本土化的，而且必须具有全国乃至世界性的价值。在治理现代化的本土资源开发过程中，重新发现张謇，意味着对张謇历史评价的新认知与新定位。作为21世纪初期南通主政者的罗一民，对政治家张謇做了很好的概括。

首先，张謇是一位志存高远，脚踏实地的人。有远大理想和抱负的人很多，但同时脚踏实地做出成效的人不多；肯干务实的人也很多，但同时拥有崇高的境界与远大志向的人不多。既有远大抱负又能求真务实脚踏实地做事，这点很难得，在张謇身上体现得十分充分。这种精神不仅在创办工厂、创办学校中体现得淋漓尽致，在政治活动过程中也是这样。他有崇高的现代民主政治理念和远大的政治变革志向，对康、梁的态度及其在南北议和中，都体现了他不冲动冒进、稳健务实、脚踏实地、一切从实际出发的精神。他对李鸿章、袁世凯态度的转变也是一个例子。一开始觉得李鸿章在甲午战争中的立场不对，立即上书弹劾，后来看到李鸿章掌握大权，主政比较务实时又拥护他，乃至在庚子动乱时，他主张以李鸿章为首领，率各地总督捍卫朝廷；对袁世凯也是，开始觉得袁世凯品行不好时与之分裂，后来看到袁世凯的能力与格局提高，又主动握手言和，都说明了他是个务实的人。

其次，张謇是一位开拓创新、与时俱进的人。张謇作为新旧时代转换中的士大夫，眼光超前，思想解放，紧跟历史潮流，站在时代前沿，在各方面奋力开拓，不断创新，创造了不朽的历史功绩。不仅仅是实业和教育，包括整个现代化的政治和经济，他都在开拓创新，与时俱进。特别是在与时俱进方面，非常难能可贵。办工厂，一开始起点就很高，搞现代公司治理，搞股份制等等。他在政治上的不断转变和跟进，往往被后人议论为"多变"，实际上这个正反映了他了不起的、与时俱进的品质。因为时代在变，形势在变，他也要不断调整自己的思想观念，紧跟时代的步伐。而且，他的变不是往坏处变、不是往后退变，而是往好处变、往前进变。不管他怎么变，始终是围绕着"强国富民"的政治抱负在变，根子上是为了使国家富强，人民幸福。张謇的变是与时俱进的，不管是维新变法、君主立宪还是共和。就像张孝若说的："他总是握紧了两个拳头，抱定了一个主意，认准了一个方向，直视往前走，总想打通了这条路，去造一个新世界。"

再次，张謇是一位开放包容，兼收并蓄的人。张謇秉持"开放主义"，对国外开放，对南通之外的地方也开放；对资金、科技、企业管理等生产要素开放；对外来的文化艺术、思想观念、生活方式等文化元素也开放，全面兼收并蓄；对人才也持开放的态度，在当时中国那么混乱、那么落后贫穷的局面下，历史上的许多中外名人都来过南通，王维国、梁启超、竺可桢、丁文江、陶行知、梅兰芳都到南通和他见过面，探讨过问题。有来自日本、荷兰、英国的七十多名专家在他的公司工作。[1]

重新发现张謇的划时代意义，学界亦有同感。在章开沅先生看来，张謇是一位追求现代化的历史人物，是与当代中国现代化事业相契合的。"张謇没有读过新式学堂，也没有正式出国留学，他的弃旧趋新便是一个相当缓慢的渐进过程。甲午战前，也就是他40岁以前，

---

[1] 罗一民：《政治家张謇》，《同舟共济》，2019年第5期。

基本上是一个具有强烈爱国心的士大夫，完全属于旧营垒。甲午战争以后，也就是他在40岁以后，外来侵略的强烈刺激与西方文化的浸润潜移，促使经世致用的传统学问增添了'实业救国''教育救国'等新内容。他经由官绅队伍跨过企业家群体的门槛，也就是从旧营垒游离出来并且趋向于归属新营垒。由于已经具有'大魁天下'的显赫声名，又经由翁同龢而接近新旧党派斗争的核心，所以真正是'崛起于新旧两界线之中心'，使他的转化产生一般人难与比拟的社会效应，其辐射作用决非仅限于'倾倒东南'而实际上是波及全国。不过这又是一种藕断丝连式的转化，也可以说是新旧相互包容式的转化，在转化过程中缺乏具有足够力度的冲突与决裂。没有刀光剑影的惊险，没有叱咤风云的雄武，然而却是脚踏实地改变着中国社会的根基，其影响甚至在百年以后也可以看见。"[1]

刘学照先生亦指出，张謇是江苏和东南地区上层绅商士人的代表，他从甲午年后走的是一条立足南通、背倚东南、关注全国的救国道路。他思想风格求实、平和，政治历程有进、有退。政治上"退"时，背倚东南，建设南通，不忘全国；政治上"进"时，背倚东南，关注全国，不忘南通。我们议析他庚子年间的"东南意识"，有助于我们加深对他的政治思想和救国道路的认识。庚子年间，他为"救时"，奔忙于南通、江宁和上海间，他在不忘南通的同时，借助东南舆论和东南督抚，"保东南，挽全局"。庚子后，他"退守"一时，专力于南通建设，但仍背倚东南，关心全国。不久，"立宪"声起。这

---

[1] 章开沅:《张謇传》，中华工商联合出版社，2000年，第4页。

时，东南绅商的社会主体思想和参与意识进一步增强。张謇又"进"了。他在不忘南通的同时，仍背倚东南，关心全国。不过，不再是庚子年间的倚重东南督抚，而是充分借重东南的绅商、民心和舆论，推动全国立宪运动和全国局势的发展。就此而言，张謇庚子年间"议保东南"的活动是他清末"倚南""望北"领导立宪运动的一次实验。

张謇还是一位中国早期现代化事业的设计师。政治学者任剑涛指出，"张謇在其人生实践中，是连贯地表现其工商组织才能、国家变革谋划、政治权力操作、社会自治筹划的，这不是多个张謇的不同面相，而是一个张謇的多个面相。各个人生面相，天衣无缝地融合成一个不能分离的真实张謇。无疑，当下对工商业感兴趣或实际操作的人士，关注中国现代工商业兴起的历史，会在张謇那里汲取力量；而关心政治立宪、民主政制发展和变革的人士，则会从张謇那里寻找设计现代政治的灵感，因此专注于张謇的政治理念与实践；至于张謇展现的教育家、慈善家、地方自治领袖等等面相，也可能吸引具有同样人生期待的人士专注模仿。"[1]

此时的张謇已不再是传统的儒生，而是逐渐成为一种现代的工商企业家，其企业家精神取代了儒家的事功与外王之学，成为一代中国士绅企业家的精神基础。"伴随中国近现代的社会转型，到了张謇这一代企业家的出现，已具备了现代性的意义，他们成为变革的主体，真正面对现代社会的法政制度、经贸工商与地方城镇的自主构建问题，而不是传统社会结构的延续和发展。这里有一个本质性的裂变，

---

[1] 任剑涛：《现代建国中的企业家：张謇的典范意义》，《清华大学学报》，2018年第2期。

即古今之变。尽管这个裂变在张謇那里，并没有表现为激进主义的革命，而是表现为改良主义的变革，并与传统有着密切的关系，但毕竟与传统发生了本质性的裂变。"[1]

重新发现张謇，意味着我们能够从张謇身上获取源源不断的改革力量。特别是其身上所表现出的与众不同的四个方面：一是"舍身饲虎"为强国；二是政坛进退皆有为；三是只手打造"第一城"；四是商海驰骋德为先。[2] 实践证明，以张謇精神为源泉的改革力量，对于21世纪初期的南通地方治理现代化，意义是非同寻常的。

改革家张謇的当代价值

作为一位治理现代化的改革家，张謇主持的地方治理实践超前性与可操作性一直影响到当代。张謇是走在时代前面的人，他力推政治、经济、社会、文化、生态等全面治理现代化，有敢于冒险的勇气和对事业的不懈的追求。

首先，张謇的早期现代化模式蕴含创新性理论价值。任剑涛强调，张謇指引了一条中国走向现代国家的道路，并且为现代建国者人格垂范。"这条道路，清晰地展现在谋划中国现代事业的国人面前，不容回避，只能正视：不在新旧之间的中心谋求、获得新旧文化的精髓，将传统与现代的融汇波澜不惊地推向现代一端，中国的现代化就永远是镜中花、水中月。不在展示企业家才能的基础上，致力将工商

---

[1] 高全喜：《再造儒商：张謇的企业家精神》，《文化纵横》，2019年第2期。
[2] 罗一民：《开路先锋：张謇》，江苏人民出版社，2021年，第3页。

事业、立宪民主、现代教育、社会自治、公益慈善与央地关系等等统合起来考量，并表现出勇于冒险、坚忍不拔、致力创新、长袖善舞的人格特征，中国的现代化伟大事业也就缺乏人格载体、宏观思路。"[1] 章开沅先生指出，张謇是在探索着一种地区近代化的模式。他在南通以一个县为单位，进行实业、教育、慈善三个部类的试验，让南通这个县在中国走向近代化的历程中走在前列。

其次，张謇的早期现代化模式具备指导性实践价值。学者马敏指出，中国近代人物中真正提出了比较完备的近代工业化方案的，其实就是张謇和孙中山二人。张謇的近代工业化方案体现在他的"棉铁主义"主张，而孙中山工业化的方案就是他的《实业计划》。一般来讲大家认为张謇的"棉铁主义"比较实在，能够容易操作。张謇根据当时中国的特殊国情探索了中国工业化的道路，提出了棉铁主义。他的棉铁主义实际上有两个关键点，一个关键点就是实业救国。张謇提出的很多主张，包括当时代人提出的很多主张，都是要救国。通过发展工业、壮大经济来救国救亡振兴中华，所以这个就成了中国工业化最迫切的目标。主张因地制宜，从地方起步，他带有明显的一种地方主义的色彩，注重从南通地区性的工业化做起，按部就班、由点到面、由近及远，而且是通过垦牧乡、通海地区、江苏省，这样一步一步稳妥地推行地区的工业化的道路，所以因地制宜的特点是非常明显的。张謇的工业化探索给我们的启示是中国工业化有当务之急与重点发展。张謇的思想是很系统的，但是在不同的阶段又应该有发展的重

---

[1] 任剑涛：《现代建国中的企业家：张謇的典范意义》，《清华大学学报》，2018年第2期。

点，而张謇找的重点是棉与铁，当然更注重棉纺。他认为中国如果要解决白银外流、解决自己的财政困难，发展自己的经济，那就要从最大宗的进口就是棉花、钢铁这些方面着手来生产，发展自己的经济，这个实际上用今天的话讲就是进口替代的战略。

第三，张謇的早期现代化模式彰显开拓性时代意义。从治理现代化的高度来评价张謇，其历史定位不仅是一位中国治理现代化的领导者，更为重要的是一位现代中国治理制度建设的设计师。作为全国性政治家的张謇，罗一民研究指出，从考状元前后的经历到历史大事件中的表现，一直到回乡搞地方自治，张謇的主要抱负在政治，主要经历在政治，主要作为在政治，主要贡献在政治，是一个地地道道的政治家。他和其他政治家的不同点无非在于：其一，他不是直接当官的；其二，他同时兼有企业家、教育家的身份。如果从时间上纵观张謇的一生，会发现他大部分时间都在从事政治活动。

就一般人来说，"南通模式"的影响也就只是在南通。实际上，张謇在南通现代化的试验和探索中取得的成就可以影响全国。经过长达30年、全方位、系统性的早期现代化实验，南通从一个封建闭塞的小城一跃成为当时著名的"模范县"，被外国人誉为"中国的乐土""理想的文化城市"。正如张謇回南通的初衷："以成鄙人建设一新世界雏形立志，以雪中国地方不能自治之耻。"[1]

---

[1]《垦牧公司第一次股东会演说公司成立之历史》，李明勋、尤世玮主编《张謇全集》第4册，第183页。

世界的张謇：中国的"汉密尔顿"

张謇的历史价值不仅是对南通与地方治理而言，还贯穿于整个中国的治理现代化进程之中，当然可以列入世界近现代改革家的行列。如果和美国的独立先驱们做一比较，张謇可以称之为中国的"汉密尔顿"。"作为美国首任财政部长和新政府架构的主要建筑师，汉密尔顿设计了能让一个现代民族国家平稳运转的一整套机制，包括一个预算体系、一个长期债务体系、一个税务体系、一个中央银行、一个海关系统和一支海岸警卫队。凭借这些举措，他为'行政能力'设定了一个极高的标准，至今无人能望其项背。如果说是杰斐逊谱写了美国政治论述的必要华丽诗篇，那么可以说是汉密尔顿拟就了美国的治国术散文。"[1]

汉密尔顿是走在那个时代前面的人，他头脑机智、思维敏捷，具有深刻的观察力和理解力，其思想具有非常强的超前性和创造性特征。有美国学者这样评价他："他在别人抱持着谨慎的观点和暧昧的原则的地方，提出了大胆的计划和明确的政策。当国会正在考虑人民将会说什么时，汉密尔顿却告诫国会议员和人民，他们应当做什么。"[2] 在独立战争期间，当其他人还在思考如何取得战争胜利的时候，汉密尔顿已提出建立一个更加坚固的诸州联盟和强有力的中央政府的问题。这"是一个革命化的概念，它包含了与过去的政治制度实

---

[1] 罗恩·彻诺：《汉密尔顿传》，张向玲等译，浙江大学出版社，2018年，第5—6页。
[2] 塞缪尔·埃利奥特·莫里森等：《美利坚共和国的成长》上卷，南开大学历史系美国史研究室译，天津人民出版社，1980年，第574页。

行更加彻底的决裂。"[1] 美国独立后，汉密尔顿对宪法的发展和完善提出了一系列富有创造性的思想。他最早对司法审查权给予明确而有力的阐述；他最早提出了"暗含权理论"和"宽泛解释论"。这些理论，几乎准确地预见了以后美国历史发展的需要。汉密尔顿还是最早洞察到工业革命深远意义的政治家，主张走"工商立国"之路。[2]

同样地，作为全国性政治家的张謇，不仅有民主政治理念，更重要的是崇尚实干。一切从实际出发，从大局出发。所谓抱定主义，立定脚跟，要创造一个新局面和新事业。孙中山也评论他是干实事的人。张謇无论是在任职民国中央政府的农商总长、全国水利总裁，还是辞去政府职务之后的社会实践，其全部的努力和心血都交付于中国的工商发展和地方自治以及文化教育等社会建设事业。他兴修水利、经营工商、开创教育、倡导慈善，以一人之力高举南通乃至江南半壁河山，其目标并非仅仅是工商贸易和地方发展，这与李鸿章、张之洞之造福于桑梓的意义有着根本性的不同。他终极的目的是要通过地方自治，从根本上重建中国。这条线索，贯穿了他一生的主要成就。

这与今天人们对汉密尔顿的实干家的评价惊人的相似。汉密尔顿是个务实派，"是一位雄心勃勃，目标明确，不避艰辛的实干家"[3]。他的以联邦共和主义为核心的政治思想，以及经济、军事与外交思想都是基于一个极其重大的现实问题——建立强大的美利坚合众国提出

---

[1] Richard B. Morris, ed., *Alexander Hamilton and the Founding of the Nation*, New York, 1957, P72.
[2] 孙凤山：《亚历山大·汉密尔顿联邦共和主义思想研究》，山东师范大学硕士学位论文，2007年，第50页。
[3] 王福春，张学斌：《西方外交思想史》，北京大学出版社，2005，第152页。

的。解决现实问题，是汉密尔顿思想的基本出发点。他在制定政策时，并不刻板地拘泥于某种理论或思想，而是从美国的实际状况出发来决定采取何种政策措施。他的联邦共和主义思想以及构建政府的措施，是基于解决战争时期和邦联时期极度混乱的局面；他的财政经济政策除了立足于整顿独立初期濒临崩溃的财政现实、强化诸州联盟外，更是基于一个世界性的现实问题——欧洲已开始工业革命，"美国必须以英国、法国和其他强国为榜样去促进工业化，才能在世界之林中有立足之地"[1]。他的《关于制造业的报告》突出地体现了他将美国带入工业资本主义的强烈愿望，"第一次预言了美国经济的前途，把美国放到了世界经济体系之中"[2]。他因此似乎成了"18世纪最现代、最具美国性的领袖"[3]。

虽然胡适写道："张季直先生在近代中国史上是一个很伟大的失败的英雄，这是谁都不能否认的。他独立开辟了无数新路，做了三十年的开路先锋，养活了几百万人，造福于一方，而影响及于全国。终于因为他开辟的路子太多，担负的事业过于伟大，他不能不抱着许多未完的志愿而死。"但是著名政治学者牛铭实认为"失败的英雄"这个评价是值得商榷的。没有成功也许意味着失败，但"未完成"却不是失败。"前人未完成的事业在下一代手中完成，不也是成功了吗？今天我们来看，张謇当时做了20多年自治，他的路子是对的。他做了很多开创性、打基础的事。经济发展是不是能造福人民，要

---

1 司美丽：《汉密尔顿传》，中国对外翻译出版公司，1999年，第198页。
2 林达：《如彗星划过夜空》，北京：生活·读书·新知三联书店，2006年，第157页。
3 沃浓·路易·帕灵顿：《美国思想史》，吉林人民出版社，2002年，第268页。

看教育、慈善、卫生、交通、治安等各方面有什么改善。张謇作为开创者没有失败，如果后人无法继续并完成他的事业，那失败的是后人。"[1]

正如人们评价汉密尔顿，虽然他也身为美国独立先驱之一，却始终没能像别的人那样做上美国总统，而且在与其主要政治对手托马斯·杰斐逊的竞争中更是输得惨不忍睹，可孰料在其过世后，他的政治遗产，包括"工业建国之路"和建立一个强有力的中央政府等，却在此后的美国历史中起着越来越显著的作用。甚至一些影响了美国历史进程的总统，如亚伯拉罕·林肯和西奥多·罗斯福，他们所施行的政策就是建立在汉密尔顿的遗产基础上的。如同路易斯·哈克说的那样："如果我们相信人的自由、个人的尊严和个人持异议的权利以及广泛分散的政治权力，我们就得承认杰斐逊的不朽贡献如果我们必须要有稳定的政治制度，在处理国内外关系中要有尊严的政府，要有作为国家进步关键的经济事业的自由，那我们就得承认汉密尔顿的不朽贡献。我们都是杰斐逊者，我们都是汉密尔顿者。"[2]

同样："张謇的政治道路，是失败的、中断的。但他顽强地创造了无数条覆盖于荆棘下的小路，经过百年大潮洗刷之后，这些小路显露出来，密密麻麻连成了一条新的路网，到今天还能供人行走。他做的时候，未必知道哪些能留下来，不过凭借着一颗纯正的初心。家国天下的初心，无论如何变迁，始终不会错。因此，张謇是谁？胡适的

---

[1] 牛铭实：《张謇：一个为救国而经商的状元》，《社区》2009年第6期。
[2] Louis M. Hacker, *Alexander Hamilton in the American tradition*, Westport, CT: Greenwood Press, 1975, p. 6-7.

序，不是结束，只是开始。对一部中国近现代史的研究，一样没有结束，只是开始。"[1]

第二节 中国近代第一城与地方治理

从城市建设的主体来看，南通是第一座由中国人运用先进的规划理念，设计建设的具有现代意蕴的城市，因而被称为"中国近代第一城"。城以人兴，人以城著。从19世纪90年代开始，张謇先生为实现其"建设一新新世界雏形"的救国理想和区域现代化宏伟蓝图，对南通城市进行了全方位的苦心经营。

地方治理现代化的真实典范性

现代化的物质载体与张謇精神的传承。现代化市政建设和管理，必然会促成现代化的观念形成。为什么落后国家、落后地区形成不了现代观念呢？因为没有现代的物质载体。但是张謇在南通建设了一批现代化的载体，奠定了现代化的物质基础。现代化的设施和功能在启迪民智的同时，必然催生民众现代意识的形成。[2] 从这个意义上讲，南通作为中国近代第一城，是张謇近30年治理现代化实践的典范性的真实显现。正如余秋雨所说，张謇是用南通实例向全世界发布了一

---

1 潘岳：《张謇是谁?》，《文化纵横》2018年第6期。
2 罗一民：《张謇：与众不同的企业家》，《江苏社会主义学院学报》2021年第1期。

个南通宣言。"第一城"不仅对南通具有重大意义,也引领和示范了全国的现代化建设。

首先,现代化城市建设是中国近代第一城的物质载体。张謇认为,城市建设是地方自治的一个核心内容,而地方自治又是君主立宪的基础。对于关注地方自治的内容和实现方式的张謇来说,城市建设的统筹规划是他非常重视的。本着道路交通是城市文明发展之根本的指导思想,1904年张謇建设天生港及其码头仓库;1905年修建成江苏省内第一条公路——港闸公路,这条长达10公里的公路从天生港直通唐闸,使两镇的经济迅速崛起,交通运输日益繁忙。在修建港口、码头、公路的同时,张謇没忘了兴修水利,因为南通一带屡有水患,如不加整治对于今后城市建设后患无穷。他请来外籍水利专家共同商讨治水对策,运用科学的方法治水,修筑防洪堤坝。"张謇的城市规划思想,是来自中国传统学术思想,因此具有强烈的系统特征;同时也来自他的各项事业的实践,具有实践性和可操作性;结合了中国传统城市规划和建设理念与当时的先进科学技术与思想;同时,它还包含了很多与当时西方国家先进城市规划思想,甚至当今的城市规划思想和哲学思想的契合点。这些都是张謇城市规划思想的先进之处,也是南通近代城市规划与建设取得卓越成果的原因所在。"[1]

吴良镛院士关于南通"中国近代第一城"的研究表明,张謇创造性地开展城市建设。城市是人们生产生活的载体,古代通州城于958

---

[1] 于海漪:《南通近代城市规划建设》,中国建筑工业出版社,2005年,第123页。

年始建，具有典型的州城格局；明中叶，东西两侧关厢有所发展。张謇在南通兴办实业的同时，创造性地开展城市建设。他将工业区选在城市西郊唐闸，港口区定在长江边的天生港，城市南郊狼山作为花园私宅及风景区，三者与老城相距各约6公里，并建有道路相通，构成了以老城为中心的"一城三镇"的空间格局，城镇相对独立，分工明确，减少污染，各自可以合理发展。这种一城多镇、分片布局的模式极有创意。张謇修马路、建博物馆、建五山公园，不遗余力地开展城市建设，并以一种诗人的情怀经营城市，努力使人民有安居乐业之所。清末，他在城区修建城市公园，1918年扩展为东、南、西、中五所小型公园，谓为"五山以北五公园，五五相峙"；"一邑之中一大苑，一一珍藏"；1914年还在唐闸工业区兴建公园。他对城市旧城进行合理的扩建，在主城区南门外与桃坞路建设公共行政设施和商业金融、娱乐休闲、餐饮旅馆等服务业，在濠河畔兴建学校、博物苑、图书馆等文教事业，在新区开拓城市新的发展空间，活跃市容，并重视城市景观的创造。

其次，现代化事业建设是中国近代第一城的发展目标。近代南通的现代化事业建设涵盖了生产、生活、工业、农业、文化、教育等诸方面内容，张謇按照"父教育、母实业"的思想，在发展生产、改进交通、发展农垦、兴修水利、创新文化、兴办教育的前提下，逐步进行现代化事业建设，从而为城市发展提供了有力的支撑。例如，在城市文化现代化建设中，他比较自觉地将城市文化作为城市发展中的重要内容，建立了中国第一所戏剧学校——"南通伶工学社"与近代剧场"更俗剧场"，邀请梅兰芳等著名京剧艺术家来南通演出，聘请欧阳予倩任主任、主持校办；为纪念梅兰芳、欧阳予倩等在南通的戏剧活动，建立"梅欧阁"等。此外，1910 年，张謇在南京南洋劝业会结识沈寿；1913 年，为发展女子教育、提倡工艺美术，于 1914 年成立刺绣学校一女工传习所，由沈寿任所长；7 年后创建南通绣织局，邀请沈寿担任局长；后来在上海及纽约设分局，发扬艺术、振兴实业，并协助沈寿撰写《雪宧绣谱》。

有研究者评论称，张謇以一种诗人情怀经营南通，率先创办了符合当时政府学制标准的中国第一所师范学校、中国第一所纺织高校、中国第一所戏剧学校，由中国人自己创办的第一所博物苑，以及气象台、养老院、育婴堂，使南通不仅是聚居的场所、生产的基地，更是一个文化繁荣的地方。

最后，地方自治是中国近代第一城的制度创新。通过张謇一系列的努力，南通形成了以工业革命推动城市化，又以城镇自治推动城镇现代化建设的格局，地方自治取得了显著成效。南通以全新的近代城市面貌出现在世人面前，并得到社会的广泛承认。1915 年，别开生面的南通城市模式，使南通成为当时全国 1700 多个县中的"模范县"。正如章开沅先生研究指出："像中国这么大的国家，要想走向近代化、现代化，由于各个地区的情况都很不相同，就应该容许地方根据自己的实际情况，获得自己相对的抉择性，让地方有更大的自主权。张謇当年就是这样设想的，而且也是这样做的。中央主要是给宏观指导，给政策；地方，特别是县一级的地方，应该实行地方自治。他这样做了，而且取得了一定的成效。……而张謇所提出的以县一级从事地方自治的模式，到今天为止，跟我们的思路还有某些相通的地方。"[1]

地方治理现代化的理念进步性

在吴良镛院士看来,张謇非常重视区域整体协调发展观念。张謇的发展南通的思想不仅基于城市观念,而是谋求城、镇、乡地区的整体协调发展,具有区域发展的思想。拟议中的通、泰、盐经济区和开发吴淞的计划,比今天苏锡常经济区要早半个多世纪。垦牧公司之创建饶有意义,不能仅仅认为是水利之兴修与土地之改造,实际还在为现代农村建设找出路。他认为"生人要素为衣食住,衣食住之原在农……"且看他在垦牧公司第一次股东会演说公司成立之历史,提到农村人居环境建设的成绩:"各堤之内,栖人有屋,待人有屋,待客有堂,储屋有仓,种蔬有圃,佃有庐舍,商有市,行有徐梁,若成小世界矣,而十年前以前,地或并草人亦鸡栖蜷息。"

一方面,张謇思想中的规划与建设是广义的规划建设观。在宏观上,包括从城市到区域发展、实业建设、文化建设。从国家博物院的建议到南通博物苑的建设,关心研究它所涉及的方方面面;在微观上,他很重视建筑保存古迹并关心工艺美术请工艺家名人到南通平民工厂传授徒弟,对园林植物有着特殊的个人兴趣……但是他的着眼点更在国计民生,改善环境,发展地区,实现社会理想,用以推进"整体的社会改良。""在张謇城市规划思想指导下的南通近代城市建设不

---

[1] 章开沅:《张謇与近代化模式》,《民国档案与民国史学术讨论会论文集》,档案出版社,1988年,第792—795页。

同于一般近代城市，它不仅是一个单独城市的发展与建设，而是整个通海地区的区域规划；就通州城的建设，也脱开了旧城的局限，而构筑出一城三镇的城市格局；同时，它也不局限于物质规划的层面，它是整个城市各方面统筹的社会规划的典范。通过近代城市建设，南通在城市规模和社会发展方面都有了显著的变化。"[1]

另一方面，张謇的规划设计与方案是实践探索的经验成果。后人认为："另辟一条新路，完全从他的机警、创造性和智慧得来得。""先生成功的要素，是纯洁、创造性、远见和毅力……"正因为张謇先生作为整体的社会改良家，他的许多志愿难于一时完成，他是失败的伟大人物，世界上有多少理想家、实践家，何尝不是这样呢？但是无论如何张謇能将许多志愿凝聚于一地、结晶在南通，从城市建设来说他是成功的，他是近代南通的奠基者，"南通模式"的创造者，中国城市建设道路的探求者，近代的南通就是他的丰碑，今天还屹立在那儿。[2]

南通城市规划和建设与西方近代先进规划理念几乎同步，而在国内呢？清朝末年，中国近代工业的发展带动了城市建设，开埠较早的上海，英、法、日等国设立的租界，其市政设计与建设引进了先进的近代技术，各租界各具特色，但由于没有形成一个整体的城市格局，不可能对城市功能分区作规划。同样的天津、青岛、大连其规划建设也只局限于租界内。而武汉、唐山等近代化程度较早的城市，工业建设、交通建设在全国领先一步，却没有南通这样全面规划、整体建

---

1 于海漪：《南通近代城市规划建设》，第110页。
2 吴良镛：《张謇与南通"中国近代第一城"》，《清华大学学报》2003年第6期。

设。直至 1927 年上海市政府才提出"大上海计划",明确提出港口计划和全市功能分区规划等,20 世纪 30 年代"国民党政府对南京、上海、重庆、无锡作过比较系统的城市规划"。"整体、全面的城市规划建设才逐渐在全国展开。南通在当时缺乏近代规划理念、经费拮据的情况下,能系统地、集步推进,并且在不长的时间内形成体系和规模,这在中国的城市规划史和城市建设史上,实为最先进的开创之举。"[1]

经过 20 多年南通城市建设的实践,张謇"城乡一体、工农互动、文化催生、区域协调"的城市建设理念已全面形成。这是个全方位的建城思路。张謇建设南通城的理念并不仅局限于南通城区,还力求城、镇、乡地区整体协调发展,将一个城市的发展扩展到一个区域,起到带动通(州)、泰(州)、盐(城)经济共同发展的目的。当时如皋县的沙元炳、金沙镇的孙儆、盐城的凌钊智在张謇的影响下,都致力于振兴本地实业与教育的事业,卫星城镇的作用日趋显现。

地方治理现代化的文化软实力

关于城市历史文化软实力的力量,文化学者余秋雨的观察更加透彻。2009 年 12 月,余秋雨到访南通,发表题为《城市美学与城市发展》的演讲。他特别提及张謇布局的"一城三镇",他把张謇与英国田园学派霍华德先生相比,"城乡的组成状态所造成的美学,那是当代世界最高美学中的最高形态",张謇先生用现代城市观念建设了一个新南

---

[1] 何晓宁、卢建汶:《南通在中国近代史上的地位》,《江苏地方志》2008 年第 4 期。

通；他说起在那个年代张謇创造的南通发展"黄金期",黄金时代的特点是"百脉俱开、路路皆通"。从长安讲到汴梁,再讲到临安和上海,余秋雨说:"张謇所做的事情是,他找到了南通这个支点,他要撬动中国的现代文明。"在余秋雨看来,张謇研究新的坐标应放到中华文化岌岌可危那个可怕的背景之下,放到公共空间对中华文化的重大补充和矫正之上。"张謇中状元时41岁,已经感受到大量与科举制度全然背道的历史信息。他实在不错,绝不做'状元'名号的殉葬品,站在万人羡慕的顶端上极目瞭望,他看到了大海的湛蓝。只有在南通,在狼山,才望得到木海。只有在长江边上,才能构成对大海的渴念。面壁数十载的双眼已经有点昏花,但作为一个纯正的文人,他毕竟看到了世纪的暖风在远处吹拂,新时代的文明五光十色,强胜弱灭。"[1]

2003年9月23日,大型画册《中国近代第一城》首发仪式在南通举行。时任市委书记罗一民撰文《弘扬先贤伟业,续写时代辉煌——全面打造"中国近代第一城"崭新形象》,并为画册作序。国家文物局于同年7月10日批准南通博物苑规划设计,吴良镛院士应邀参加2004年5月举行的博物苑新展馆奠基仪式,随后第二次展开对南通历史文化的深入考察。2005年9月,南通举行南通博物苑一百年暨中国博物馆事业发展百年庆典活动。建设"环濠河文博馆群",宣传"文博之乡"城市文化品牌,顺利获批"国家历史文化名城"。这些成绩的取得都与中国近代第一城的历史文化的定位有相当紧密的关系。南通现在拥有的"中国近代第一城"这张独特的文化名片,是

---

[1] 张忠礼、余潜主编:《余秋雨散文赏析》,上海中医药大学出版社,2002年,第347页。

南通文化与精神的深度展现和解读,是南通不可多得的文化财富和文化品牌。

在主政者看来,"中国近代第一城"的理念,可以大大提升南通人的历史自豪感和责任感,提高南通建设、发展的定位和目标。"一百多年前,我们的先人曾开风气之先,创近代辉煌;那么一百多年后,我们更应该有高标准的定位和高目标的追求,续写新的辉煌。现在南通虽不可能成为现代第一城,但我们有信心使之跻身第一流的城市行列。同时可以从先贤们依然闪烁着时代魅力的独创性智慧中汲取丰富养料,更加集中、鲜明、准确地塑造城市形象。"[1]

这种文化软实力的力量其实在百年前已经有预言者。当时在中国富有影响力的上海《密勒氏评论报》,主编裴德生在实地探访南通后,于1921年3月26日发表的题为《张謇:中国的城市建造师》文章中说:"通过南通这个模范城市的建造,张謇为中国未来的工业化树立了里程碑,孤立于那些受外国影响的城市之外,没有铁路带来的便捷,也没有走商业发展的寻常路线。南通成为张謇与其同僚和亲属(包括其子张孝若与其兄张詧)行政才能、视野与组织能力的不朽作品。"

当然限于历史条件和客观基础,作为"中国近代第一城"的近代南通与现代南通当然不可同日而语,但当时许多的建设理念放之今日仍有其合理的内核,当时许多的历史遗存有的至今仍在发挥着作用,有的依然凝结、延续着曾经的辉煌,传递着历史的回响。挖掘、传承好这些合理的思想内核,保护、利用好历史遗存,有利于当代南通进

---

[1] 罗一民:《打造"中国近代第一城"》,《群众》2003年第3期。

一步理清城市发展的思路，增添城市的历史传承内涵，并在传承的基础上更好地加以创新，塑造融近代辉煌与现代文明于一体、优雅而独特的精品城市形象。

第三节　政治传统与地方治理现代化

张謇精神能够在近代南通落地生花，在很大程度上改变了南通民众的思想观念，也是与地方治理与地方政治建设有很大关系。张謇办了那么多学校和公共设施，教化功能更为直接和明显。他一方面给予民众以新知识、新思想、新观念，一方面又培养具有新时代素养的新人。南通走出了一大批科学家和方方面面杰出的人才，追根溯源都和当时的基础和源头分不开。在这种情况下，南通必然在全国率先除旧布新，移风易俗，领风气之先，形成新的城市精神。所以，蔡元培写的对联说道："为地方兴教育诸业，继起有人，岂惟孝子慈孙，尤属望南通后进；以文学名光宣两期，日记若在，用裨征文考献，当不让常熟遗篇。"

建设现代国家的治理现代化传统

"他探索的乃是现代中国的社会建设之道，属于宪制中国的题中之义。因为，一个现代的中国，不仅仅是政治层面的，而且是经济社会层面的，真正健康的现代宪制国家有赖于一个完备良治的工商社会,工商经济与宪制国家是现代中国的车之双轮、鸟之双翼,彼此都不可或缺;同样,地方自治、市镇建设也是一个现代国家的根基,没有一种宪法上的地方自治的制度支撑,现代的共和国也就成为无源之水,探索中央与地方之间的关系,构建一个地方自治的制度样本,这才是张謇致力于南通建设的宪制主旨和未来方向。从上述意义上看,张謇的毕生实践,无疑具有制宪建国的价值与意义,也正是在这个现代国家构建的视野之下,我们才能真正理解张謇作为杰出的实业家、中国现代工商经济的开拓者、教育家、社会活动家的本质属性,即复数的立国者的宪法属性。"[1]

需要确认,张謇是一个虽败犹荣的建国企业家之先行者。"虽败",既是对他举办企业以失败告终的事实认定,也是指他吁求的立宪民主国家归于失败的事实结局,更是指他竭心尽力从事地方自治最终消散、无果而终,亦是指他的慈善事业并未解决中国的社会问题之不易史实。从结果上看,张謇涉足的事务都未成正果。"张謇之作为建国企业家的才具,自然不是每个人所能模仿的。但这并不排除人们离析出那些自己感兴趣的人格特质,并将之作为自己效仿的对象。这样的离析,起码浮现出两个方向,引导人们从张謇的人生实践和现代国家设计中分别挖掘'趋新'或'恋旧'的人格结构因素。在 1980年代所谓儒家文化圈'四小龙'崛起的叙事中,儒商的命题,就可以在张謇那里找到支持根据。"[2]

正如张朋园先生所言,张謇在求变的社会里,是保守中的进步

---

[1] 高全喜:《再造儒商:张謇的企业家精神》,《文化纵横》,2019 年第 2 期。
[2] 任剑涛:《现代建国中的企业家:张謇的典范意义》,《清华大学学报》,2018 年第 2 期。

者，所以他的思想不断有所改进。但他的出身背景和士大夫意识，又使他在进步中不忘保守。不过，"恰恰是因为张謇身上这种保守的立宪改良主义，更为恰切地体现了中国政治古今之大变局中的内在本质。所以，他曾经反对暴力革命，积极推动清廷预备立宪，参与谘议局、资政院和责任内阁的建设，一旦革命成为事实，且符合民意，他又能像梁启超那样与时俱进，拥护共和，推动南北和议，但革命党人的激进主义，又使他倍感警惕，致使他鼓动袁世凯折冲革命政权，优待清帝逊位，在'共和立宪国体'之基础上，促进南北和谈、清帝逊位，与各派势力妥协团结，共同构建中华民国。上述种种，并非士绅立宪派的政治投机，而恰恰相反，它们才是体现了中国政治转型的真精神。"[1]

"开放主义"与现代治理战略格局

张謇认为振兴中国实业需要借助外力，主张实行"开放主义"，即通过引进和利用国外先进技术、人才、资金，达到振兴民族实业、强国御敌之目的。这种思想无疑奠定了一种全方位开放的治理格局。正如他自己所言："一个人办一县事，要有一省的眼光；办省事，要有一国之眼光；办一国事要，有世界的眼光。"张謇认识到近代中国已无法闭关自守，提出"世界经济之潮流喷涌而至，同则存，独则亡，通则胜，塞则败"，成为当时具有现代商业精神的领袖人物。

在现代治理战略格局的定位上，这种"开放主义"不仅表现在技

---

[1] 高全喜：《再造儒商：张謇的企业家精神》，《文化纵横》，2019年第2期。

术、人才、资金的引进，更重要的是一种学习与借鉴外来先进思想的宽广心胸。"他秉持'开放主义'，对国外开放，对南通之外的地方也开放；对资金、科技、企业管理等生产要素开放；对外来的文化艺术、思想观念、生活方式等文化元素也开放，全面兼收并蓄；对人才也持开放的态度。"[1]

首先是引进先进技术。张謇兴办实业时，中国的近代工业还刚刚开始，机器设备均购自国外。如大生纱厂采用的发动机大引擎、清花机、钢丝梳花机、纺纱机、打包车等均属英国制造，后来采用的自动布机购自日本；广生油厂采用的榨油机来自美、英两国；通遂火柴公司的生产机器也是向日、德订购的。张謇认为，振兴中国实业固然要购置外国机器设备，但更重要的是把外国的先进技术和管理经验学到手，以避免低层次重复别人已做过的探索。为学习国外的技术和管理经验，他亲自出国进行实地考察、学习。如张謇在初办通海垦牧公司时，获悉日本北海道许士泰富有精励垦荒万余顷的经验，便东渡日本，虚心学习许士泰变荒地为良田的技术和坚韧不拔的精神。这对他后来经营通海、新南、华成、新通等垦牧公司产生了重要作用，使开垦规模远远超过了日本许士泰。

其次是促进人才开放。有研究者总结认为，张謇强调人才要开放，以开放的方式培养人才、选拔人才，包括派员出国专门学习、多派懂外语、有才识之士外出参观，"并分遣多员，率领工匠赴西洋各大厂学习"。对于出国留学人员，要有专业分工，"委员以求其法通其

---

[1] 罗一民：《开路先锋：张謇》，江苏人民出版社，2021年，第134页。

精者，工匠以习其艺得其粗者"。同时，还要利用一切可能的机会，直接聘请西方的管理人才和技术人才。在他的主持下，大生集团先后聘请了多位外国技术人才，如机器安装专家英国人汤姆斯、忒特、冯特，水利专家荷兰人特来克、奈格，瑞典人施美德，勘探专家法国人梭尔格、瑞典人安特森等。[1] 张謇对所聘人才，不仅给予高薪，有的还特地为之建洋楼，更重要的是在工作上委以重任。

再次是利用外国资本。张謇认为，"中国资力不足，外国人有资力，又有技术"，应当"合并而用之"。他撰写了《筹划利用外资振兴实业办法》，拟订出借款、合资、代办等利用外资的三种具体方式，并就这三种形式所适宜的企业类型、其利弊及应注意事项作了分析。关于借款，他在任农工商总长、盐政总理、全国水利总裁等职的短期内，曾多次同外国银行财团商谈借款事宜，以"吸收外国之金钱"；合资，在张謇看来，也是一种"利用外资最普遍的方法"，并指出这尤其适用于"凡利害参半之事业用之，盖有利与外人相共，亏损亦然"。即凡是属于利害参半有一定风险的企业可以采用这种方式；至于"代办"，则是指由外商来承建某些企业，以企业的产品抵偿外商所投资本，在若干年后届期，企业则归中方所有。虽然从张謇一生的实践来看，他在利用外资方面见效甚微，但他利用外资振兴实业的主张应该说是颇有见地的，至今仍有可借鉴之处。[2]

最后是面向世界的开放思想。马敏先生认为这点非常难能可贵。

---

[1] 王敦琴主编《张謇研究精讲》，苏州大学出版社，2013年，第92—94页。
[2] 胡际春：《张謇的创新精神及其对当代南通工业的借鉴意义》，《南通工学院学报》2004年第1期。

张謇主张以多种形式来引进外资发展中国的实业，提出了一些非常具体的主张，包括多种引进外资的形式，包括独资经营、合资经营、借款、代办等等，当然他也提出在利用外资的时候也要注意自己主权的问题，使条约正当、权限分明。张謇的开放主张是与他的经济大同主张一致的，主张利用外资发展中国实业源于他指望通过国际合作或者与世界共经济来开发中国的富源这样的良好的愿望。提出"同则成、独则亡、通则胜、塞则败"，是看到了世界经济的发展本身是一个整体。张謇认为就实业论，有不得不趋向大同之势，所以我们要积极地谋求世界范围内的经济互助，利用外资达到与世界共经济的目的。张謇100多年前就提出了经济开放的主张，到今天仍然是非常有意义的，也是难能可贵的。

"开放主义"的战略格局不仅体现在经济与社会治理事务中，政治改革同样如此。有研究表明，庚子事变之后，清王朝开始痛定思痛，立意搞变法改制，称之为晚清新政。当时积极参与新政并为之出谋划策的主要是朝臣大员、封疆大吏等一批具有变法思想的权贵，集中体现便是张之洞、刘坤一联署上奏的《江楚会奏变法三折》。"这批朝臣大员是新政的主力干将，那些第一波的士绅立宪派，还只是作为辅助性的半幕僚身份提供具体的规划。尽管这批人士还没有形成完备的立宪主张，也不担任行政高官，但他们的思想观念已经非常开放，也不再是张之洞、刘坤一这批封疆大吏的传统幕僚，已经具有了相对独立的政治意识。所以，晚清新政的很多具体方案实际上是这批早期士绅立宪派提供的，由此才使得新政具有变法改制的现代意义。"[1]

---

[1] 高全喜：《再造儒商：张謇的企业家精神》，《文化纵横》，2019年第2期。

张謇的历史价值与汉密尔顿的历史定位也是非常相似的。正如在研究者指出，多年后，当美国人开始认真回顾自己走过的道路，重新审视当时有关国家经济发展的讨论时，他们发现，对美利坚合众国的制度建设来说，费城制宪会议以后的十年是最关键的十年。如果说费城会议的贡献在于为美国制定了一部新宪法，重塑了美国的政治体制的话，那么这十年则塑造了美国财政经济体制的框架，将美国引入了一条新的经济发展道路。对此，汉密尔顿所作的贡献是怎么样赞扬都不过分的。是他在美国独立后短短的几年里，就使美国迅速恢复了公共信用，扭转了趋向崩溃的财政经济状况，并建立了一整套的经济制度，为美国搭起了经济发展的舞台，打下了100年后世界一流经济强国的制度基础。[1]

因此，重新定位张謇，对于21世纪上半叶中国的治理现代化而言，无疑是一种治理现代化近代本土资源的再发现，具有丰富的时代意义与历史价值。

第四节 地方治理现代化传统的当代传承

进入改革开放的现代化新阶段，如何继承张謇与地方治理现代化的近代传统，寻求地方治理现代化的重启按钮，主政者很快发现城市精神的功效与重要性。城市精神的功用是改变某个地方落后的政治文

---

[1] 马林海：《汉密尔顿政治思想研究》，华东师大硕士学位论文，2006年，第67页。

化生态，为政治现代化发展提供强有力的文化动力与认同力量。城市精神在当代南通的实践，"最难能可贵的是精神面貌的变化。南通人现在更加包容了，更加开放了，心胸和视野也更加开阔了，对外来的生产要素，包括企业、资金、技术、人才，更愿意接纳了；对外来的文化元素，包括思想观念、生活方式更加接受了，南通人更敢想敢干了，敢干别人没干过的事，敢走别人没走过的路。人际关系也更为融洽。"[1]

政治文化是一个民族在其特殊的历史发展进程中逐步形成的。作为一种观念形式，它一旦形成，便能以一种无形的力量对人们的政治生活产生巨大的心理和精神支配作用。民主政治的发展与完善离不开政治参与，政治参与的发展与完善离不开特定的政治文化的支撑。

张謇精神与改革开放时代

张謇的历史价值，不仅具有研究与借鉴的意义，而且对改革开放的大时代来说，更是一种面向普通民众的精神坐标。历史学家姜义华先生认为，张謇有着世界的视野和宏大的理想，但始终脚踏实地，从实际出发，从一件一件实事做起，从大处着眼，从小处着手，表现出科学精神与人文精神相砥相长、个体化精神与整体化精神相砥相长、戡天役物精神和与自然谐适的精神相砥相长、世界化精神与本土化精神相砥相长的特征。

时代的变革离不开张謇精神，从近代到现代，张謇精神是一种变

---

[1] 罗一民：《开路先锋：张謇》，第137页。

革的精神、创新的精神、创业的精神、开明的精神、包容的精神、开放的精神。张謇不仅是南通实业之父、教育之父、城市之父,也是南通精神之父,是他一手孕育了近代南通精神。罗一民评论说:"我们要更深刻地理解和继承张謇先生的爱国主义思想精髓,更深刻地感悟和弘扬张謇先生身上所体现出的敢为人先的创新精神、百折不挠的坚强意志、泽被乡里的爱民情怀和脚踏实地务实风范。"

首先是除旧布新,变革图强。在新旧时代转换的时候,旧势力错综复杂,张謇能带头转型,精神难能可贵。张孝若说:"父亲的思想事业很有创立的精神,看事常看早10年,做事必须进一步,思想要有时代性,实业要应着世界潮流,没有顽腐的成见。"其次是文明和谐,尊法守信。张謇对股东、对职工都很好,他让股东得到利益、职工得到好处。他对社会上的孤寡老人、弱势群体、扶贫对象更好。他号召要以法为本,忠实不欺。他认为,大家都要自觉守法,这是社会的根本和灵魂。再次是坚苦自立,奋发进取。他在各种经济和政治活动当中都强调这一点,希望大家能够艰苦奋斗,与时俱进,各尽所能,奋发图强,不断进取。

科学与人文主义同样是张謇精神的内核。吴良镛院士认为,张謇比较自觉地将城市文化、古代光辉的社会与伦理思想作为城市发展中重要导则,其中国文化、东方哲学思想与方法论的底蕴随处可见。例如:他为公司取名"大生""阜生""资生""颐生"等,就意在《易经》"天地大德之日生",张謇自己解释为"一切政治及学问最低的期望要使得大多数的老百姓都能得到最低水平线之上之生活";对于南通地区的发展源于《史记》"一年成聚,二年成邑,三年成都"的思想；他对公园情有独钟，"公园者，人情之圃，实业之华，而教育之圭表也"，等等，都闪现了传统文化思想的光芒。因此，南通不仅是聚居的场所、生产的基地，更是一个文化繁荣的场所。这与今天城市所追求的"宜人的人居环境"的创造，在理念、理想、理论上的原则相一致。

从这个意义上讲，张謇精神的现代改革价值，对 20 世纪中国来说，其实是非常弥足珍贵的。从政治思想谱系来说，张謇不是迷恋传统的文化保守主义者，而是更为接近柏克式的现代保守主义。保守不仅仅是一个态度上的保守，保守主义是有特定含义的一套观念系统与政治哲学。保守主义的重要性在于，它帮助人类获得自由、守住自由，并使自由不断扩展。保守主义主张保守自由、保守自由的传统。保守主义既不是不分青红皂白的守旧者，也不是目空一切的假自由主义者。作为现代保守主义，则是以一种自觉以审慎的政治态度、理论立场和行动方式抵抗、拒斥与消解激进主张的态度立场，其内涵底色为崇尚自由与渐进式变革，推动中国传统文明与人类制度文明的融合。

城市精神与改革共识的形成

众所周知，城市精神在本质上是一个城市的自我文化认同，对内起到凝聚团结的作用，对外有着形象标识的功能。一方面让市民认同自己所在城市，以自己是这个城市的成员而骄傲，把城市精神作为其"我是谁"的重要规定；另一方面，在中国乃至世界的城市之林中，城市精神应该能使城市清晰地获得自我认同，始终知道"我是谁"。

任何自我认同都是与"他者"互动获得的，城市也是如此。[1] "长期生活在封闭的计划经济体制下形成的思维方式、精神枷锁和生活习惯，与今天时代的要求极不适应。南通人的全面发展，最根本的所在是要更新观念，要有与时俱进的品质，注重南通人精神重塑，在重视从地方历史的人文资源中吸取养分的同时，进一步焕发南通人的时代精神，紧随时代前进的步伐，实现南通经济发展、社会全面进步与南通人全面发展的有机结合和统一。"[2]

张謇不仅是南通实业之父、教育之父、城市之父，也是南通精神之父，是他一手孕育了近代南通精神。张謇孕育了了不起的南通精神，那么南通精神在当代又是如何继承和弘扬的呢？在罗一民看来，当代南通城市精神的提炼产生主要是遵循三个原则。一是传承历史。要看看南通历史上到底有什么，不能凭空想象。看看远古历史，即南通的海洋文化与移民性格；看看近代历史，张謇精神文化的传承。南通很早就被评为全国历史文化名城，很多人不理解，觉得南通除了张謇没别的。我觉得，恰恰就是因为近代出了个张謇。评选出的200多座历史文化名城都是因为远古时期的历史，唯独南通一个城市是因为近代历史。这也是特别之处。二是观照现实。在近代南通精神的基础上，南通人在当代也进行了创造性的实践，形成了优秀的品格、精神和作风。同时也要关照到南通自身存在的不足。由于南通三面环水、交通不便等方面的限制及其本身的文化特点，南通人有时闭塞、胆小、格局不高，加之移民很多，互相戒备，容易产生"内耗"等问

---

[1] 沈湘平：《当代城市精神如何塑造?》，《成都日报》2017年8月10日。
[2] 周振新：《南通人的精神重塑和全面发展追求》，《南通师范学院学报》，2003年第1期。

题。三是引领未来。定了城市精神以后，不仅是现在管用，将来也要管用。要引领未来，推动未来，符合未来城市发展的需要，发挥城市精神的坐标、导向作用，发挥对城市未来发展的精神动力及支撑作用。通过对这种城市精神的弘扬，提升城市品位，塑造一个凝心聚力、政通人和的和谐南通。

从 2005 年 5 月开始，南通在宣传打造"中国近代第一城"的基础上，历时 8 个月，组织了"南通精神"大讨论，成为改革开放以来参与人数最多、讨论最热烈的群众性主题教育，最后提炼总结出"包容会通，敢为人先"的城市精神。"包容会通"是指胸怀宽广、包容万物、兼收并蓄、融会贯通。确定了这八个字以后，一切工作的开展都以之为旗帜、为引导。"敢为人先"，就是敢于突破传统、超越自我，敢于走前人没有走过的路，做前人没有做过的事，体现了勇立时代潮头、引领时代风骚、善开风气之先、敢于争创一流的进取魄力，这也正是新一轮解放思想所提倡的。以城市精神来衡量做事的成败，做到了就给予表扬和鼓励，没做到的继续鞭策和努力。事实证明，这样做确实起到了很大的作用。精神的力量、文化的作用是无穷的。通过对南通精神的弘扬和倡导，南通人在方方面面都发生了巨大的变化。

"包容会通，敢为人先"的南通精神，也是一种改革共识。城市精神与改革共识的影响是不言而喻的。规划设计大师、两院院士吴良镛经过研究后，认为南通堪称"中国近代第一城"。这一判断，显著提升了城市的独特历史地位和影响力，极大激发了民众的自豪感和自信心，以及建设美好城市的愿望。在此基础上，形成"依托江海、崛起苏中、融入苏南、接轨上海、走向世界、全面小康"城市发展大战略，积极构建沪苏通"小金三角"区域一体化。"我们倡导构建沪苏通'小金三角'，就是要依托沪、苏、通三市区域相连的地缘关系，强化发展上的深度融合之势，把沪苏通区域整体打造成为长三角地区经济最发达、城市功能最完备、一体化程度最高、集聚辐射能力最强的新型城市组团。"南通最终建成上海北翼、江苏江海交汇处的现代化港口城市、长三角北翼的经济中心，成为承接上海和苏南、辐射、联动苏中、带动苏北的重要交通节点，为南通构筑走向世界的最便捷的通道。

"包容会通"与地方治理

南通通江达海，早先就是各地迁徙而来、居民多来源的移民城市，由多地不同文化融合形成了多元共存的区域文化格局。新时代是多元文化共存共荣的时代，更是聚四海之气、借八方之力求共同发展的时代。在近代中国，南通是中国民族工业的发祥地之一，张謇创办的大生集团是当时创办最早、规模最大的中国民营企业，南通是"近代中国民营经济的发祥地"。在当代经济治理领域，南通民营经济的再次腾飞更是一个生动的事例。20世纪90年代中期，南通在江苏率先进行大规模国有、集体经济产权制度改革，为民营经济高起点参与市场竞争提供了条件，催生了一批新办、领办民营企业。

21世纪初，南通在江苏全省率先确立民营经济主流经济的地位，鼓励、支持和引导民营经济的发展，出台《关于争创江苏民营经济第一大市的若干意见》。[1] 在当年的主政者看来，着重致力于三个方面：一是扶持的政策力求最宽。要坚决清除对民营经济的一切歧视性规定，全面放宽民资的经营领域，做到凡是法律法规没有明令禁止的行业和领域，彻底向民营企业开放，积极创造条件推动民营资本进入基础设施、公用事业及其他行业和领域。同时，及时把外地最新的政策变成我们的政策，真正使南通成为民资投入的热土、民营企业家创业的乐园。二是提供的服务力求最优。进一步完善服务体系，采取多种方式积极为民营经济发展提供全方位的服务，最大限度地拓展服务领域；对民营企业办理的各种手续，能办的立即办，暂不能办的创造条件加快办，最大限度地提高服务效率；大力清理部门收费项目，规范行政，公正执法，最大限度地降低服务收费；着力突破生产要素的"瓶颈"，帮助民营企业解决融资难、征地难、引才难的"三难"问题，切实做到想民营所想，急民营所急，最大限度地提高服务质量。三是创业的主体力求最多。加快培育一支阵容最为壮观的创业大军，努力形成千军万马闯市场、铺天盖地创大业的生动局面。在培育一批称雄国内外的民营企业集团军上实现新突破，支持民营企业通过兼并重组、改制上市、技术创新、开拓市场迅速扩大规模，吸引、鼓励市内外民营企业主在南通上大项目、发展大企业，加快打造一批顶天立地、具有核心竞争力的民营经济"航空母舰"。[2]

2016年12月，南通发布的《关于促进民营经济高质量发展的若

---

[1] 王虎：《南通民营经济发展报告（2019—2020）》，中华工商联合出版社，2020年版，第212页。
[2] 罗一民：《强攻改革谋发展》，《群众》2003年第12期。

干政策措施》明确要求，市、县两级设立民营企业服务中心，建设运行"政企通"服务平台，为企业提供政策信息、办事指引、供需对接、风险预警等综合服务，帮助协调解决企业运行中的困难；推动工程建设项目和政府采购"不见面开标"市县全覆盖；根据企业申请，新增产业项目类工业用地可缩短出让年限，降低企业首次取得土地成本，到期后按规定续期；"小升规""个转企"企业办理不动产权更名时免征契税，对小微企业（含个体工商户）免收不动产登记费；推动"互联网＋先进制造业"融合发展，对当年投入超过1000万元的智能化先进技术改造项目按设备投入的10％补助，购置本地企业生产的智能装备产品超过50％的按设备投入的15％补助，以设备到场日为准，单个项目最高补助额不超过2000万元。这一系列结合南通民营企业发展情况的具体举措，将为南通民营企业高质量发展注入新动力。

这种地方经济治理模式的变革，正是包容会通精神的最佳体现。进入21世纪后，面对南通民营经济发展与苏南地区的差距，要实现南通发展成为江苏民营经济第一大市的要求，当时许多人认为是不可能的。但是改革者坚持解放思想，只有以"第一"的思想认识，才可能有"第一"的目标定位，将思想解放与创新，作为推动南通争创全省民营经济第一大市的法宝与动力。

社会主义市场经济是市场机制调节为主、政府宏观调控为辅、劳动人民自我创业致富、不断走向共同富裕的经济。当前南通解放思想的重要课题是如何充分调动广大群众创业致富的积极性，投身到建设全省民营经济第一大市的伟大实践之中。我们将想方设法调动一切积极因素，利用一切可以利用的资源，汇聚一切积极的力量，让一切有利于富民强市的新思想充分活跃起来，让一切有志于创新创业的社会成员充分活跃起来，牢固确立民营经济在南通经济发展中的主流地位，在实现"两个率先"目标中的主力地位。

政治建设的"敢为人先"

敢为人先才能大有作为，张謇无疑是近代中国历史人物中敢为人先的楷模，在政治建设领域，创造了近代中国地方自治的特色之路。

当代南通政治建设的"敢为人先"，主要体现在政府职能的深刻转变。政府管理水平的高低、管理能力的强弱，将越来越成为影响一个地区综合实力和国际竞争力的决定性因素，必须加强自身建设，加快向"创新、规范、高效、廉洁"的现代型政府目标迈进。

首先，在21世纪初，南通把适应世贸规则作为解决深层体制、结构矛盾，加快制度创新的重要机遇，把某些领域的"过渡期"作为开放市场、引入竞争，提高产业竞争力的重要机遇，把履行入世承诺作为对内建设信用关系、对外保持和提高国际形象的重要机遇。与此同时，加快地方政府职能的转变，转化社会管理职能，实现从管理型政府向服务型政府转变。

其次，南通以目标责任管理为抓手，推进政府法制化建设。根据WTO规则和我国入世承诺，要将法治建设纳入部门工作目标，健全和完善责任、权力、利益相统一，激励约束相结合的工作责任机制，建立健全目标责任的监督考核制度、奖励惩罚制度、责任追究制度。

再次，在建设高效型政府方面，一是在职能上合理进退。把地方政府资产管理职能交给资产经营公司，把社会服务职能交给社会中介机构，使政府集中精力搞好经济社会规划和公共服务。二是在办事上简化程序。深入推进行政审批制度改革，改"审批制"为"登记制"；涉及安全生产、环境保护、社会保障等重要审批事项，在严格把关的同时，最大限度地简化手续，规范操作，限定时间，提高效率。三是在管理上加强监察。明确各类行政行为的具体效能标准，并做到效能监察的经常化、制度化，进一步完善行政效能举报制度和责任追究制度，严格监督各项行政规范的落实情况，严肃处理各种违规行为，促进政府效能的提高。四是在手段上运用现代科技。建设综合性的政府公众信息网站（含信息发布、征询意见、社会服务等内容），加大信息量，提高政府工作的透明度，提高工作效率。

最后，严格按照国际惯例，减少政府权力对市场经营活动的干预，从体制上铲除滋生腐败的土壤。要强化对权力的监督，积极创新监督机制，把同级监督、上下级双向监督、社会公众监督和舆论监督统一起来，拓宽监督的范围和渠道。要强化惩腐机制，对已出现的腐败行为，加大打击惩治力度，树立政府反腐形象。

城市精神的政治文化内涵

美国政治学家阿尔蒙德将政治文化解释为政治系统成员的行为取向或心理因素，即政治制度的内化。政治文化可以概括为政治认知、情感与评价，也可以表述为政治态度、信仰、感情、价值观与技能，在这个意义上,政治态度与政治文化属同义词,可以相互置换。[1] 这种看法同时表明政治文化不包括经济社会结构与政治制度,也不包括政治学说与政治哲学。当然政治文化不等于政治心理学,它所指的政治心理层面,是指一国公民在政治生活中表现出来的,具有普遍性的社会心理,是内化的政治制度。[2]

有研究者指出,城市精神不仅是城市文化中精神层面的文化形态,是城市文化的内核和城市的灵魂,而且也是城市政治体系运行的精神动力和政治基础,是城市政治文化的一个重要方面。不同城市的历史文化传统和现实发展追求不同,使得不同城市以历史传承和时代要求为纽带凝练而成的城市精神不尽相同,也使得不同城市以自己城市精神为重要内容的城市政治文化各具特色。

城市政治文化与城市政治之间的关系也必然非常密切,主要表现在:"其一,城市政治文化能够通过将城市的整体和全局政治利益、政治诉求转化成市民的政治情感、政治意志、政治评价,从而引导和激励市民参与政治实践活动;其二,城市政治文化作为城市政治体系中的软件要素,能够通过凝聚民心和尊重民意等方式,为城市政治体系的存续和运行提供合法性支撑;其三,城市政治文化可以影响市民对自己政治角色的定位,从而左右其对城市政治体系采取相应的政治态度及政治行动;其四,城市政治文化可以通过思想政治教育等途径,形塑市民的政治人格,丰富市民的政治认知,培育市民的政治品

---

[1] 加布里埃尔·A. 阿尔蒙德、西德尼·维巴:《公民文化—五国的政治态度和民主》,马殿君等译,黄素娟校,浙江人民出版社,1989年,第15页。
[2] 王乐理:《政治文化导论》,中国人民大学出版社,2000年,第43—44页。

质，调节市民的政治心态，陶冶市民的政治情操，从而影响市民的政治素养与城市政治的社会化进程。"[1]

"包容会通，敢为人先"的城市精神，无疑是包含最能反映南通地方政治发展状况的政治文化元素。市民政治理想、政治信念、政治价值观等城市精神因素，最能反映和体现城市政治行为主体的政治意识，所以，这些元素通常也是城市政治文化的核心成分，往往在城市政治文化乃至整个城市文化体系中居于主流或主导地位。城市精神落实到政治文化层面，就是要形成一种治理理念与改革共识。如何实现这一目标，路径选择当然是非常重要的。从张謇精神出发，在近代南通精神的基础上，形成"包容会通，敢为人先"当代南通的城市精神，不失为一种理性选择。

城市精神与政治文明

地方治理现代化的重启，在利益分化日益严重的当下，不仅需要一种治理理念与改革共识，而且要求一种务实的路径选择与改革突破。围绕"包容会通，敢为人先"当代南通的城市精神进行制度建设尝试，应该是一种务实与可行性做法。

城市精神作为城市政治文化的内核，属于一种参与型的政治文化。从何种政治文化更有利于民主政治运作的角度，可以分为地域型、顺从型与参与型。阿尔蒙德和维巴认为非洲部落社会与一些地方自治共同体就是地域型政治文化的典型例子。它的特点是被统治者既

---

[1] 刘晓春：《我国城市政治文化内涵探究》，《淮阴师范学院学报》2020年第4期。

不关心政治，也不会对统治者有什么具体的政治要求。在依附型政治文化中，虽然政治对社会生活的影响开始加大，但是被统治者对政治体系却没有任何要求，只是被动地接受统治者的政治影响，并不企图影响政治，是典型的臣民。而在参与型的政治文化中，政治体系与社会成员密切相关，不仅职业政治家在政治生活中非常主动，而且一般的社会成员也通过政治参与影响政治体系，增进自己的利益。[1]

参与型政治文化是公民文化的主要内容，体现公民文化要求的城市精神，无疑是现代政治文明的范畴。关于政治文明，马克思在1844年就使用过政治文明一词。他在《关于现代国家的著作的计划草稿》中，有"集权制与政治文明"的表述，但并未展开这个词的内涵。就这一表述所涉及的观念背景来看，在逻辑上，马克思观念中的政治文明应该是指与集权专制相对立的现代民主、法治的政治制度和政治结构。

长期以来，受制于经济社会文化条件，包括南通在内的城市公民政治参与仍处于初始阶段，公民政治参与明显不足，比如由于政治参与主体的分布不平衡、政治主体的公民参与意识与参与能力有待提高、政治参与的实质作用发挥不够、公民政治参与冷漠现象比较突出等。

但是，"精神文明'南通现象'"的建设却有力地改变了政治参与滞后的现象，表现出公民参与价值追求的一面。"精神文明'南通现象'"的主体涉及诸多行业。他们中有退休教师，有富二代人士，有社区主任，有公交司机和出租车司机，有个体理发店主，有在校学

---

[1] 加布里埃尔·A·阿尔蒙德、西德尼·维巴：《公民文化—五国的政治态度和民主》，第19—30页。

生，有公司经理，有残障人士，有普通民警，有营业员，有普通村民，有普通法官，有下岗工人，有私营企业主，有在通的打工民工、来通的外籍人士。可见，"精神文明'南通现象'"是对上百万爱心奉献者行为的集中概括。

有研究表明，社团推动是"精神文明'南通现象'"持续发展的动力。众多社会团体，如南通市红十字会、江海志愿者协会、楼道知心奶奶群体、自愿帮扶车队、无偿献血志愿者服务队、海安县赴云南支教群体、全国创建文明行业示范点南通海关、"晓君解忧热线"、"关爱一线牵"栏目行动组等功不可没，社会团体让奉献爱心的凡人百姓有了自己的组织，组织与个人的区别，除了人数多少，还在于组织活动的计划性、专业性，强大的后援力量，让人们对困难群众同情相助的情感，由自发状态上升到相互激励的、持久的自觉行为和专业行为，真正实现"搭建一座平台，收获众多爱心"的效果。2014年9月16日，为探索对美德典型人物的慰问、资助、激励机制，南通市在苏中苏北的地级市率先成立美德基金会。南通市实现了市、县（市、区）、乡镇（街道）、村（社区）四级慈善组织网络全覆盖。目前，南通全市共有慈善组织四百多个。社团推动也是"精神文明'南通现象'"持久不衰的重要原因。[1]

罗一民也认为，南通在精神文明建设中所取得的成绩之所以能够作为一种"现象"存在，一个重要原因即在于正确处理了个体与群体的辩证关系，以诸多不懈追求先进价值观的个体带来社会群体争先仿

---

[1] 张弛：《"精神文明南通现象"探究》，南通大学硕士学位论文，2017年，第31页。

效。江海志愿者由成立之初的 34 人迅速发展到 13 万多人,"爱心邮路"由 1 条变成了 137 条,"无红包医院"由 1 家变成了 195 家,支教群体由第一批赴云南宁蒗支教的 33 名教师发展为赴陕西咸阳、苏北盱眙等落后地区支教的 1000 多名教师;家庭文化室由 1 个变成了 200 多个……他们都是来自基层、来自各行各业的普通群众。在南通市历届评选出的 400 多个文明新风典型中,90% 以上是没有任何行政职务的普通劳动者。但这些出身"草根"、来自群众的先进典型,却意义重大,影响深远,引发广大群众由感动、钦佩到群起效仿,最终形成了独具南通特色的先进典型由个体向群体发展的"滚雪球效应"。[1]

有学者指出,从历史上看,应该说任何一个社会都会允许某种程度的政治意愿表达或者叫政治参与。虽然各个社会都无法避免相互不同甚至对立的政治参与方式,但一般来说,制度内的、组织性的和制度化的政治参与方式及其结合代表了政治的进步状态,因为它在很大程度上解决了参与的有序性和有效性问题。

城市精神与公民文化

公民文化也是阿尔蒙德首次提出的政治学概念。1962 年,阿尔蒙德和西德尼·维巴合著了《公民文化——五国的政治态度和民主》,作者在花了 5 年时间对美国、英国、墨西哥、意大利、西德五国居民的基本政治态度进行大规模抽样调查分析后,得出"公民文化适合于

---

[1] 罗一民:《把社会主义核心价值体系融入精神文明建设全过程:关于"精神文明'南通现象'的理性思考"》,《毛泽东邓小平理论研究》,2007 年第 8 期。

保持一种稳定的和有效的民主政治过程"的结论公民文化被定义为参与型复合政治文化。它不是一种现代文化，而是一种复合的、处于现代化过程中的文化。它既带有传统文化的特征，又带有现代文化的特征。公民文化是一种建立在交流基础上的多元文化，是一种一致而又多样性的文化，是一种允许变革而又节制变革的文化。因为公民文化中除包涵积极的公民性外，还有村民对初级关系的取向、臣民消极的政治取向，从而形成一整套得到处理和平衡的政治取向——存在着政治的积极性，但它不会高到损害政府的权威；存在着卷入和信仰，但它是有节制的；存在着分歧，但它是受到制约的。参与型政治文化存在于高度发达的政治社会中，人们积极参与政治、极其自觉地关注其权利和职责，个人不仅取向于政治输入，而且他们还积极地取向于输入结构和输出结构的过程。

在阿尔蒙德看来，公民文化涵盖了政治文化的内容，公民文化是政治文化的社会基础性文化与民主制度的支撑，政治文化是公民文化的主要组成部分，公民文化中涉及政治生活的部分都是政治文化要研究的内容，而公民文化要探讨的主要议题则是怎样的政治文化才有利于维护社会的政治稳定与促进国家的民主政治发展。成熟的参与型公民文化往往既是民主政治的产物，又可以推动政治现代化与政治民主化，并且由于不同国家的传统政治文化和现代政治文化不尽相同，使得各国的公民文化既有自身特色又有一般共识。

公民文化的主体是公民，阿尔蒙德把屈从或只是被动地不屈从政府机构法令和规章的人们定义为"臣民"，把那些准备对掌握政府决策的人施加影响的人们定义为"参与者"（公民）。与臣民文化相比较，公民文化更强调公民广泛的政治参与、公民的政治责任感、公民的能力和公民的主体性地位等。公民文化强调政治输入程序里的个体参与，是对高效政府工作的最好支持，也是最好的监督。

"精神文明'南通现象'"的发生与发展，其实是城市精神与公民文化结合的生动体现。"尊重主体，构筑精神文明建设的信念基础。精神文明南通现象能够作为一种'现象'而存在，是以先进价值观为支撑，以良好市民素质为基础的。只有以先进价值观为支撑、以良好市民素质为基础，南通'现象'才具有广泛性，也才会表现出持久性。应该说，市民素质的提高是一个系统工程，而尊重主体，是南通在价值观宣传教育中的一条重要经验。"[1]

一方面，精神文明建设为南通经济社会发展提供了不竭的动力，作为首批沿海开放城市，"精神文明'南通现象'"改善了南通的投资环境，优化了南通的人力资源，提升了城市的竞争力，使南通经济发展迅速；另一方面，精神文明建设为南通经济社会发展提供了良好的环境，"精神文明'南通现象'"使南通社会风气良好，人际关系团结和睦，外地来南通的人士无不称赞南通安定有序的社会环境。百年前的张謇不仅开启了近代工业和现代文明之先河，而且以现代化的理念，把城市当成一个公共空间加以拓展，成就了南通城市人文遗产的独特性。百年来对这一理念的传承和弘扬，对促进城市软实力提升，推动经济社会发展起到了重要作用。

---

[1] 罗一民：《把社会主义核心价值体系融入精神文明建设全过程：关于"精神文明'南通现象'的理性思考"》，《毛泽东邓小平理论研究》，2007年第8期。

变迁中的地方政治文化

政治文化建设在现代化进程中具有重要作用。联合国开发计划署 2004 年人类发展报告《当今多样化世界中的文化自由》中指出："成功并非只是一个立法和政策改变与否的问题，尽管这方面的改革是重要的。……但是，除非政治文化也随之改变——除非公民按照真正符合他人需求和愿望的方式去思考、去感觉或者去行动，否则就不会有实实在在的改变。"

政治制度与政治文化的发展在客观上要求必须是同步的。"在现阶段，实现广泛的公民政治参与需要有与之相适应的政治文化。从传统社会向现代社会转型的过程中，其中一个重要的转变就是实现从臣民社会向公民社会的转变，现代化本身也是一个由人格依附的臣民社会向个性自由的公民社会的转型过程。从臣民社会向公民社会的转变，实质上是社会发展过程中民主政治的实现。与这一社会转型相对应，政治文化也必然发生相应的转型——从臣民文化转向公民文化。"[1]

公民文化是民主制度得以持久的政治文化基础。美国学者帕特南（Putnam），他对意大利 20 世纪 70 年代以来的民主化做了卓有成效的考察，研究发现意大利北方各地区在历史上大部分时期实行的是城市共和制，这些地区"公民性强"，制度绩效高，与之相反，南方地区在历史上的大部分时期实行的是君主专制，这一地区"公民性弱"，制度绩效较低。他进一步指出"社会资本（social capital）是民主进

---

[1] 何忠国、朱友粉：《公民文化：一种参与型复合政治文化》，《学习时报》2007 年 9 月 4 日。

步的一种重要的决定性因素"。[1] 具体而言,"社会环境和历史深刻地影响着制度的有效性。一个地区的历史土壤肥沃,那里的人们从传统中汲取营养就越多;而如果历史的养分贫瘠,新制度就会受挫"[2]。在帕特南看来,意大利南部地区民主制度建设成效不如中北部,互不信任、背叛猜疑现象的盛行,主要是由于深陷长达千年之久的非公开精神的恶性循环的结果。公民意识和公民文化是何等的重要,而它们的历史变化又是何等的缓慢和艰难。

公民文化的形成是政治现代化的一个重要内容。美国政治学者卢西恩·派伊认为,政治发展意味着从臣属型文化走向公民文化,政治参与的扩大,对平等原则更加敏感,更多的人接受普遍的法律、政治体系的能力不断增强。文化不是从来就有的,没有人类在劳动中创造,就没有政治文化的产生和发展。公民文化的培养建设不是仅靠教育来完成的,公民文化需要通过公民在长期的民主政治实践中不断孕育和成长。

罗一民在总结南通经验时指出,重视实践,构筑精神文明建设的群众基础。为使科学价值观变为广大人民群众的实际行动,南通市一方面充分肯定小人物的道德热情,强调树立典型时不必追求"惊天动地的壮举",只要是善行,不论事大事小,都应该得到肯定;另一方面,强调价值的实现要同人民群众的日常工作、生活结合起来,把为

---

[1] 罗伯特·D. 帕特南:《使民主运转起来——现代意大利的公民传统》,王列、赖海榕译,江西人民出版社,2001年,第2页。帕特南认为社会资本指的是普通公民的民间参与网络,以及体现在这种约定中的互惠和信任的规范。
[2] 罗伯特·D. 帕特南:《使民主运转起来——现代意大利的公民传统》,第214页。

善行为融入日常工作、生活之中。这也就形成了南通独具特色的"凡人善举"现象。正是由许多并不追求惊天动地壮举的小人物的"凡人善举",才构成了精神文明"南通现象"。南通人民不因善小而不为,从身边的小事做起,在奉献社会、帮助他人的点点滴滴中实现着自己的人生价值。正是无数的凡人善举体现了南通精神文明建设的实践性和群众性。

执政者的权威,表面看是源于任命,其实并非如此。没有民众的信任,执政者理念再科学、规划再宏伟,也难以实现。在现阶段,构建公民文化的着眼点和着力点就是树立公民意识和培养公民精神。市场经济的发展与民主政治实践的推进必将会促成公民意识自发而普遍的形成。"在由传统社会走向现代社会的进程中,作为公民文化的创造者和传承者,公民必须不断祛除臣民理念,树立公民意识,发扬公民精神,并以此来指导政治行为,建立公民文化得以产生和发展的社会基础。"[1]

---

[1] 何忠国、朱友粉:《公民文化:一种参与型复合政治文化》,《学习时报》2007年9月4日。

第五章　地方治理现代化的"南通现象"

在联合国全球治理委员会发表的《天涯成比邻——全球治理委员会的报告》中，有关治理的定义非常明确："治理是各种各样的团体、个人——公共的或个人的——处理其共同事务的综合。这是一个持续的过程，通过这一过程，各种冲突和不同的利益可望得到调和，并采取合作行动。这个过程包括授予公认的团体或权力机关强制执行的权力，以及达成得到人民或团体同意或认为符合他们利益的协议。"[1] 联合国发展署也认为："治理是指一套价值、政策和制度的系统，在这套系统中，一个社会通过国家、市民社会和私人部门之间或者各个主体内部的互动来管理其经济、政治和社会事务。"[2]

第一节　责任政治与地方政治治理现代化

关于政府治理，有学者认为是"政府联合多方力量对社会公共事

---

[1] 《天涯成比邻——全球治理委员会报告》，中国对外翻译出版公司，1995年，第2页。
[2] 马德勇、张蕾：《测量治理：国外的研究及其对中国的启示》，《公共管理学报》，2008年第4期。

务的合作管理和社会对政府与公共权力进行约束的规则和行为的有机统一体,其目的是维护社会秩序,增进公共利益,保障公民的自由和权利"[1]。

张謇时代主要是以士绅为地方政治主体,地方政府治理结构较为简单,整个地区的政权结构并没有发生较大的政府再造,体现出较为强烈的"个人之治"的色彩。留学归来的张孝若对其父的自治事业更有一番清醒的认识。他认为当时南通的事业只是一人一家的事业,而不是全体南通人民自动自决的事业。所以他发起组织南通县自治会,其目的就是要将"以前个人统系的南通",变为"全县具体的南通";将"被动的南通",变为"自动的南通";将"从前个人自治模范的南通",变为"以百二十万人之才智公同发皇"的南通;"所说之话,须百二十万人人人所欲言;所做之事,须百二十万人人人所欲为"。[2] 王奇生认为张謇后半生的思想和事业,与其士绅领袖的自我意识和身份认同是密切相关的。在很多场合,张謇扮演士绅领袖的热情,远在扮演实业家的角色之上。亦因为此,张謇的"地方自治"在很大程度上是一种"绅治"也就不足为奇了。

与百年前地方政治治理模式不同的是,当代中国与南通地区进入新的现代化发展时期,地方政府在地方治理现代化实践中扮演了关键性的角色。"一个现代化的国家治理体系,本质上讲是一个政府职能合理到位,政府权力边界清晰,公共权力不缺位、错位和越位的科学

---

[1] 何增科:《政府治理现代化与政府治理改革》,《行政科学论坛》,2014第4期。
[2] 张孝若:《南通张季直先生传记》,第395—396页。

管理体系。"[1] 一般认为，有限政府与责任政府是当代政府治理的两大主题。

有限政府与地方政治治理

"有限政府（Limited Government）指在规模、职能、权力和行为方式都受到法律明确规定和社会有效制约的政府。衡量有限政府与无限政府的尺度在于，一个政府在权力、职能、规模上是否受到来自法律的明文限制。"[2] 政府的职能范围有限是有限政府的要义之一，现代国家政府职能是法定的，政府行使哪些职权都是法律来授权。

政府职能转变是实现有限政府的起步。主要内容是依法规范、全面履行政府的经济调节、市场监管、社会管理和公共服务职能。在南通的地方政治治理实践中，政府重视政企、政事、政资分开，发挥市场在资源配置中的基础性作用。"政府与市场是有明确分工的，要把市场机制能有效调节的经济活动交给市场，把政府不该管的事交给市场，让市场在所有能够发挥作用的领域都充分发挥作用，推动资源合理配置，实现效益与效率的最优化。"[3]

在行使经济调节和市场监管职能的同时，更加注重社会管理和公共服务，把财力物力等公共资源更多地向社会管理和公共服务倾斜。贯彻行政许可法，深化行政审批制度改革，依法减少和调整行政审批事项，规范行政许可行为，完善行政许可工作机制，提高办事效率和

---

1 竹立家：《着力推进国家治理现代化》，《中国党政干部论坛》，2013 第 12 期。
2 陈国权：《论法治与有限政府》，《浙江大学学报》，2002 年第 2 期。
3 孙关宏：《中国政治文明的探索》，复旦大学出版社 2019 年，第 128 页。

服务质量。充分运用间接管理、动态管理和事后监管等手段对经济与社会事务实施管理，发挥行政规划、行政指导、行政合同等方式的作用。创新政府管理方式，寓管理于服务之中。加快电子政务建设，推进政府信息公开，整合行政资源，降低行政成本，更好地为基层、企业和社会公众服务。深化行政管理改革，提高行政执法水平。巩固政府机构改革成果，依法规范部门职能配置。健全公共财政体制，规范部门预算管理，完善依法行政的保障机制。

关于有限政府建设，罗一民曾经总结四点经验。一是在职能上合理进退，做到"有限"。要进一步深化改革，转变政府职能，把地方政府资产管理职能交给资产经营公司，把社会服务职能交给社会中介机构，使政府集中精力搞好经济社会规划和公共服务。二是在办事上简化程序，做到"便捷"。深入推进行政审批制度改革，凡是由市场调节、企业自主决定、中介机构能够提供服务的事项，改"审批制"为"登记制"；凡依法保留的涉及安全生产、环境保护、社会保障等重要审批事项，在严格把关的同时，最大限度地简化手续，规范操作，限定时间，提高效率。三是在管理上加强监察，做到"有效"。明确各类行政行为的具体效能标准，并做到效能监察的经常化、制度化。四是在手段上运用现代科技，做到"快速"。在现有政府网页上，建设综合性的政府网站（含信息发布、征询意见、社会服务等内容），加大信息量，提高政府工作的透明度；建立政府办公网，实现网上自动化办公，并逐步推行网上报批、审批和招标、采购等服务，提高工作效率。[1]

---

1 罗一民：《加入世贸组织后地方政府的行为定位》，《江苏通讯》，2002年第19期。

政府在预算管理上实现自我限权的做法非常值得一提,南通市直部门和单位的年度预算一次性全部下达,财政不留任何机动财力。在年度预算执行中,坚持"年度中间不追加预算",不再受理经费追加事项,主要领导人从未批过一份追加预算的申请报告。

有限政府建设与地方政治治理现代化关系密切。地方政府"必须以民主化为原则,要有全社会参与,否则政策制定就会演变为地方政府单方面的行为。政府行为存在偏差尤其是政策制定和执行存在偏差主要是因为缺乏民主竞争机制。地方政府往往从自身利益的最大化制定一些政策"[1]。有效的地方政治治理,必须充分动员社会的组织力量,合理划分国家与社会的治理领域,而不是政府包办一切社会事务。

值得一提的是,张謇时代的地方政府治理水平虽然不高,但社会组织在政治治理领域的作用却是非常显著的。有研究表明,近代地方治理的南通模式,正处于由"国家—社会"一元化向"国家—社会"二元化转变的过渡时期。社会的自主性开始渐渐复苏,国家也不具有超强的控制力,国家把相对社会的权力慢慢放权于社会,社会发展具有更大的自主性。张謇为核心的绅商,以南通为实验基地,通过对"国家—社会"关系的探索,营造了一个"小政府、大社会"的地区自治格局。

责任政府与地方政治治理

有学者认为,在划定政府权力边界的同时,还要明确在政府权力

---

[1] 李明强、贺艳芳:《地方政府治理新论》,武汉大学出版社,2010年,第77页。

范围内要承担相应的责任，"责任有两重含义：其一，责任意谓份内应做之事；其二，责任意谓未做好份内应做之事所应受的谴责和制裁。"[1] 第一层含义与"有限政府"的职责对应，即政府应有哪些权力；第二层次含义，政府不能充分尽其职责，要追究其政治责任。"一方面，政府必须承担实施法律和抵御外敌的职能；另一方面，政府必须提供市场无法提供或无法充分提供的服务。"[2] 责任是政府治理的基本理念和价值取向，使政府和官员按照负责任的方式来行使权力，是政府治理的核心问题。弗雷德里克·莫舍尔（Frederick Mosher）认为："责任很可能是行政——无论是公共行政还是私人行政——的词汇表中最重要的词语。"[3]

近年来，南通的责任政府建设，主要做法是全面推进基层政务公开。《南通市全面推进政务公开工作规则》规定，行政机关和公共管理组织应当围绕把公开内容覆盖权力运行全流程、政务服务全过程，规范实施权力和责任清单、公共服务清单、政务公开事项目录公开。一是权力和责任清单。在规范公开机构设置、职能、职责和法定权限的基础上，编制公开权力和责任清单，配套公开办事指南，公布办理范围、运行流程、材料目录、法定职责并根据政府机构改革和职能优化，建立动态调整机制。二是公共服务事项清单。依据《省政府办公厅关于印发省政府部门公共服务事项清单的通知》，梳理公布本地本部门以及国有企事业单位、中介服务机构的公共服务事项，编制公共

---

[1] 张贤明：《政治责任与个人道德》，《吉林大学学报》，1999年第5期。
[2] 田国强、陈旭东：《中国改革历史、逻辑和未来》，中信出版集团，2016年，第205页。
[3] Mosher Frederick. Democracy and the Public Service New York：Oxford University Press，1968，p. 63.

服务事项目录，发布办事指南，实行动态调整。清理并公开群众和企业办事需要提供的各类证照、证明材料。三是政务公开事项目录。依据权责清单和公共服务清单，梳理权力运行和服务过程每个环节产生的政府信息，逐项认定公开属性，对主动公开的信息，明确公开内容、主体、时限、方式等，对非主动公开信息，列出法律法规依据，形成并发布市、县（市、区）、乡（镇）三级政务公开事项目录体系。

南通要求行政机关和公共管理组织围绕决策、执行、管理、服务、结果五个环节，推进重点信息主动公开，其中较为重要环节的是决策、执行与结果公开。

首先在决策方面，要求公开全市国民经济和社会发展规划、专项规划、区域规划、年度计划；公开政府全体会议和常务会议讨论决定的重要改革方案、重大政策措施以及部门制定的各项重要政策（依法需要保密的除外）；公开财政预算安排以及重大财政资金安排，重大政府投资项目建设和重大国有资产处置事项等。

其次在执行方面，要求公开年度重点工作和为民办实事实施方案，原则上每季度公开一次重点工作和为民办实事进展落实情况、后续举措；推进重大建设项目信息公开，及时公开批准服务、批准结果、招标投标、征收土地、重大设计变更、施工、质量安全监督、竣工、行政处罚等9个方面信息；依法依规公告审计结果，推动审计监督公开全覆盖；及时公开征地政策和征地信息，重点公开棚户区改造计划、宗地规划条件和土地使用要求等信息。

最后是结果公开，要求重点公开发展目标、改革任务、民生举措等方面事项落实情况，特别是经济领域改革举措和教育、医疗、养老领域改革的落实结果；全面公开政府决算和部门决算，政府决算信息应在本级人民代表大会或其常务委员会批准后 20 日内公开，部门决算应在本级财政部门批复后 20 日内公开；推进重大专项资金公开，对涉及教育、社会保障和就业、医疗卫生、农林水利事务等重点领域民生专项资金的分配和使用情况进行公开；鼓励建立重大决策跟踪反馈和评估制度，注重运用第三方评估、专业机构鉴定、社情民意调查等多种方式，科学评价政策落实效果，增强结果公开的可信度。

此外，南通还制定公众参与基层政务的工作制度，积极推进责任政府的建设。例如，明确公众参与行政决策的事项范围、参与方式、参与渠道，并向社会公开。对涉及群众切身利益、需要社会广泛知晓的公共政策措施、公共建设项目，要采取座谈会、听证会、向社会公开征求意见、问卷调查等多种方式，充分听取公众意见，扩大公众参与度，提高决策透明度。完善利益相关方、人大代表、政协委员、群众代表、专家、媒体等列席政府有关会议制度，鼓励开展广播电视问政、在线访谈、政府开放日等多样化主题活动，切实增进政民交流互动，树立政府开放透明形象。加强政务公开和融媒体的协同联动，将政务公开渠道延伸到基层末端，提高政府信息传播力和到达率。

政务公开是责任政府建设的基础性工程："以责任为视角审视权力制约与阳光政治，就是使政府的权力运用受到制度的约束，使其能够符合人民的意愿和要求。完善行政监督体制，要统合权力机关监督、监察机关监督、行政体系内部监督、社会监督与公众监督等，织密对权力的监督之网，让权力失范行为无处遁形。民主政治的特征之一是公开透明。阳光政治是实现有效监督的基本前提，权力制约与阳光政治保证了人民对政治体系与政治过程的有效参与。民主应该体现为公民在所有领域持续对政府权力进行有效监督。如果没有监督，人民就不能对政府责任履行进行有效的评价，责任的存在也会最终失去意义。"[1]

张謇当年也非常强调推进政务公开的重要性。他认为廉洁从政是对每个从政者的基本要求，经费使用只有做到公开透明，才能从根本上防止以权谋私、贪污腐化。1920年2月，他在江苏运河工程局督办就职演说中就明确提出经费使用要透明，称自己"对于工程之布置，款项之收支，无事不可以告人"[2]。他在写给江苏督军齐燮元的信中，对后者提出的用款情况应对外公开的主张十分赞同，进而提出，担任国家或地方行政职务者，经费的任何用途"俱应如是"。

政治治理的法治意义

改革开放之初，邓小平同志就把解决人治还是法治问题作为中国政治体制改革的主要内容之一。他说："为了保障人民民主，必须加强法制。必须使民主制度化、法律化，使这种制度和法律不因领导人的看法和注意力的改变而改变。"[3] 有学者指出，法治的困难之处不仅在于老百姓是否守法；更在于公权力是否接受法律的规范。一般而言，公权规范化主要依靠两个要素的作用：一是规则，即直接规范公权力的法律。一般而言，一个国家这种法律越多、越严密，这个国家

---

1 张贤明：《政府治理现代化的责任逻辑与结构体系》，《光明日报》，2020年01月21日。
2 《运河工程局就职演说》，李明勋、尤世玮主编《张謇全集》第4册，第447页。
3 《邓小平文选》第2卷，人民出版社1994年版，第146页。

的公权力就越规范。二是制度,即保障上述规则在政治领域发挥作用的制度安排。这种安排越科学,法律就越能在事实上保持对公权力的张力。这两方面的要素可以成为我们观察公权规范化程度的一般视角。

因此,有限政府与责任政府建设,根本目标还是赋予政治治理的法治意义。程竹汝教授认为,从理论上看,国家治理体系与权力的规范化存在着复杂的关联。一方面,实现权力的规范化、将权力关到制度的笼子里,是现代国家治理追求的一个意义重大的目标,是国家治理体系现代化的结果和标志;另一方面,现实的、规范化程度还不高的权力则构成国家治理体系的重要部分,它对政府治理、市场治理、社会治理均产生着现实性的影响。这种复杂关系意味着:中国国家治理体系和治理能力现代化的核心问题就是实现权力的规范化。[1]

同样,张謇的治理思想也具有鲜明的法治特色,有研究指出,张謇作为新旧两个时代交替之际的过渡性人物,他比较敏锐地洞察了世界法制现代化发展的潮流,迅速确立了先进的法制观,使自己与时代同行。"尽管他的法制观具有阶级和时代的局限性,但是,他的和谐发展、以民生为重、接轨世界的法制价值取向,揭示了法治建设的一般规律,为当时中国法治建设开列了一剂良方,其变革的精神、依法治国的理想、法制变革的实践经验,对于我们现时代法制现代化建设依然具有现实价值和启迪作用。"[2] 作为曾经的主政者,罗一民对法

---

[1] 程竹汝:《论政治体制改革的重点与国家治理体系现代化》,《上海行政学院学报》2014年第2期。
[2] 王飞:《张謇法制变革思想的思想内涵、理路及其当代价值》,张謇研究中心编《张謇研究年刊(2017)》。

治意义的认知也是非常深刻的,依法执政需要不断提高法治思维和依法办事能力,法律的生命力在于实施,法律的权威也在于实施。依法执政重在付诸实践、知行合一,切实把法治理念和法治精神体现到工作实践之中,不断提高运用法治思维、法治方式解决问题的能力。

第二节 市场体制与地方经济治理现代化

张謇对近代中国民营经济发展与壮大贡献之大是有目共睹的。"在那个民营经济萧条的时代,张謇却对民营经济情有独钟。这不仅表现在他自己率先创办了中国最早的民营股份制企业上,而且还集中表现于他出任农商总长期间所发表的经济主张及其所主持制定的各项经济政策。"[1]

南通更是近代中国民营经济发展的历史重镇。张謇率先在南通进行工业革命,将南通建设成为中国民族纺织工业的发源地,确立了南通在中国近代民营经济发展史上的重要地位。"一百多年来,中国政府的制度规制理念一直是官办国有,民营经济在国民经济发展中的作用发挥受到了较大的制约。早在1840年中国被动开放伊始,清政府过分重视官办经济的力量,导致民营经济上升空间较为狭窄。张謇在南通区域发展中为地方绅商开辟了全方位的制度空间,在一定意义上说也开拓了一个民营经济走向自主繁荣的新局面。值

---

[1] 王敦琴主编《张謇研究精讲》,苏州大学出版社,2013年,第80页。

得进一步思考的是，民营经济的制度化进程不仅是包括宪法约定在内的整体制度环境的建设问题，而且还存在一个地方诱发制度创新机制的试验与传播问题。"[1]

20世纪90年代中期，南通在江苏率先进行大规模国有、集体经济产权制度改革，为民营经济高起点参与市场竞争提供了条件，催生了一批新办、领办民营企业。21世纪初，南通在江苏全省率先确立民营经济作为主流经济的地位，鼓励、支持和引导民营经济的发展，出台《关于争创江苏民营经济第一大市的若干意见》等指标性规定。

民营经济与经济治理

客观而论，改革开放以来，南通的民营经济发展经历了一个起伏的阶段，曾经一度陷入低谷徘徊的境地。而且长期存在"股份制姓'社'姓'资'""公有资产流动就是流失""国有即国营、集体所有即集体经营"与"非公有制经济姓'私'"四个方面的思想障碍。[2] 进入21世纪以后，为实现成为江苏民营第一大市的发展目标，南通围绕所有制结构改革，突破时代与条件的限制，进行了一场激烈的思想解放。

到2007年，南通打造"全省民营经济第一大市"的目标取得阶

---

[1] 樊纲、姚勇：《中国经济制度化研究——以张謇与中国国家近代化为个案》，周新国主编《中国近代化先驱：状元实业家张謇》，第51—52页。
[2] 中共南通市委宣传部、中共南通市委党校编《转型与跨越：中国特色社会主义在南通》，中国文史出版社，2008年，第140页。

段性胜利，有关民营经济发展的多项指标位居全省第一、综合指标名列全省第二。政府强化领导、有力推进并积极服务于民营经济发展，有力促进了民营经济又好又快的发展，并受到理论界与决策界的高度关注与评价。2007年度《中国城市民营经济活力调研报告》中指出：南通等地在发展民营经济过程中表现出的创新做法，"既是各地政府发展民营经济的成功经验，又在一定程度上带有示范和指导意义"。2020年，南通市民营经济增加值占GDP比重达70%，税收占比超过80%，民营企90%业吸纳职工数占城镇就业人口比例超过90%。

当代南通对民营经济发展高度重视的立场，与张謇的想法也是不谋而合的。有研究者指出，张謇就曾提出一系列扶持民营经济发展的政策措施。一是设立商部等职能机构，专司工商业的管理，改变轻商立场，提高商人的社会地位；二是主张取消厘金和常关税，以减轻民族企业的负担。主张政府要平等对待中外商民，特别是要为本国商人提供平等竞争的机会。张謇对中国商民在经营过程中所遭受的不公平待遇感到不满，对官府歧视勒索本国商民的现象极为愤慨，说"同一民船也，此受雇于华商，则刁难需索，节节阻滞；彼受雇于洋商，则否。今日受雇于洋商，则理直气壮，处处畅行；明日受雇于华商则否"。[1] 三是采取切实可行的多方面措施扶持民族资本主义发展，他认为在我国民贫国弱、百业幼稚之时，"舍助长外，别无他策"，具体方法是"提倡、保护、奖励、补助，以生其利；监督制限，以防其害"[2]。这就是提倡设置银行，改良币制，降低企业的交易成本；协

---

[1] 《为商航复商部文》，李明勋、尤世玮主编《张謇全集》第1册，第128页。
[2] 《宣布就部任时之政策》，李明勋、尤世玮主编《张謇全集》第1册，第257页。

商关税，裁减厘捐，减轻企业负担；发展邮电、航运等基础设施，发展教育和科研，提供人才支撑；保护则要编订商法，做好仲裁，革新政治，优化组织，改良司法，稳定社会秩序；奖励和补助则是要对符合产业政策的行业如棉铁等实行奖励。[1]

市场机制与经济治理

就全国范围而言，张謇在民国初年农商总长任上，本着市场经济原则，制定了一系列关于市场经济的法律法规，包括近代中国第一部关于证券交易法规《证券交易所法》，推动了我国第一所证券交易所——北京证券交易所的成立。同时大力培育市场经济的主要载体——私营企业，主张官办企业能退则退，形成民营经济占主导的格局。在推动南通经济现代化的过程中，张謇也特别注意经济的市场化、民营化，他在创办大生纱厂时就竭力主张民间投资商办。他以在籍绅士的身份创办纱厂，奔走于朝野上下，周旋于官商之间，多方筹资募款，采用"绅领商办"，以入股资本"官利"八厘的方法有效地吸纳了不少社会资金，较好地解决了官与商的关系、间接融资与直接融资的关系，不仅于1899年建成大生纱厂，而且于1907年将之改制为"大生股份有限公司"，创建了中国第一家民营股份制公司，推进了近代中国经济治理方式的创新。

为了在南通地区逐步构建现代经济发展需要的市场体系，张謇除了兴办和促进各类实体民营企业发展外，还根据当地原有的纱布销售

---

[1] 蒋国宏：《审视与比较：张謇的思想与实践研究》，上海书店出版社，2020年，第234页。

网络，并创办南通联合交易所及各类内外贸易公司。他还支持地方创建行业工会、商会、农会等市场经济主体者的联合社团，以便维护各类市场主体的自身权益。市场经济从根本上说是"契约经济"或"信用经济"，其基本规则就是买卖公平，恪守信用。各市场主体应公平合理的追求应该得到的经济利益，而不能欺诈舞弊巧取豪夺。张謇一方面强调"各得其所"，一方面强调"将信为本"，说明他既有较高的商业道德水准，又有对现代市场经济的较深理解。

当代南通在市场机制与经济治理方面，更是在三个方面取得显著的进步。

一是突出市场主力地位，优化企业发展环境。加快投资体制改革，确立企业的投资主体地位，依法完善项目审批、核准和备案制度，改进地方政府对社会投资的调控管理。继续深化公有企业改革，健全公司法人治理结构，加快建立现代企业制度，完善国有资产监管体制。进一步放宽市场准入，为非公有制企业创造平等竞争的法治环境、政策环境和市场环境，大力发展民营经济；依法保护私有财产权和非公有制企业合法权益，改进完善地方政府对非公有制企业的服务与监管。严格执行涉外经济法律法规，为外商投资营造符合国际惯例的经营环境；认真研究和运用世贸组织规则，积极应对市场开放的冲击，防范和控制各种风险，维护国家经济安全，保护劳动者和消费者的合法权益。

二是加强市场体系建设，完善社会信用服务。积极发展各类要素市场，规范发展产权交易市场。深化流通体制改革，大力发展现代流通方式。加强和规范城乡商业网点建设，完善出口促进体系。培育发展符合市场经济运行规则的行业组织和中介机构，依法加强对行业组织、中介机构的引导和规范。以政府诚信为先导，加快建立企业、个人和社会信用服务体系，培育信用市场需求，发展信用服务组织，完善信用监管制度和失信惩戒机制，推进诚信南通建设。

三是强化市场监管力度，整顿规范市场秩序。继续加强农资市场、建筑市场和房地产市场监管，重点抓好直接关系人民群众身体健康和生命安全的食品、药品市场专项整治，深入开展保护知识产权专项行动，严厉打击制假售假、商业欺诈等各种破坏市场秩序的违法犯罪活动，依法维护国家利益、社会公共利益和市场主体应有的平等权利。

2019年10月，《南通市关于持续优化营商环境的实施意见》正式出台，通过一系列扶助措施优化民营经济的营商环境，加快推动全市民营经济又好又快发展。《实施意见》着力提升政务服务水平，从企业开办、纳税、跨境贸易和办理破产等方面提出扶助举措，最大程度为企业提供便利的政务服务，整体提升南通民营经济发展的营商环境。众多的帮扶措施中，通过建立企业"一站式服务"中心等手段全面加快企业注册登记流程，为企业开设提供政务服务上的便利。此外《实施意见》还从降低经营成本、规范涉及企业项目的收费、规范政府采购及招投标等方面帮助企业其实减负，尤其是加大对中小型民营企业的金融服务力度，从而大大激发市场主体的活力。"生产要素的自由流动是指生产要素是完全市场化的，不会被权力所控制。具体言之，随着市场经济的确立和运行，资本往哪里流动，要素往哪里聚集，起决定作用的并不完全是中央政府计划调配，而是区域发展环境的优劣和交易成本的高低。"[1] 要促进生产要素的自由流动就要优化营商环境,在制度上保障降低交易成本。

法治经济与经济治理

有学者在分析市场经济与法治的关系时,强调市场经济就是法治经济。法治经济建设主题的形成,其根本在于我国社会主义市场经济体制的建立和完善,政府与市场的关系是其核心所在,实现市场有效和政府有为。也就是说,社会主义市场经济建设实质上法治经济的建设,法治建设与正确处理政府与市场关系是分不开的。第一,社会主义市场经济的基本制度得到了法律上的确认,如产权制度、交易制度、竞争制度等,这些制度的确认使市场经济建设有了基本的制度条件和环境,由市场配置资源的格局逐渐形成。第二,法治政府建设逐步推进,一方面,使政府的权力得到了规范和制约,将更多市场能解决的事项交给市场解决;另一方面,也使政府在市场经济建设中的职能得到进一步明确,政府应当在公共服务、宏观调控、维护市场秩序等方面履行职能,这也就是更好地发挥了政府的作用。第三,市场主体必需的基本的权利得到了法律的保障,如物权、债权、知识产权等项权利,这些权利实则是经济改革成果惠及全体人民的体现,这激发了社会主义市场主体追求财富的积极性,增加了社会财富的总量。[2]

《中共中央关于全面推进依法治国若干重大问题的决定》指出

---

[1] 魏建国:《基于经济要素流动与东北地方法治竞争》,《社会科学辑刊》2018 年第 6 期。
[2] 赵晓强,《国家治理法治化研究》,吉林大学博士学位论文,2019 年,第 62 页。

"社会主义市场经济本质上是法治经济"。市场经济是法治经济，法治对经济生活与政府运转的影响是巨大的。"市场经济的秩序当然需要政府的支持和促进，需要政府辅以行政手段来维持，但是并不能过分依赖政府加强管制，维持市场秩序。与计划经济相比，市场经济主要是靠市场机制来确立、维持和发展，市场交易、竞争等游戏规则蕴含的自由、平等、效率等精神和理念正是法治的价值和品格。"[1] 南通现象充分表明，市场监管制度是竞争公平和有序的制度保障，新时代市场监管制度应当从"权力监管"向"法律监管"转变。与权力治理的危害性和效果不确定性相比，法律治理具有无可争辩的正当性，"法律监管"是"市场经济就是法治经济"的逻辑归属，健康有序的市场应是在法律约束下运行的市场而不是权力约束下的市场。以法治经济为核心的南通经济治理主要有三个特色。

首先，加强诚信政府建设。完善政府诚信建设规划，继续推进政务公开，健全政府信息公开制度；认真推行惠民工程服务承诺制，确保履行率100%；深化行政审批制度改革，减少行政审批事项，规范行政审批程序；坚持行政许可公开、公平、公正原则，推行办事承诺制，接受群众监督；建立和完善公共决策咨询听证机制，实行行政决策听证会制度；完善行政复议、信访制度，坚持有错必纠，依法维护公民、法人和其他组织的合法权益；加强对诚信政府建设的监督检查力度，及时处理有诺不践的投诉，确保市民对政府诚信的满意度达到90%以上。

---

[1] 李明强、贺艳芳：《地方政府治理新论》，第79页。

其次，加快社会信用体系建设。深入开展诚信主题教育，进一步培养市民的诚信观念和规则意识。加强"一网三库"建设，改版南通企业信用网，调整、升级企业信用数据库，建立个人信用数据库；培育信用服务产业，推进信用产品使用；树立信用示范企业，推动企业信用评级；加强信用宣传，营造信用氛围。完善企业与重点人群的信用信息数据库，运用市信用平台实现部门联动监管；运用信用建设成果，结合奖惩措施，依据信用等级，实施信用分类监管。实现个人和企业信贷信用信息在各商业银行的数据共享，有效防范信用风险。

第三，切实维护企业合法权益。按照"政治平等、政策公平、法律保障、放手发展"的方针，进一步加强政府监督和服务，大力优化政策、政务、法制、市场、舆论等环境，保障民营企业的合法权益。坚持开展行风评议活动，大力创建服务型机关、法制型机关、学习型机关。维护公平竞争，不搞地方保护主义，打击违法和不当的市场经济行为。审批、执法部门热心为企业服务，无乱摊派等增加企业负担现象。推进行政权力网上公开透明运行，完善回访测评群众信息反馈体系，坚决惩处公务人员违法乱纪行为。

不难看出，这种重视法治精神的经济治理方式，与张謇所实践与倡导的经济法治思想无疑是高度一致的。在他担任北京政府农商总长期间，不仅通过制法的方式做到有法可依，还非常强调依法行政。在《农商政策谈》中说："鄙人初次到部，将部务进行划分三时：（1）法律时期，（2）技术时期，（3）经济时期。鄙人认为部务进行只第三时，为中国财政就绪，实际进行，意此时因银钱经手不免有权利之争执，招外来之物议。"[1] 张謇对农商部部务分为"三时"，是他对法治中国实业的规划和预期，在他看来，农商部第一时期是拟订暂行法令，第二时期是执法施政，第三时期是中国财政增收、天下百姓得益时期。在农商部拟订各种实业暂行条例之后，张謇切实督促执行。此外，张謇还一直强调以法律维护民营企业的合法权益，不得故意勒索，工商行政事务办理应力求高效便捷。他还提出大力保护民族工商业，要求各级政府"诚以现在工商各业，正形凋敝，自应曲意保护，以恤商艰"，并且对执政违法者严加惩处，凡"勒索分文者""一经查实，尽法惩办，藉警官邪，而维商政"[2]。

第三节 法治和谐与地方社会治理现代化

公平正义是社会治理最基本的价值准则，法治是实现公平正义目标的根本路径。只有实现法治和谐，才能真正地推进社会现代化。"社会领域的改革，面对社会结构的深刻变动和各类社会矛盾的不断涌现，要注重发挥法治在社会管理中的重要作用，以公平正义为主题，从过去的政策推进转到法治规范上来。不断健全社会主义法律体系，强化依法治国、依法执政和司法公正，提高公民法制意识和法制

---

[1]《农商政策谈》，李明勋、尤世玮主编《张謇全集》第 4 册，第 319—320 页。
[2]《禁止地方官吏刁难勒索注册商人咨》，李明勋、尤世玮主编《张謇全集》第 1 册，第 443 页。

素养,加强和创新社会管理,加速形成一个健全的法治社会。"[1]

社会治理的理念认知

社会治理强调"必须着眼于维护最广大人民根本利益,最大限度增加和谐因素",这主要针对目前存在的城乡差距、区域差距、群体差距等社会不公问题,从而倡导社会发展成果全民共享机制,实现"权利公平、机会公平、规则公平"。有研究者指出,推进南通社会治理能力现代化立足公平正义,必须构建起社会合理的收入分配调节机制、完善维护人民权益的各种机制,使社会各方利益得到最妥善的协调,社会矛盾得到更加正确的处理,从而为促进社会和谐提供有力的保障。经过多年的努力,南通已经建立与经济发展水平相适应、体系比较健全、覆盖城乡广大劳动者的社会保障体系。在医疗保险方面,该市将参保工作作为硬任务,2005年下达给所辖6个县(市、区),对所有辖区内的企业实现属地化管理,硬是实现了医保的全社会覆盖。率先解决了所有企业退休人员医疗保险问题,实现"人人享有医疗保障"。[2]

法治是实现社会治理公平正义目标的根本路径。中共十八届四中全会通过的《中共中央关于全面推进依法治国若干重大问题的决定》,提出"实现公民权利保障法治化""健全公民权利救济渠道和方式"。中共十九大明确提出"加强人权法治保障,保证人民依法享有广泛权

---

[1] 罗一民:《以更大的勇气和智慧推进改革攻坚》,《光明日报》,2013年10月31日。
[2] 戚小倩:《推进南通社会治理能力现代化的若干思考》,《南通纺织职业技术学院学报》,2014年第3期。

利和自由"。有研究表明，保障权利的意义在于，一方面，保障权利是"以人民为中心发展思想"的落实，是对"发展成果更多更公平惠及全体人民"的法律确认，党带领人民进行社会主义现代化建设的最终目标是让人民过上更加美好的生活，享有越来越多的法定权利，法律对权利的保障就是对人民美好生活的保障。另一方面，保障权利是正确处理政府与市场、国家与社会关系的客观要求，核心问题是处理好"权力"与"权利"的关系，"权力"是为"权利"服务的，限制和规范"权力"，其目的在于保障"权利"。市场经济的发展为权利保障提供了坚实的物质基础，使得权利保障水平得到了极大的提高。[1]

重视法治权威的现代社会治理模式，其实是对重视个人权威的传统社会治理模式的一种超越。有研究指出，20世纪初期南通的"地方自治"进行的是一项庞大的社会系统工程，经济社会需要持续的发展，新的社会系统需要构建和维护，张謇自恃个人的权威，寄望于少数精英的牺牲和奋力，却始终忽视建立起有广泛公众参与的、和政府与社会相协调的管理体制，南通的社会管理系统存在着相当大的不稳定、不可持续性。而张謇去世后的南通再也没有出现像他这样的权威领导人物，对此张謇晚年也不无担忧地说道："在今日已有力小任重之虑，在将来更不免人亡政息之忧。"[2] 而更为重要的是："任何社会管理都必须主要通过政府的职能来体现，近代南通的社会管理因为没有有效的政府行政支持，更没有稳定的国家政治保障，所以近代南通

---

[1] 赵晓强，《国家治理法治化研究》，吉林大学博士学位论文，2019年，第63页。
[2] 《呈筹备自治基金拟领荒荡地分期缴价缮具单册请批示施行文》，李明勋、尤世玮主编《张謇全集》第1册，第431页。

经济社会发展与安定和谐局面最终也只能是昙花一现。"[1]

南通特色的"大调解"

"从治理方式看,治理现代化意味着方式方法的变革,更多运用民主的、法治的、协商的、经济的手段来调解社会关系、化解各种冲突和矛盾,各领域的治理要更多强调源头治理、系统治理、综合治理、精细化治理。"[2] 为推进法治和谐的社会治理现代化目标,2003年4月,南通市在全国率先建立了以"党委政府统一领导、政法综治牵头协调、调处中心具体运作、司法部门业务指导、职能部门共同参与、社会各方整体联动"为主要特色的社会矛盾纠纷"大调解"体系。

南通的"大调解"体系并没有超脱现行的社会管理架构,而是在内涵上融司法调解、行政调解、人民调解、行业社会调解于一体。其特点在于,最大限度地整合现有社会矛盾调解资源,形成合力,整体联动,以最大的效能化解社会矛盾纠纷。在组织体制上确保"大调解"体系在化解社会矛盾中的龙头性地位。宏观制度设计上,实行"党委政府统一领导、政法综治牵头协调、调处中心具体运作、司法部门业务指导、职能部门共同参与、社会各方整体联动"的社会矛盾纠纷"大调解"工作格局。这种体制既强调了党委政府的领导优势,又肯定了司法部门的专业性、权威性优势,还体现了综治部门综合协

---

[1] 赵明远:《论张謇的社会管理思想》,《江苏工程职业技术学院学报》,2011年第1期。
[2] 曾峻:《政治体制改革的中国路径》,经济科学出版社,2020年,第178页。

调的优势、职能部门齐抓共管的优势和社会组织广泛参与的优势，确认了调处中心的基础性地位，分工明确，定位科学，确保了社会矛盾化解"大调解"体系的高效运转。在组织网络上确保"大调解"体系在化解社会矛盾中的基础性定位。

南通构建了市"大调解"指导委、县、乡调处中心、村（社区）调处站、十户调解小组和基层调解信息员的六级"大调解"工作网络。目前，南通全市9个县（市、区）、122个乡镇（街道）和2255个村（居、园区）都建立了"大调解"组织，村民小组内部则按照10户为一个单元设立"十户联调长"，设立矛盾纠纷信息员，在纵向上建立起一道针对矛盾纠纷不留盲点的防范处置网络。这样，社会矛盾能够被及早发现、及时处理，尽可能在基层一线消解影响社会不稳定的因素。在工作职能上确保"大调解"体系在化解社会矛盾中的导向性角色。

在工作运行中，党委和政府赋予"大调解"体系矛盾纠纷交办转办、督查考核、指导协调、情况通报、人事建议、一票否决建议等"六大权力"；乡镇（街道）调处中心作为政法综治工作中心的核心办事机构，强化其对矛盾纠纷分流指派、调处调度、调处督办、一票否决建议和渎职责任追究"五大职权"；村居调处站有纠纷排查、报告、调解、回访等四项职能。各级调解组织遵循免费咨询、免费调解、免费服务的"三免"原则，实行一个窗口对外和"一站式"服务、一揽子解决问题，真正做到有案必受、有受必理、有理必果、有果必公。加大投入，各县（市、区）均建立了"大调解"视频指挥系统，通过这一系统，基层调解组织每天向县（市、区）中心报告当天发生的各类矛盾纠纷情况，做到基层动态实时掌控。各级调解组织有职权、有权威，这种导向也进一步强化了"大调解"体系在社会矛盾化解、社会管理创新中的龙头性、基础性地位和作用。

在纵向上，建立市大调解指导工作委员会、县乡调处中心、村居级调处站、十户调解小组和基层调解信息员的六级工作网络，县乡村三级大调解中心（站）作为综合性的调处平台。在综合调解平台建设上，重点强化县、镇和村（社区）三级实体功能。在横向上，打造专业调处机制，包括医患纠纷调处、劳资纠纷调处、环保纠纷调处、交通事故调处以及公安、检察、法院与大调解对接机制。一方面，市县两级依托相关职能部门为主体，整合政法部门、群团组织、中介机构、行业协会等社会组织资源，建立了医患纠纷、劳资纠纷、交通事故损害赔偿、消费纠纷、价格纠纷、房屋征收、土地纠纷、环保纠纷、"新市民"纠纷、民族宗教纠纷以及涉外纠纷等专业调解中心，基本覆盖矛盾纠纷多发领域和热点行业。另一方面，依托"大调解"平台，全面构建诉调、公调、检调对接机制，有效整合政法专业力量与社会调解资源，对矛盾纠纷形成从110接处警起，各个环节"层层过滤"，把"调解优先"的原则贯穿于司法执法办案全过程，不仅有效减少了矛盾纠纷直接进入执法司法渠道的流量，而且直接推动了政法机关执法办案质量的提高。如南通市全市法院系统通过建立诉前调解中心，贯穿"能调则调、当判则判、调判结合、案结事了"的原则，在当事人向法院提起诉讼的民商事案件中，凡案情简单、事实清楚、法律关系明确的，在征得当事人同意的前提下，首先流转至诉前调解中心进行调解并在7日内完成调解，出具调解协议书；如未达成协议需进入司法程序，立案后，由中心速裁庭进行诉讼调解，调解不成则及时作出判决，最大限度地缩短了诉讼周期，减轻了当事人的诉累。近年来，法院系统民商事案件的调撤率超过 75%，涉法涉讼信访案件也连年下降。

为保障"大调解"体系正常运转，南通市先后建立了预测预警、排查调处、信息报送、分流督办、奖惩考核、责任追究等运行机制。为了在实践中将这一系列工作机制落到实处，南通市还先后出台《关于实行"大调解"效能监察的意见》、《关于加强"大调解"效能建设的意见》、《关于实施矛盾纠纷排查"零报告"制度和责任查究制度的意见》等一系列务实管用、符合实际的制度，使得"大调解"体系不仅有组织保障，更有机制支撑，大大提高了其运行效能。[1]

社会治理现代化的终极目标是构建和谐社会，这也是当年张謇追求的目标。正如马敏所说，张謇所规划、推行的南通建设，还不是一般意义上的城市建设或地区经济建设，确切地讲，应是一种整体的社会改良和社会建设计划。除强调以人为本、民生为本、和谐发展外，张謇社会理想的另一显著特点便是其内涵的丰富性和全面性，追求物质与精神、经济与文化、人与自然、人与社会的全面发展，是中国近代历史上一种比较成体系的全面社会发展观。其志向在于从"实业、教育、水利、交通、慈善、公益"入手，全面改良南通的经济结构、文化结构以至整个社会面貌，使之成为一个经济繁荣、文化发达、人民安居乐业的模范地区，一个"新世界雏形"，进而推广到江苏、推

---

[1] 《南通社会矛盾纠纷"大调解"体系建设的思考》，《学习时报》2012 年 7 月 30 日。

广到全国。张謇的业绩对于今天中国正在建设的社会主义和谐社会的事业不无启迪。中国当代和谐社会的构建和实现社会主义小康社会建设目标,非常需要借鉴历史的经验,汲取历史的资源。

法治文化与制度建设

在南通市政府有关法治文化建设的实施意见中,曾经不止一次地指出,法治文化是一个国家或民族对于法律生活所特有的以价值观为核心的思维方式和行为方式,是法治的"灵魂",是法治社会的重要精神支柱和内在动力。法治文化建设是法治城市建设的题中要义,也是法治南通建设的具体实践。基本实现法治文化和法治精神全面融入经济、政治、文化和社会发展目标,着力提升各级领导干部依法执政能力,着力提升行政执法部门和司法机关的执法公信力,着力提升公民法治意识,着力提升政治、经济、文化和社会建设的法治化水平,努力增强法治文化建设的吸引力、影响力、感染力和渗透力,形成市场经济基础稳固、秩序健全,法治化的制度和体制设计到位,社会治理方式和程序改善,司法体系完备高效,公民法律意识和素质养成,权利义务充分实现,公平正义得以伸张,社会秩序合理稳定,道德风尚不断提升,以法治为特征的物质文化、政治文化、精神文化全面生成,社会呈现和谐发展的良性局面。

在全面推进法治文化建设的众多举措中,包括建设不同类型、不同规模的法治馆、法治画廊、法治文化广场、法制宣传教育中心、法治文化街区,因地制宜设置一批与环境相协调、与生态相融合的法治文化景观,形成"市县有场馆、乡镇有中心、村居有站点"的层级式阵地网络。市依法治市领导小组每年将通过命名法制宣传教育示范基地、法治文化建设示范点等形式，推动各地建设一批有特色的法治文化阵地。2011年，南通市建成集法治、休闲、陈列、教育为一体的法治文化广场，满足城区居民法治文化需求。各县（市、区）要依托图书馆、博物馆、展览馆、纪念馆、群艺馆、文化馆等现有场所，建立法治文化阵地。在各县（市、区）主要干道或市民休闲中心区域建立固定的法治文化宣传栏和大型电子显示屏，开展滚动式动态宣传。到2015年，已经有100%的乡镇村居建立法治文化站、法治文化中心。在此基础上，由市、县两级逐年加大投入，全市建立100个由村（居）民自办的法律文化放送站和法律文化流动超市，及时为民众传递法律快讯。

与此同时，鼓励民众自觉参与法治文化活动，在参与中潜移默化地接受法制教育，提高法律素养。一是举办法治文化节。自2011年开始，每两年举办一届法治文化节。通过法治文艺汇演、法律知识竞赛、法治书画展览、法治文化标语征集等形式，把广大群众带入法治环境，接受法治文化熏陶。二是开展法治评选活动。通过每年开展"学法用法示范单位""十大法治人物""十大法治事件""法制好新闻"等法治评选活动，激发群众广泛参与法治文化建设的热情，提高社会关注度，并运用网络、电视等媒体开展事迹宣传，充分发挥典型人物和事件的示范引领、导向作用。三是提倡群众自发创作法治文化作品。依托文联、高校等文化界力量，建立法治文化作品研发中心，采取会员制形式吸收有各类才艺的群众为会员，鼓励、支持、引导群众结合地方剧目、方言以及年画艺术、剪纸、雕刻等民间手工艺开展法治文化活动。拓展法治文化与群众文化生活相结合的深度和广度，不断提高法治文化的群众影响力。

关于社会治理的制度建设，罗一民的见解富有新意，他认为必须从创新机制入手，着力打造组织保障新平台。一是创新领导机制。把创建活动纳入"两个率先"的整体格局，列入全市经济社会发展总体规划，作为一项全党工程、全民工程、全警工程去谋划、去部署，做到主要领导负总责，亲自抓、分管领导具体抓、政法综治部门全力抓。二是创新责任机制。认真落实创建活动的各项责任，把创建工作的任务和责任层层分解到各部门各单位，直至每个基层组织，严格实行社会治安综合治理一票否决制、末位警示制和领导责任查究制，保证创建工作的落实。三是创新奖惩机制。建立科学的考评机制，严格考核标准，完善考核体系，做到有功者奖、有过者罚，赏罚分明奖优罚劣，营造真抓实干的良好氛围。

在创新源头预防机制上，南通市在全市范围内构建"党委统一领导、政府组织实施、部门具体负责、综治维稳指导考核"的社会稳定风险评估机制，在重大决策、重大项目实施之前，全面进行稳定风险评估，像"环评"一样抓好"稳评"，切实从源头上防止矛盾纠纷的发生。例如，南通全市普遍建立医患纠纷调处中心和调处站，构建多方联动的资源整合机制、客观公正的事故鉴定机制、规范有序的调处预防机制和科学合理的纠纷理赔机制。在各县（市、区）和相关工业重镇建立劳资纠纷调处中心。建立"交通事故损害赔偿案件调解中心"，占总量69%左右的交通事故损害赔偿案件得以调解结案。通过强化基层基础，使全市矛盾纠纷的化解呈现"金字塔"形格局，80%

左右的矛盾纠纷在村居、12%左右的矛盾在乡镇、8%左右跨行业、跨地区的矛盾在县（市、区）级得到化解。

第四节 人文认同与地方文化治理现代化

在当今世界，一个城市卓尔不群、展示独特魅力的最好体现，往往不一定在其经济实力、发展总量上，而是以人文认同为核心的文化现代化，这能够更多地向外界传递、彰显其自身的精神、思想和理念。文化治理则是通过指通过社会凝聚、文化感召、科教支持、参与协调等各种方式，最终实现文化现代化的治理目标。

更为重要的是，文化现代化可以加速改革进程中社会共识的形成。戴维·米勒指出：共识是指"在一定的时代生活，一定的地理环境中的个人所共享的一系列信念、价值观念和规范。"[1] 共识是人类文明的基础，人类生活的一致性和共同的目标及协作劳动，必然要求人们互相之间形成共识，以此来规范集体行为，进行分工合作，并在此基础上形成国家、法律、道德、文化等上层建筑。丹尼尔·贝尔指出："归根到底，任何社会都是一种道德秩序。它扎根于一种共同的价值体系"。[2] 当代中国政治社会化过程中的社会认同是形成社会共识的基础，没有形成统一的社会共识，国家发展战略和政党政治意图

---

[1] 戴维·米勒、韦农·波格丹诺编，邓正来译：《布莱克威尔政治百科全书》（修订版），中国政法大学出版社，2002年，第106页。
[2] 丹尼尔·贝尔著，赵一凡等译：《资本主义文化矛盾》，三联书店，1989年，第288页。

就难以实现社会化，获得公民的认同和参与。[1] 因此，文化认同完全可以成为社会共识的最大公约数。

当代南通的文化治理可以说是张謇文化现代化思想的继承与发扬，虽然具体的路径选择存在时代的差异。"张謇生活在清末民初时期，他以前瞻的目光和创新的意识，来开拓文化教育事业，成为全国为数不多的先驱者。他提倡以文化教育事业来启发民智，也促进了南通近代经济与社会的全面发展，使国民素质教育开展起来。他在南通所创办的诸多文化机构，为南通文化产业的发展奠定了很好的基础，对我们今天又有着很大的启示作用。"[2]

政府角色与文化治理

与张謇时代不同的是，在当代文化治理现代化进程中，政府的角色仍然是不可替代的。南通市提出了着力实施包括"文化产业升级"在内的六大战略，努力推动南通市文化大发展大繁荣。2002年、2007先后出台了南通市"十五"文化发展规划和"十一五"文化发展规划。以文化发展规划为依托，先后制定了《关于加快推进文化大市建设的若干意见》《南通市扶持文化产业发展财税政策》等文件。2010年首次把文化产业发展指标作为文化建设重要内容列入市政府对各县（市、区）年度目标管理考核范畴，进一步明确职责，努力形

---

[1] 贺治方：《国家治理现代化进程中社会动员研究》，中央党校博士学位论文，2019年，第40页。
[2] 韩勤：《试析张謇的文化产业思想和实践》，《张謇复兴中华的认识与实践：纪念张謇160周年诞辰学术研讨会论文集》，苏州大学出版社，2014年。

成齐抓共管的良好局面，积极推动全市文化产业的发展。

2005年以来，南通市先后制定和颁布实施了《南通市文化市场管理规定》、《南通市营业性演出管理办法》等一系列地方性法规和行政规章。为南通市文化产业的运营和管理提供了有力的法律依据。2007年，根据形势的发展，制定了《南通市文化行政许可事项办理若干规定（试行）》，积极探索新时期文化产业管理的新思路。坚持一手抓产业繁荣，一手抓市场监管，将管理与引导，执法与调控紧密结合，有效地促进了全市文化产业的发展。围绕文化产业管理职能的转变，按照市场经济的要求，积极调整管理思路，由"办文化为主"转变为"管办结合"，由"管理"逐步走向"服务"。不断放宽文化产业准入门槛，特别是允许和鼓励民营资本进入到文化产业领域，并适度参与文化产业的市场管理。为了推进知识产权战略，南通市政府除了对研发、设计已取得的专利、商标等知识产权给予保护外，还通过三大抓手实施知识产权战略，一是提高全民知识产权意识和创新能力。二是充分发挥行业协会在知识产权保护中的自律作用。三是建立健全知识产权保护工作，提供决策咨询。[1]

今天南通的文化教育事业在全国的领先地位的形成也是一个百年育人的过程。"文化必先教育"，张謇在教育事业上的努力和成就更为人所津津乐道。他创办了三百七十多所各类学校，从幼儿园、小学、中学到大学，从普通学校到职业学校、特种学校（聋哑人学校、技工学校、师范学校），几乎无所不包。他还规划在农村每八平方公里办

---

[1] 冯莹：《南通市文化产业发展中的政府作用研究》，上海交通大学学位论文，2013年，第13—14页。

一所小学,并成立了教育会、劝学所等几十个现代教育研究团体和机构。他还担任江苏教育会会长。可以说,张謇是名副其实的中国教育现代化先驱和集大成者。世界著名的美国哲学家杜威在考察南通后,由衷地赞叹道:"南通者,中国教育之源泉,吾尤望其成为世界教育之中心也。"南通近百多年来,人才辈出,群星璀璨,绝非偶然。

文化治理的人文认同

有论者指出:"张謇的人文精神所包蕴的思想作为一种历史的智慧有着宝贵的启示意义,在文化大发展大繁荣的今天,在新一轮解放思想的今天,张謇的人文精神是滋润、养育新时代先进思想的丰厚资源。"[1]

在当代南通的文化治理战略中,凸显新时期"中国近代第一城"精品形象是文化现代化的内核。张謇先生悉心规划建设的"中国近代第一城"其开风气之先的神韵,至今依稀犹存。这些有形的或无形的文化遗产,已融入工业农业、商业、交通、建筑、文化、教育等各个领域,是极好的历史见证,是对"中国近代第一城"的最好解读。近年来,近代遗存的不少人文景观得以修复,包括南通博物苑、钟楼、商会大厦、女工传习所、军山气象台、赵绘沈绣之楼、大生纱厂等26处珍贵的"中国近代第一城"遗迹,成为城市发展的新亮点。以存续古城近代风貌,为现代南通增加历史厚度。同时在对五山、濠

---

[1] 张廷栖:《学习与探索——张謇研究文稿》,苏州大学出版社,2015年,第27页。

河、开发区、新城区进行科学定位的基础上，高起点开发建设，从而构成与"中国近代第一城"气脉相承的格局。让新世纪的南通既饱近代文明的文脉意蕴，又体现现代文明的蓬勃气息。"历史文化是一座城市绵延传承和积淀升华的维系和纽带，既是推动经济发展和社会进步的内在动力，又是创新和弘扬时代先进文化的重要基础，更是提升城市品位、展示城市形象和发扬人文精神的核心要素。"[1]

传承和弘扬"第一城"优秀历史和灿烂文化，培育鲜明的城市精神。正如民族精神是一个民族赖以生存和发展的精神支撑一样，一个地区的发展，其内在的动力是其所特有的包括素质、思想、道德、文化在内的社会人文精神。南通滨江临海，是南方文化与北方文化的交汇点，不同时期、不同区域文化的交融、蕴积、演变、发展，形成了具有鲜明区域特色的独特人文精神和绚丽江海文化。尤其是"中国近代第一城"崛起所集中体现出的爱国爱乡、开拓开放，创新创业，崇文重教等品格，正是南通新世纪实现跨越式发展的宝贵精神财富。南通特色的江海文化，积极发展各项社会事业，努力塑造南通城市良好的文化形象，弘扬和光大南通作为教育之乡、体育之乡、长寿之乡的经济社会协调发展特色，为跨越式发展注入强大的精神文化力量。

文化建设的价值核心是人文认同，从而形成一种强烈的文化认同。文化认同是个体对于所属文化以及文化群体形成归属感及内心的承诺，从而获得、保持与创新自身文化属性的社会心理过程。学者陈世联认为文化认同既是一种个体认同，也是一种社会认同，是个体获

---

[1] 黄振平：《近年来南通地区的文化建设与发展》，《艺术百家》2009 年 S2 期。

得文化群体的"我们感"的途径和过程。强调文化认同是一种归属感,而这种归属感是个体在对文化群体的认同过程中产生的,强调了个体向文化群体积极地靠拢,与文化群体最终融为一体,形成"我们"这个共同体。

主政者也认识到人文认同与文化建设的关联,创意产业能力固然属现代文化的重要内容,但拥有博物馆的量及其质,一定是文化事业、文化产业以及文化力的重要体现。城市的高层管理者继而提出了文化跨越发展的新目标。文化跨越发展,建设一批新博物馆,进一步繁荣、壮大文博事业是题中应有之义、应有之策。近年来,南通在濠河两岸先后创办了蓝印花布艺术馆、中国体育博物馆南通馆、南通中国珠算博物馆、南通风筝博物馆、城市博物馆等一系列文博场馆,形成了环濠河文博馆群,另有教育博物馆、长寿博物馆、民间工艺品博物馆等。博物馆作为历史文化之主要载体,集中收藏和映照历史文化。塑造先进文化、创设地域文化,需要一个过程,承载历史文化诸多信息的博物馆是这个过程中不可缺少的独特角色。基于这一理念,南通近几年掀起新一轮建办博物馆的高潮,同时组织各种资本和力量兴建了一批专业博物馆。

有论者指出:"文化认同是人们在一个民族国家共同体中长期生活而形成的对该民族国家文化精神的肯定性体认。因而,文化认同问题不仅是一个理论问题,而且是一个实践问题。它不只是对民族国家文化发展进程的抽象概括,更是一个历史与现实相互交织、传承与超越交相辉映的鲜活的历史生成过程。它不仅包含着人们对文化传统的眷恋和延续,而且包含着人们对现实的焦虑和抉择,更重要的是它还蕴含着人们对未来的憧憬和期许。从这个意义来说，文化认同是鲜活的而不是抽象的，是开放的而不是封闭的，丰富性、多样性、绵延性是其鲜明的特质。"[1]

第五节 生态文明与地方生态治理现代化

1992年召开的联合国环境与发展大会，确定了可持续发展的基本战略和思路，加深了人们对资源、环境与经济关系的认识。200年可持续发展世界首脑会议将经济发展、社会进步与环境保护作为可持续发展的三大支柱，对传统工业文明进行生态化转型逐渐成为共识。生态学家叶谦吉先生首先提出生态文明的新观点，认为生态文明是"人类既获利于自然，又还利于自然，在改造自然的同时又保护自然，人与自然之间保持和谐统一的关系"。有学者强调生态文明是一种全球性的文明形态，只能产生于工业文明背景下的世界秩序中，但是生态文明会超越并改变这种文明。生态文明应继承和保留农业文明与工业文明中促进人与自然和谐发展的合理要素，是具有多样性和差异性的文明。[2] 中共十八大将生态文明建设提高到社会主义现代化建设"五位一体"总体布局的高度，对生态文明建设作了全面战略部署。国外有学者指出全球性动力机制与具体政策正促成工业文明向生态文

---

[1] 刘振怡：《文化记忆与文化认同的微观研究》，《学术交流》，2017年第10期。
[2] Gare. A, Toward an Ecological civilization, Process Studies, 2010, 39 (1): 5-38.

明的转向，工业文明的自我破坏性的现实为生态转型提供必要性和条件，生态民主对生态转型至关重要。

值得一提的是："张謇在当年，虽然未采用生态技术和生态工艺去改造传统产业，但在资源利用、产业结构方面的努力，形成节约型的产业链，减少了因工业的发展对生态环境带来的负面影响，与当代循环经济的理论不谋而合。他的这种努力有利于促进自然生态系统和社会经济系统的良性循环，为走出一条生态环境与社会经济协调发展的路子提供了思想基础。"[1] 百年前的张謇同样重视自然生态环境的保护，进行了一系列的生态文明建设，保持了生态环境的基本平衡，实现经济效益和生态效益双丰收，值得我们挖掘与弘扬。

生态治理的政策立场

近年来，南通有关生态治理的政策立场是非常鲜明的。先后出台《关于深入落实生态文明建设工程，切实加强当前环境保护工作的意见》、《南通市生态文明建设三年行动计划》等一系列文件，颁布实施《南通市生态文明建设规划（2015～2020）》，划定生态红线，构建具有南通特色的生态文明建设"9＋2"工作和责任体系，扎实推进节能减排、绿色城镇、美丽乡村等"九大行动"。这一政策立场完全符合学界关于生态文明建设的理念，即生态文明是人与自然、人与人之间和谐相处的文明，是生态和社会可持续发展的文明。

2003年国家环保总局发布了《生态县、市、省建设指标》，第一

---

[1] 张廷栖：《学习与探索——张謇研究文稿》，苏州大学出版社，2015年，第39页。

次明确提出"生态城市是社会经济和生态环境协调发展，各个领域基本符合要求的地市级行政区域"它是一个"以人为本"并在经济发展、社会进步、生态环境保护三方面保持高度和谐的统一体。所以"城市某一方面的生态化不是生态城市，只有整体的生态化才能成为生态城市"[1]。南通及各县（市）创建国家生态市（县）均通过命名或考核，生态文明建设工程考核和群众对生态文明建设的抽样满意率均名列全省前茅，绿色发展指数评估全省第一。总体目标是到2020年，生态文明建设取得重大进展，空间开发格局持续优化，能源资源利用效率持续提高，污染排放总量持续下降，绿色发展水平持续攀升，城乡生态环境和人居环境质量显著改善，民众对生态文明建设的满意度持续提高，生态文明意识在全体人民生活方式中内化为习惯，生态文明制度保障体系得到进一步完善。

在生态治理的起步阶段，南通就坚持把自然环境作为沿江沿海开发的核心资源优先保护。在开发方面，切实转变粗放的开发经营方式，不是把长江大海的环境容量作为唯一的开发目标，而是通过整体开发、集约开发、生态开发、永续开发，充分挖掘和提升沿江沿海环境的新发优势；不是把沿江沿海开发看成是只追求生产力开发和经济增长，而是在突出产业开发的过程中同步促进生态环境的恢复和改善；不是把沿江沿海开发简单等同为工业开发，而是因地制宜、统筹兼顾，综合考虑各类适宜发展的产业、城镇建设、基础设施建设和生态环境建设，实现全面协调发展；不是把沿江沿海开发仅仅局限于岸

---

[1] 肖亚丽、蒋大和：《长三角城市群生态城市建设定量评价》，《长江流域资源与环境》，2007年第5期。

线资源开发，而是在整治、整合、开发岸线的同时，注重向纵深腹地延伸开发，提高岸线和土地资源的使用率；不是把沿江沿海区域片面理解是承载和发展高物耗、高能耗、高污染类项目的"特区"，而是致力于打造现代化的新型产业高地和重要的经济增长极，努力实现既有工业走廊又有清水长廊、既有产业高地又有生态屏障的双赢局面。[1]

生态文明的制度推进

2015年完成的《南通市生态文明建设规划》编制工作，旨在形成未来一定时期内指导南通市社会、经济、文化、生态环境、制度等全面建设生态文明的纲领性文件。本规划的范围为南通市陆域行政辖区（8001平方公里）以及长江和近岸海域。规划基准年为2014年，近期（2015年—2017年）为探索突破期，远期（2018年—2020年）为深化拓展期。规划提出优化国土空间格局、推进经济绿色转型、加大环境保护力度、大力倡导生态生活、着力培育生态文化、强化重点领域科技创新、加强生态文明制度建设七个领域的任务，力图将生态文明融入南通社会、经济、文化和制度建设的全过程。

完善政府部门资源环境信息公开是生态文明制度建设的重点。强化行政权力网上公开透明运行机制，确保资源环境相关项目审批过程公开透明，建立健全面向企业和公众的信息服务及咨询投诉的受理和反馈机制，打造服务型政府。加强中国南通政府门户网站中的生态文

---

[1] 罗一民：《以环保优先促发展领先》，《新华日报》，2006年8月27日。

明相关专题栏目建设及南通环保网站建设，扩大环境信息公开范围，加强涉及民生且社会关注度高的大气、饮用水、地表水、土壤等环境质量监测、建设项目环评审批、企业污染物排放等信息的公开，保障公众的环境知情权，环境信息公开率达到100%。加强部门间资源环境信息共享。加快完善全市统一的电子政务平台建设，实现部门间网络互联、信息互通和资源共享。推进智慧环保、"1831"生态环境监控体系建设。完善污染源环境监管信息公开机制和企业环境行为信息公开制度。加大对环境友好型企业的宣传力度，强化企业安全生产事故、环境违法信息的公示等。

自1971年联合国教科文组织发起的《人与生物圈计划》第一次提出了"生态城市"这一概念以来，"生态城市"已成为世界各国的城市发展重要方向之一。一般认为，"生态城市是指社会、经济、自然协调发展，物质、能量、信息高效利用，基础设施完善，布局合理，生态良性循环的人类聚居地"[1]。其目的在于使人的创造力和各种有利于推动社会发展的潜能充分释放出来，在一个高度文明的环境里造就更高的生产力。因此，生态城市是人类社会发展到一定阶段的产物，也是人类现代文明城市的象征。[2]

生态治理与可持续性发展

有研究指出，南通以打造"绿色南通"为契机，六县（市、区）

---

[1] 王祥荣：《生态建设论：中外城市生态建设比较分析》，东南大学出版社，2004年，第8页。
[2] 李天贺等：《南通生态城市建设的问题与对策》，《南通纺织职业技术学院学报》，2011年第1期。

也均编制完成了生态县（市、区）建设规划。通过创建"国家环境保护模范城市"实现了经济增长方式的转变，完善了基础设施建设。南通在沿江开发中注重经济、社会和环境的协调发展，按照新型工业化的要求，将循环经济理念、清洁生产思想融入产业结构调整之中，对主城区内化工企业实施了布局优化。在建设生态城市的过程中，把优化城市结构和布局、完善城市功能配置、建设新型工业城市，作为改善城市环境、实现可持续发展最根本的措施，按照科技含量高、经济效益好、资源消耗低、环境污染少、人力资源得到充分发挥的新型工业化模式，对传统经济、产业结构和布局进行了调整和改造。主动利用国际金融危机形成的倒逼机制，把扩内需、保增长与调结构、抓创新、促减排紧密结合，提升自主创新能力，促进经济转型升级。在产业结构调整上，按照生态城市建设的目标要求，有选择地清退了一批高能耗、高污染的产业（企业），扶持和着力提升第二、第三产业，努力形成既有沿江特色又符合南通产业特点的船舶修造、纺织服装、精细化工等三大支柱产业。在城市布局上，则针对传统居住、工业、文教区混杂，功能混乱，人居环境得不到保障等问题，按照"空间大转换、产业大转移、功能大转型"的总体思路，进行了大幅度的调整，并建设了濠东生态绿地、盆景园、体育公园、环西文化广场等一大批生态设施，城市区域结构布局更加合理。[1]

在主政者看来，有江有海是南通独特的资源优势，而江海自然生态环境是最具竞争力和吸引力的核心资源。按照"在开发中保护，在

---

[1] 李天贺等：《南通生态城市建设的问题与对策》，《南通纺织职业技术学院学报》，2011年第1期。

保护中开发"的原则，可持续推进江海联动开发。在规划方面，坚持引入生态理念，在全省率先启动沿江和沿海开发规划研究和编制工作，邀请国内知名专家学者，对沿江沿海区域的土地、水源、潮汐、空气、风力、港口、产业、园区、人文景观、历史遗产、生态、安全等要素，进行通盘论证和科学规划。沿江、沿海开发总体规划和各专项规划充分体现了经济、社会和环境三大效益的友好统一。在保护方面，把沿江沿海水污染源作为重点，实行严格的预防和控制。通过保护式开发和建设，促进了沿江沿海生态环境的逐步好转。长江南通段近岸带水质从2002年的四类上升到2005年的二类域；全市近岸海域水质达到功能区水质要求，重点滩涂养殖区水质符合国家渔业标准；沿江生态保护建设面积拓展到前沿区域的67.5％，自然保护区覆盖率由2001年的1.83％上升到2005年的8.82％。[1] 近年来监测数据表明，长江南通段水功能区水质达标率为100％，全部符合地表水Ⅲ类水质要求，其中Ⅱ类水监测断面占比达75.8％。沿江生态保护面积达到1700多平方公里，占沿江前沿区域近70％。

澳大利亚学者大卫·格里格斯指出，可持续发展是指既满足当代人的需要，又能保护满足当代人和后代人福利需求的地球生命支持系统的发展。可持续发展的目标包括：繁荣的生活、可持续的安全食品、可持续的安全饮用水、全球清洁能源、健康和富有活力的生态系统以及可持续的社会治理。消除贫困和饥饿，提高健康和福利水平以及建立可持续的生产和消费模式是实现可持续发展的原则。经济学

---

[1] 罗一民：《以环保优先促发展领先》，《新华日报》，2006年8月27日。

家科斯坦萨等指出实现可持续发展的三个条件：一是建立评价人类福利和生态系统健康状况的总指标，该指标应体现人类共同繁荣、发展成果共享以及生态可持续发展的目标；二是构建人与自然综合系统的动态模型；三是探索人类对可持续发展目标形成共识的创新途径。[1]

虽然历经百年，生态治理的时空环境与理念认知已经发生巨大的变化，但张謇具有超前性的生态文明思想，还是值得我们重视与借鉴的。有研究指出，张謇的城市建设思想中的重要内涵就是优化人居环境，保护自然生态。"张謇以南通为中心的城市建设和规划是具有前瞻性和现行性的生态城市建设，是在不断考量西方的城市规划和建设的得失成败并结合本国国情、地方特色的理性实践，为生态城市理论带来了许多的超越和创新。他从城市的空间布局到产业结构的生态化，从植树造林到城市绿化，从立法护林到生态教育，进行以人为本、优化人居环境的一系列作为，无不实践追求人与自然的和谐，关注发展可持续化的生态思想。张謇在一个世纪前由于其'世界视野'为生态城市建设带来的前瞻性与创新性，正是我们今天面临严重的生态危机所要提倡和弘扬的。"[2]

俞可平曾言南通的现代化进程，最早可追溯到张謇的实践与探索，但南通现代化的最伟大成就，无疑是改革开放的产物，而南通在进入21世纪的许多变化，都与罗一民有着直接的关系。因为从2001

---

[1] R Costanza, L Fioramonti, I Kubiszewski, The UN sustainable development goals and the dynamics of well-being. Frontiers in Ecology and the Environment, 2016, 14 (2): 59.
[2] 姚颖、陈晗：《张謇生态城市建设的世界视野》，《南通职业大学学报》，2014年第1期。

年开始，罗一民在南通市先后任市长和市委书记。在中国现行的政治生态下，一个地方的兴衰与该地方的主要领导总是有着脱不开的干系。《黑马南通》作者包永辉曾感叹，南通的崛起，在很多人看来是一个谜。一个在江苏 13 个地级市一度处于倒数行列的"后进生"，何以在短短数年之内，成为中国地级市的"模范生"？它不仅实现了跨越式的发展，还在政治改革、经济改革、社会事业改革中频频领先，飘洒自如，个中原因何在？大凡快速发展的城市，往往逃脱不了刀光剑影、干群关系紧张的宿命，南通却成为一个政通人和的城市，一个在全国贡献了"大调整"和谐经验城市，其中门道何在？

南通在 21 世纪初走向"善治"的治理现代化的实践，就是一个很好的答案。"善治，简单地说就是公共利益最大化的治理过程，其本质特征是国家与社会处于最佳状态，政府与公民对社会公共事务的协同管理，或称官民共治。"[1] 推进治理体系现代化的基本途径是在理顺各治理主体间的关系基础上，动员分散的治理资源形成分权化的多元协同治理结构。因此，在政府主导下，从公民需求出发，协调和调动市场与社会力量，创造并实现具有公共价值的目标，营造更多的合作共治环境。这种国家治理化的地方实践，是"国家政权的所有者、管理者和利益相关者等多元行动者在一个国家的范围内对社会公共事务的合作管理，其目的是增进公共利益和维护公共秩序"[2]。

---

1 俞可平：《中国的治理改革（1978—2018）》，《武汉大学学报（哲学社会科学版）》，2018 年第 3 期。
2 何增科：《理解国家治理及其现代化》，《马克思主义与现实》，2014 年第 1 期。

关于新世纪地方治理现代化的"南通现象",罗一民自己也作了很好的总结。首先是找准特色路。就是把握本地实情和发展大势,发挥自身优势,像当年张謇一样,谋划出一条具有地方特色的发展道路。其次是重点改机制。南通的机制改革常常抢先一步,极为重视全面可持续发展的体制改革,覆盖面非常广泛。最后是打好组合拳。在治理实践中,一直以来南通都是统筹推进地方政治、经济、文化、社会与生态现代化的全面建设。经过多年来坚持不懈的努力,南通终于实现了从崛起苏中到融入苏南,进而挺进长三角核心圈的城市振兴,经济发展创下"南通效益",体制改革创下"南通模式",社会建设创下"南通特色"。南通既好又快全方位变化显现的"南通现象"充分说明,各个地区,特别是后发达地区,只要立足本地实际情况,以机制改革为核心,全面推进与统筹发展,完全可以在短时期内实现本地的跨越式发展。

概括而论,如果说百年前张謇先生的南通地方自治,是地方治理现代化的初级版,那么21世纪初期南通的地方治理,无疑是地方治理现代化的升级版。当前正在依据政治、经济、社会、文化、生态五位一体的总体布局,整体推进新时代的社会主义现代化建设;正在以提高国家治理体系和治理能力现代化为前提和保障,推进实现国家的全面现代化;正在弘扬社会主义核心价值,大力提升现代化文明水平,促进人的现代化。对此,我们依然可以从张謇当年的创造性、开拓性的探索中获取灵感和体悟。

第六节　地方政府治理体系的持续改革

对于一个国家或一个地区来说，治理是整体性、根本性的政治和管理。任何一个国家，一个地区，若要实现全面现代化，就必须以治理体系和治理能力的现代化为保障为先导。治理现代化是具有根本性、全局性与决定性的现代化实现路径。世界银行在《1997年世界发展报告：变革世界中的政府》中指出："如果没有有效的政府，经济的、社会的和可持续的发展不可能实现。有效的政府——而不是小政府——是经济和社会发展的关键。"[1] 政府治理是国家治理的基础和核心，政府作为经济社会发展的主推者和治理者，其治理能力的强弱直接影响到现代化进程的成败。对正在经历从"政府管理"到"政府治理"体制转型的当代中国政府来说，"中国的治理实践远非西方发达国家的治理实践，政府治理可能是恰当地概括了中国治理实践的概念"[2]。

从政府治理体系的视角观察20世纪初期的地方政府的治理体制，"由于受军阀政治等因素影响，江苏省行政体系发展始终缺乏稳定的政治社会环境，从省级到县级的行政机构变动频繁，难以维持一个稳

---

[1] 世界银行：《1997年世界发展报告：变革世界中的政府》，中国财政经济出版社，1997年，第17—18页。
[2] 包国宪、霍春龙：《中国政府治理研究的回顾与展望》，《南京社会科学》，2011年第9期。

定而有序的行政体系，也对江苏行政体系的现代化进程形成较大的阻力"[1]。在政府时常缺位的情况下，以张謇为代表的民间社会不得不承担政府在政治、经济、社会、文化等方面的职能。虽然取得了很大的自治成就，但因政府的缺位与资金的匮乏，地方现代化建设最后还是难以为继。

在 21 世纪初的南通改革实践中，主政者充分认识到政府治理体系和治理能力现代化的重要性，"从某种意义上说，政治现代化，也就是政府治理现代化"。正如研究中国现代化的美国学者罗兹曼所言："在中国，政治是统帅，政府被其他成员认为是驱动社会其他部门——经济的、教育的，等等——走向现代化的主要决策来源。"[2] 只有实现政府治理体系和治理能力的现代化，才能最终完成地方治理体系和治理能力的现代化。

在改革伊始，领导者就深刻理解政府管理水平的高低、管理能力的强弱，将越来越成为影响一个地区综合实力和国际竞争力的决定性因素，必须加强自身建设，以政府职能转变作为突破口，改革不适应经济社会发展中的体制机制，优化政府机构设置、职能配置、工作流程，加快向"创新、规范、高效、廉洁"的现代型政府目标迈进。

在南通政府治理体系改革实践中，创新型政府主要是强调政府职能要加快转变，转化社会管理职能，实现从无限权力的政府向有限责任的服务型政府转变，从主要为国有经济服务的政府向为整个国民经

---

[1] 祝小楠：《清末民初江苏地方政制转型研究（1905—1927）》，第 161—162 页。
[2] 吉尔伯特·罗兹曼：《中国的现代化》，江苏人民出版社，2003 年，第 405 页。

济服务的政府转变。建设规范型政府，是以目标责任管理为抓手，推进政府法治化建设，将法治建设纳入部门工作目标，健全和完善责任、权力、利益相统一，激励约束相结合的工作责任机制，建立健全目标责任的监督考核制度、奖励惩罚制度、责任追究制度。廉洁型政府的定位，则是减少政府权力对市场经营活动的干预，从体制上铲除滋生腐败的土壤。同时强化对权力的监督，积极创新监督机制，把同级监督、上下级双向监督、社会公众监督和舆论监督统一起来，拓宽监督的范围和渠道，最大限度地抑制少数人追逐金钱的欲望。同时强化惩腐机制，对已出现的腐败行为，加大打击惩治力度，树立政府反腐形象。

现代政治的决策民主

在理论认知方面，具有民主作风与民主意识的改革者较早认识到决策民主在现代政治中的地位。"现代治理和现代民主政治的重要标志，就是决策的民主化。在城市治理的过程中，政府决策的正确性和正当性，取决于广泛而充分的民主。决策的正确合理和决策行为的正当合法，依赖于扎实的民主基础。缺乏民主，不仅会使决策错误或违规，而且即使是正确的决策，也往往难以贯彻落实。因为缺少民主的决策，缺少正当性，不正当的决策则缺少公信力和执行力。由此可见，决策民主化既是现代政府的基本标志，也是城市治理现代化的必由之路。""依托江海、崛起苏中、融入苏南、接轨上海、走向世界、全面小康"的新世纪南通城市发展战略，就是在以"中国近代第一城"城市历史与精神大讨论的基础上形成的，并及时决策实施了通州撤市建区和启动了新城区建设。[1]

政府施政与公众参与的有效结合，是多年来南通决策民主化的一个集中性体现。重要事项公示和重点工作通报制度，对涉及民众切身利益的事项全面实施公示。每年公开征集政府为民办实事事项，对城市总体规划调整，市区医保制度修订，市区主要道路、桥梁命名，居民用水、电、气价格调整进行听证公示。市规划局、物价局等部门以公示和听证等制度的执行为契机，推出阳光规划、阳光物价等政务公开品牌，获得社会公众的认可。在公共财政建设方面进一步深化部门预算改革，推行综合财政预算，提高政府采购预算透明度，在财政预决算的公开、建设工程招投标、土地与产权交易等重点领域的公开行权方面出台约束性强操作性强的制度，努力打造透明财政。公民大众广泛、有效、有序地参与社会治理，与政府分享过去由公共部门完全垄断的公共决策权，公民治理真正运转。[2]

戴维·米勒等人把商议民主理解成一种民主的决策体制或理性的决策形式，在这种体制中，每个公民都能够平等地参与公共政策的制定过程，自由地表达意见，愿意倾听并考虑不同的观点，在理性讨论和协商中做出具有集体约束力的决策。在协商民主模式中，民主决策是平等公民之间理性公共讨论的结果。协商民主要求容纳每个受决策影响的公民；实现参与的实质性政治平等以及决策方法和确定议程上的平等；自由、公开的信息交流，以及赋予理解问题和其他观点的充

---

[1] 罗一民：《以政府治理现代化引领城市现代化》，《江苏省社会主义学院学报》2017年第2期。
[2] 顾栋：《南通市阳光政府建设新的目标举措和途径》，《中外企业家》，2011年第1期。

分理由。协商民主的基本特征之一是程序性，把程序看作决策获得合法性的根本要求。

南通在协商民主制度建设上，重视完善参与式决策的相关制度安排，努力优化协商民主的程序设计，积极推进协商民主进入决策程序，强化规范协商民主的运行程序，以达到充分反映民意、提高决策质量的目的。在市政协领导人看来，所谓程序设计，要点是"搭建平台、确定议题、明确主体、商前调研、开展协商、报送成果、转化落实、评估质效"八个关键环节，形成一个完整闭环。在南通市政协的努力下，全市109个镇、街道、园区和1868个行政村、社区建有协商议事室，实现全市政协系统123个界别协商议事室全覆盖，并建成57个企事业单位协商议事室。

南通市政协系统采用"蹲点指导+市县联动"的工作方式。由市政协主席任总指导，主席会议成员全部下沉，带领相关委室蹲点指导所联系的县（市、区），将学习、督导、总结、建议"四位一体"的要求落到实处。加强市县政协联动，选择工作中面临的9个方面的难题进行研究探讨、联合攻关，将探索实践、创新举措转化为体制机制性成果。深化"纵向到底+横向拓展"的实践模式。纵向上把"有事好商量"协商议事室推进到基层、延伸到一线，横向上突出界别特色，建设界别"有事好商量"协商议事室。主席会议成员以政协委员身份参加，既在商前进行指导引导，又在现场平等真诚协商。各界别先后围绕"推进嵌入式'市民健身球场'规划建设""加快特色园区发展，促进纺织产业转型升级"等议题开展协商议事活动。建立"有事好商量"协商议事室信息库，完善召集人、政协委员、群众代表等信息。推进智慧政协建设，建立"有事好商量"协商议事室功能模块，将协商议事各个环节联通起来，与网络议政、远程协商相适应。在当下南通，近 2500 名县（市、区）政协委员全部编入相应界别和分片联系的协商议事室，确保每个协商议事室至少有 1 名政协委员联系。"有事好商量"协商议事实践表明，作为治理形式的协商民主在本质上以公共利益为取向，主张通过对话实现共识，明确责任，进而做出得到普遍认同的决策，无疑是决策民主原则的充分体现。

地方人大既是地方的国家权力机关，也是地方的民意机关。地方人大作为地方民主议事中心，具有法定权威性和体制内民主等制度优势。[1] 从 2016 年 3 月开始，南通在全市范围内持续开展"万名代表小康行"主题实践活动。通过市县乡三级人大整体联动，11000 余名各级人大代表参与，为人大代表闭会期间履职搭建平台和载体。"万名代表小康行"活动充分发掘人大制度的民主优势，推动代表这个政治主体发挥应有的表达和监督职能，拓展公众参与渠道，保障公众参与权利，推进地方人大成为公众"就近就地"表达利益诉求的主渠道。"万名代表小康行"活动有效整合了人大民主资源，在政府部门、人大代表、社会公众三者之间搭建了一个经常化的信息沟通平台，实现了社会治理从政府包揽走向政府主导的转变，最终形成政府、社会、公众共同参与、协同共治的治理体系。[2]

关于决策民主的成效，曾经的主政者对此深有感触："民主政治

---

[1] 周少来：《地方治理现代化与地方民主议事制度：浙江省乐清市人大的民主创新》，《中国特色社会主义研究》，2016 年第 4 期。

[2] 潘国红：《地方治理现代化与地方人大民主创新——江苏省南通市"万名代表小康行"案例探讨》，《温州大学学报》，2018 年第 2 期。

的原则，应贯穿于城市工作的指导思想、决策及实施的各个方面。实践证明，没有城市公众的有序参与、民主监督、协商共治、权力制衡，地方政府对城市治理的决策及实施将陷入难以避免的偏颇和无力。毋庸讳言，当前许多地方出现的城市治理乱象，包括乱拆乱建、乱管乱治，大多与决策不当有关，而决策不当的背后，是因为决策不民主。如果事先发扬民主，听取意见，许多恶果是完全可以避免的。决策不能按程序集思广益，仅凭少数领导人不切实际、背离群众'拍脑袋'，肯定会出现决策不当，甚至严重失误。当然，若深究起来，决策不民主的背后，是民众对政府及其官员的选择和监督等民主权利尚未真正落实。无所顾忌、为所欲为的不当决策，源于缺乏民主制约的无所约束、无所规范的决策机制。在民主选举和民主监督机制健全的国度和城市里，决策者是不敢、不愿、不能乱决策的。"[1]

走向法治的地方政府治理现代化

学界普遍认为，法治是指政府治理依赖于明文规定的宪法和法律，政府整体行为和个体行为都是合法的、规范的。亚里士多德指出："法治优于一人之治。"1992年春，邓小平在南方谈话中就非常敏锐地指出："还是靠法制、搞法制靠得住些。"[2]

现代化社会一定是法治社会，治理现代化的本质，实质上是依据现代法治理念，治国理政。健全法治实行法治是实现全面现代化的根

---

[1] 罗一民：《以政府治理现代化引领城市现代化》，《江苏省社会主义学院学报》2017年第2期。
[2] 《邓小平文选》（第3卷），人民出版社，1993年，第379页。

本保障，也是治理现代化的独特功效所在。用法治理念和法治方式依法治理是治理现代化的根本要求。作为一种治理实践的经验总结，罗一民认为："依法治理是现代文明国家的规范性要求，法治是国家治理现代化的基本原则和重要标志。离开法治，所谓的治理体系和治理能力的现代化，就是一句空话。同理，政府治理的法治化是政府治理现代化的根本所在。善于用法治理念、法治思维和法治方式去治理城市，实现从'统治'向'治理'、从'人治'向'法治'、从'管制'向'善治'的转变，这是城市现代化发展的必然趋势，是政府治理现代化和城市现代化的核心体现。靠一套完善的法治体系管理城市，可以一通百通、事半功倍。摒弃法治、推崇'人治'，则会疲于奔命、一事无成。"地方政府治理体系的改革与治理现代化目标的实现，根本途径还在于地方政府治理实现由人治向法治的转变，由权力至上走向法律至上。

在主政者看来，城市面貌"脏、乱、差"的背后，是因为城市管理执法工作存在职责边界不清、管理方式简单、执法行为粗放等问题。说到底，是法治的缺失。解决这些问题的根本手段是完善法治。南通在江苏最早争取到国家综合执法城市管理改革试点，成立了城市综合执法管理部门，集中执法、统一执法、规范执法，从法制、体制、机制、编制等方面解决城市管理问题，并明确市、区、街道职责分工和运行机制，形成"两级政府、三级管理、四级网络"的管理格局，从而一举改变了过去混乱的城市面貌。

围绕于法有据的改革基本思路，首要工作是分别梳理市、县两级政府的部门行政执法事项，经过几上几下的细致梳理，共梳理出市本级行政执法权力事项3770项，县级行政执法权力3620项，区级行政执法权力1194项。这些执法权力事项内容清楚、于法有据、范围和主体明确，共同组成了南通市的执法权力清单。权力清单为分层分类建立执法权力库打下了基础，权力库的形成为各级政府调整执法职能、行使执法权力、开展综合执法提供了可以参照的依据。市、县两级执法权限的明确工作在综合行政执法权力库建立的基础上同步进行。执法权限分别由市向县（市、区）和县（市、区）向乡镇（街道）分类下放。市级按照"属地化管理、扁平化执法"的要求，将除法律、法规有明确要求和明确由上级规定暂时不宜交由基层政府承担的综合行政执法职能外，在城市管理、市场监管、环境保护、交通运输等9大类领域执法职能逐步下交县（市、区）承担。县（市、区）按照"能放则放、按需下放"的要求，由县（市、区）结合自身地域特色统筹考虑，以执法重心下移为最终目标，合理编制执法"责任清单"，真正解决基层"看得到、管不了"问题。

2015年3月被确定为国家级综合行政执法体制改革试点城市之后，南通市构建以整合规范执法主体、相对集中行政执法权、推动执法重心下移、完善基层执法制度体系和创新执法监管方式为主要内容，全面推进部门内部、跨部门跨行业和区域性综合行政执法改革。关于综合行政执法体制改革的意义，有研究者指出："我国自上世纪后期开始、现在仍方兴未艾的行政执法改革（广义的行政执法改革即相当于行政改革）是一次全方位的改革，不仅涉及行政管理的方式、方法，而且涉及行政的范围、国家行政与社会公共行政的关系，进而涉及行政的目标、宗旨，是机制的整体转换。这种转换不是一天两天、一年两年能完成的，而是需要一个长期的过程。"[1] 而且这种改革也是整体性治理思维的集中体现："整体性治理理论着力于政府系统内部机构之间的功能性整合以及公私部门的多主体合作，将横向部门结构、纵向层级结构与公私多主体结构有机联结起来。整体性治理理论是解决行政执法多头化、交叉化、部门化和碎片化问题的现实需求，对深化综合行政执法体制改革具有重大理论指导意义。"[2]

与此同时，针对当时社会转型期出现的诸多矛盾，南通依法探索标本兼治、重在治本的新路子，在全国首创社会矛盾纠纷大调解机制，那些法院管不着、村委会管不了、乡镇管不好、治安处罚根治不了的疑难杂症，通过这个机制给解决了，并且在全国推广开来。南通连续十二年被评为全国社会治安综合治理先进城市。近30年来，先后有3000多名行政机关负责人出庭应诉。2013年6月，鉴于南通这一得天独厚的行政审判环境，江苏省高级人民法院将南通中院确定为全省首家开展行政案件集中管辖工作的试点法院。

治理结果表明，法治比人治更省力，也更有效。当代南通已从早期的城管体制改革试点拓展到创新政府治理的全方位改革，综合执法体制改革一直走在全国前列，并且在城乡建设与管理、环境保护、历史文化保护方面有权制定地方性法规，城市治理规范了，城市发展也更具活力了。南通行政审批制度改革全国领先，非许可审批事项全面取消，"一枚印章管到底"被国务院第三次督查确定为典型经验通报

---

[1] 姜明安：《论行政执法》，《行政法学研究》，2003年第4期。
[2] 丁煌、方堃：《基于整体性治理的综合行政执法体制改革研究》，《领导科学论坛》2016年第1期。

表扬。

走向法治的地方政府治理现代化，其本质是地方政府权力的法治化问题。威廉·韦德认为"法治"是政府行政权力公正和适当的关键要素。法治政府是依法治理、依法行使权力的政府，法治的核心含义是治权、治官、治政府而不是治民。政府行政行为应依法定听证程序办事，防止自由裁量权变形，建立健全行政执法责任制、行政管理公示制、行政评议考核制、行政损害赔偿制、政府公开采购制。强化和完善国家权力机关和司法机关的法律监督机制，大力强化和完善政党监督、舆论监督和群众监督机制。

南通以电子政务作为切入点，公开载体多样，包括"中国南通"政府网站和每月两期的《南通市人民政府公报》，公开查阅点打造政府信息公开"超市"、政府新闻发布以及政风行风热线公开电话。电子政务建设使政府效率快速提高，政府信息公开不再受时间和空间制约，充分满足了公众的个性化需求，高质高效、高透明的政府呼之欲出。行政权力网上公开透明运行进一步深化，实施范围向下延伸到乡镇（街办）、村（社区），过程监控向前延伸到行政权力行使第一现场，全面推行现场移动执法，与行政中心审批和服务事项办理融合，与部门核心业务融合，与行政绩效管理融合，提升规范运行水平，提升监察监督效果，提升平台综合效应，提升行政服务效能。南通市公安局以信息化标准化引领执法规范化，实施执法办案全流程网上流转，从接处警开始，对立案、审查、采取强制措施、扣押、追缴、罚没财物、审核审批、案件终结、文书制作等各个环节一体化管理，标准化执法覆盖全警，树立全国公安执法标杆，被公安部命名为"全国公安机关执法示范单位"。

政府权力法治化的改革压力，离不开社会公众监督与政府自身监督的有机结合。南通市监察局把政务公开工作作为党风廉政建设责任制检查考核、机关绩效考核的重要内容，同时发挥人大、政协、人民群众和新闻媒体的监督作用，有效提升了政府公信力和群众对政府的信任度。南通市卫生局行政权力全上网，重点抓好监控值守责任制、督促催办责任制、动态调整责任制、网上监察责任制和综合目标责任制，各环节无缝对接，全面接受群众监督，实现诚信高效便民目标。通过流程优化再造，食品安全、公共场所等卫生许可等办结时限由20天压缩为5天，成为全省最优。坚持食品安全动态监测，每月抽样两百多批次，定期在《南通日报》专栏公开抽检情况，社会满意度进一步提高。建立政务咨询制度和资讯公开制度，公民对政府服务项目、办事流程、住房就业医疗福利等各种问题进行咨询，政府从中切实了解公民的利益诉求，能够制定出有针对性的安民、便民、惠民、利民政策，拉近政府与公民的距离。[1]

地方治理的现代化首要目标是地方治理的法治化。法治不仅是现代国家治理的手段，更是现代国家治理的目标。罗一民深刻地指出："我们说法治是现代国家治理的手段，主要是从法治的功能角度说的。法治优于人治，凡是不凭感情因素治事的统治者总比感情用事的人们较为优良。"法治是现代国家治理的目标，主要是从法治的理念和价值的角度，"法治的理念和价值是多方面的，其主要的理念和价值有

---

[1] 顾栋：《南通市阳光政府建设新的目标举措和途径》，《中外企业家》2011年第1期。

三：其一，保障国民的权利、自由，保障人权。其二，控制公权力，把公权力（包括国家公权力和社会公权力，甚至包括国际公权力）关进制度的笼子里；其三，维护公平正义。"[1]

当代世界各主要国家都在积极倡导和推行法治理念，将法治视作规范和约束公共权力的重要手段和现代国家治理的良方。"它（法治）受到不同社会、文化、经济和政治制度国家政府首脑的推崇""遵循法治是全世界范围内政府正统性的公认标尺"。[2] 中外地方政府施政经验充分说明，法治是地方政府治理现代化的核心要素。

行政科学与运行效能

在地方政府治理体系改革中，运行效能问题无疑是改革者面对的主要难题。"政府治理的现代化有赖于政府自身的现代化。作为城市治理主体，政府决策的民主化、管理的法治化、运作的高效化，最终还要靠自身建设的科学化来实现。所谓政府自身建设的科学化，实际上也就是遵循现代政府的运作规律，按照政治现代化的要求，科学地建立政府、建设政府、运行政府，包括从政府设立到政府运作全过程。"[3] 作为一种改革实践的行政科学，与政府运行效能有关的原则主要有四点：政府建立和施政的合法化——人民授权、人民选举、人民监督。政府依法成立、依法行政，最终体现了人民的意志和权力，

---

[1] 姜明安：《改革、法治与国家治理现代化》，《中共中央党校学报》，2014年第4期。
[2] 布雷恩·Z·塔玛纳哈：《论法治——历史、政治和理论》，李桂林译，武汉大学出版社，2010年，第2—4页。
[3] 罗一民：《以政府治理现代化引领城市现代化》，《江苏省社会主义学院学报》2017年第2期。

这是确保政府科学化的前提和基础；政府机构设置和日常运作的合理化——精干、高效、规范、有序。这是政府科学化的主要表现和基本要求，也是政府充分发挥职能作用、提高工作效能的基础性条件；政府工作人员的高素质化——专业、敬业、勤政、廉政，这是政府科学化的人力保障和必备条件；政府效能建设的制度化——权力制衡、问责激励、绩效评估、奖优罚劣，这是政府科学化的制度建设和目标追求。

南通地方政府对政府治理体系效能化的改革认知，与当今世界发达地区政府治理改革的趋势也是不谋而合的。如法国公务员的考核内容有14项之多，重点考核服务精神、守时值勤、积极性等。德国公务员考评分为业绩考核和综合能力评价两个方面，业绩考核包括工作态度、责任心、工作效果和质量、工作方法、专业知识、合作能力等，主要评估其是否胜任工作；美国强调考核官员功绩。1993年美国颁布《政府绩效与结果法案》，以国家立法形式推动政府绩效管理；1993年9月11日，美国克林顿总统签署了《设立顾客服务标准》的第12862号行政令，要求联邦政府部门制定顾客服务标准。到20世纪90年代中期，美国有39个州实施了公共服务质量计划，29个州开展了政府部门绩效测评，28个州就公共服务向作为顾客的公众征求反馈意见。日本公务员考评以《国家公务员法》为据，由人事院据法规定制定公务员考评规则，并建立了一套严格的公务员评价体系。其考核制度则更为细致，考核的种类、方法、内容、等次均有严格的规定，责任感、知识面、工作状况为所有职员考评的指标，并按照职位不同设置了研究能力、调查能力、技术能力、规划能力、领导能力、协调能力等考核内容。从欧美等国家公务员考核制度看，其考核内容有宏观性和非目标化的特点，考核内容不仅仅局限在考绩上，也包括了一个国家对公务员所要求的道德品质、工作能力、岗位知识要求和勤奋敬业精神等各个方面。[1]

从 2000 年开始，南通市顺应区域经济社会发展的新要求，进行了行政效能的探索和实践，逐步构建起以绩效考核评估为抓手，以改进机关作风、保障工作落实为目的的绩效管理新机制。行政效能建设大致经历了起步、提升和深化三个发展阶段。2001 年组织开展集中性的机关作风建设和目标责任制考核评估工作；2003 年全面开展争创全省最佳办事环境活动，推动机关作风建设和目标责任制管理水平实现跨越式提升；2006 年起将机关作风建设和目标责任制绩效管理工作向处室和个人延伸，形成横向到边、纵向到底，组织和个人绩效考评有机结合的政府绩效评估新机制。

绩效评估指标体系的构建原则是"效能引领、客观公正、科学易行"。在指标构成上，做到职能目标和共性目标相结合。职能目标由重点工作目标、业务工作目标及市委、市政府交办的其他重要工作三部分构成。共性目标主要包括领导班子建设、党风廉政建设、机关作风建设、精神文明建设等内容。在指标导向上，体现全局性、先进性和针对性。根据部门的工作职能，按照横向到边、纵向到底的原则，将影响大局的各项指标任务按照主办和协办关系分解到各责任主体，建立强有力的目标支撑体系。目标的制定既与上级条线要求相衔接，

---

[1] 王文琦：《法治视阈下我国地方官员考评制度研究》，华南理工大学博士学位论文，2016 年，第 10—11 页。

又突出市委、市政府年度中心工作。确定的经济社会发展目标及保障措施，横向比要在省内领先占优，纵向比要提升明显。同时，紧扣部门职责，目标设置要科学合理，可操作。在指标权质上，突出职能工作和重点工作占比。衡量和评判部门管理绩效时，着重把握责任主体履行职能、创造业绩方面的情况。指标分值权重，职能目标占70%，共性目标古30%。职能目标突出重点工作目标分值占比，一般要达到职能目标总分的60%左右。

制度化管理机制的主要形式，分别是以目标管理为主的刚性化执行机制，以及多种方式的督查管理，促进各项目标任务的落实。一是强化目标安排的计划管理。年初对职能目标和重点工作目标进行层层分解，按月明确工作计划、工作进度、工作标准。严格执行月度报告、季度抽查、半年小结、年终考核的监督检查制度，加强目标监控和管理。二是强化目标推进的联动管理。年初确定目标时，由总牵头部门明确责任部门的具体目标要求，由责任部门明确协同部门的具体目标要求。反之，由协同部门按时向责任部门反馈目标实施结果，责任部门按时向牵头部门反馈，牵头部门综合汇总后向市绩效办反馈。三是强化目标运行的日常管理。制定《市级机关作风建设及目标责任制管理日常考核实施办法》，健全日常考核和查处机制，促进机关作风建设和目标责任制的长效管理。

严格考核评估程序及方法是效能改革的主要特色。部门考评实行日常考核、集中考评和综合评议相结合的办法进行。日常考核、集中考评和综合评议分别占整个考核得分的15%、55%和30%。日常考核主要通过明察暗访、举报投诉查处，重大项目跟踪督查，信访部门、监察部门日常查处，市委办、市政府办和绩效办督办反馈等途径组织实施。对日常督查考核查实的问题，实行倒扣分的处置方式。年终集中考评分别组建审核组、考核组和监督组，集中时间和地点封闭考评，分别对部门职能目标和共性目标审核、评估和考核打分，并实施全过程监督。综合评议由市领导评鉴和社会评议构成。市领导对所有参评部门绩效管理情况进行评鉴，分为先进、良好、达标三个等次，其中评定为"先进"和"良好"的等次按比例如给予限制，领导评鉴结果换算分值纳入部门评估总分。社会评议由 2000 名左右的社会各界代表，按满意、基本满意、不满意等档次，对部门的工作情况进行评议，评议结果换算分值纳入部门考核总分，评议中提出的文字意见，分类整理后反馈给相关部门。

在制度实施过程中，改革者也非常重视奖惩分明的激励约束机制。在硬化制度约束方面，建立责任追究制度，按照《行政过错责任追究暂行办法》，对敷衍塞责、推诿扯皮造成重点工作未成能效推进的，对责任目标落实不力造成工作滞后影响大局的，加强效能监察，坚决追究领导班子和当事人的责任。建立国家公务员行为规范投诉查处机制。畅通公务员出口，对服务对象投诉并查实的公务人员，视情节轻重，进行相应处罚，直至责令辞职和辞退。在严格兑现奖惩方面，按比例汇总部门日常考核、年终考核组集中考评、综合评议三个方面的分值，产生考评位次。考评结果分为最佳、先进（25% 左右）良好（45% 左右）、达标（30% 左右）和诫勉单位五个等次，及优质服务奖和争先进单位奖两个单项奖。从先进单位中产生 10 个左右的最佳单位。职能目标考核和综合评议得分排名靠后，且领导班子和干部队伍建设存在突出问题的，确定为诫勉单位。在考评结果的运用上实现"三个挂钩"与经济奖惩、评先评优、干部使用等直接挂钩。此外还把绩效考评情况作为干部评价的重要依据。考评为最佳单位和先进单位的由市委、市政府投牌表彰，部门领导年度考核可以评定为优秀等次，个人评优比例相应提高。诫勉单位，由市委、市政府领导对其党委（党组）进行诫勉谈话，班子存在问题的，结合相关规定进行调整。[1]

有研究者指出："绩效评估过程中，南通并没有满足于一般性设置和完成指标，而是将工作求创新、求突破作为指标设置和权重设定的目标。按照科学发展、和谐发展、跨越发展的要求，设置和设定评估指标和权重。2003年以来，市级机关部门每年都有近百个单项工作在省内领先，经济运行上呈现出超预期、超历史、超常规的发展态势。这一成绩的取得，是与绩效评估围绕市委、市政府决策意图来设置考核指标体系的做法分不开的。重点工作目标体系确定后，在横向比较（比照省内同类城市相关指标）、纵向比较（比照近三年相关指标）、基准比较（比照各单位主要职能和可能达到的目标）的基础上，上下反复协调，认真审查筛选，合理设置目标化指标。"南通实行的目标绩效考核，既没有停留或局限在原有的目标责任制考评的水平上，也没有简单复制西方国家政府绩效的考核机制，而是在充分继承原有目标责任考评优势的基础上，将现代政府绩效考核的许多元素与做法吸纳和融入其中，建立颇具南通特色的"三位一体"的绩效考评

---

[1] 罗一民：《建立绩效考评机制，推进行政管理创新》，《中国行政管理》，2007年第9期。

体系，从而使得目标考核综合化。即建立健全了职能目标、机关作风建设共性目标和综合评议"三位一体"的考核评比体系，把综合考评结果与机关干部切身利益挂钩，坚持注重实绩和考量作风相结合、量化考核与定性评价相结合、领导评鉴与社会评议相结合、日常监督与年度考评相结合。目标考核的综合化突出了鲜明的考评导向，形成了不断激励机关部门创新、创优、创业的新动力。[1]

客观而言，绩效管理并非南通原创，在全国也并不是只有南通在实践，但是像南通这样20年努力如一、坚持不懈的地方确实不多，取得实际成效的更是少见。一些地方在政府绩效管理改革实践中，往往浅尝辄止，或是知难而退，这是与南通政府治理体系改革最大的不同。

地方政府职能转变与功能转型

在地方政府治理理念的转型上，必须从万能政府的惯性思维中解脱出来，树立有效政府理念。[2] 以治理为目标的政府功能整体性转型，仅有内部效能改革是不够的，关键性因素还有政府职能转变。"政府是受公民之委托从事公共管理活动的，建立政府的目的就是为公民提供优质的服务。"[3] 从20世纪80年代开始，韩国对政府机构

---

[1] 参见臧乃康：《地方政府绩效评估的"南通模式"：效应、瓶颈及努力方向》，《北京行政学院学报》2008年第6期。

[2] 戴维·奥斯本、特德·盖布勒：《改革政府》，周敦仁译，上海译文出版社，2006年，第3页。

[3] 马兆明、董文芳主编：《改革开放与中国政治发展》，山东人民出版社，2010年，第161页。

进行了再造式的重构。其再造政府的指导思想是"新公共管理理论",政府部门引入了竞争机制,"新公共管理理论对韩国的行政改革产生了重要影响,一度成为金大中政府行政改革的指导思想……继金大中政府之后,卢武铉政府也通过外包、合同、授权等方式提供公共产品,让企业和第三部门参与提供医疗、教育、卫生等公共服务",在这个思想的指导下,韩国逐步建立起了"服务型政府"。韩国还改革了政府的组织结构,减少科层结构,建立"扁平化"组织结构,实行"项目组"制度,提高了政府的回应性,进而提高了政府治理的绩效。[1]

南通在21世纪初,以贯彻执行《行政许可法》为契机,推进职能转变与功能转型。十三年的工作可分为三个阶段:一是开局起步阶段(2001年—2004年)。改革重点是大幅度精简行政审批事项,规范审批程序,设定审批时限,公开审批内容,建立一套便民利民的行政服务体系。经过3次清理,市级行政审批事项由原来的1056项减少为586项,减幅达45%;相继成立了市级和县(市)级行政审批服务中心。二是规范发展阶段(2007年—2011年)。改革重点是解决多头审批、重复审批的问题,进一步简化审批环节,压缩审批流程,加强后续监管,完善行政审批制度。经过2次清理,市级行政审批事项由原来的586项减少为542项,减幅达8%。三是拓展提升阶段(2011年—2014年)。改革重点是以行政审批"三集中、三到位"为突破口,大力提升服务效能,积极营造高效率、零障碍、低

---

[1] 施雪华、孙发锋:《中韩服务型政府建设比较研究》,《学习与探索》2011年第4期。

成本、便捷化的行政审批服务环境。经过 2 次清理，市级行政审批事项由原来的 542 项减少为 351 项，减幅达 35%。

地方政府职能转变的方向，就是从"管制型政府"到"服务型政府"的功能角色转型。"政府为社会提供公共服务本应是政府的基本职能，是公民与政府委托——代理关系的体现。我国进入新世纪以来，提出建设服务型政府，加强政府公共服务职能。服务型政府向社会提供两种服务：一是公共物品的服务。纯公共物品包括国家安全、社会秩序、公共教育、环境保护等，政府在这些领域提供良好的服务，是服务型政府应该履行的职能。纯公共物品是政府最基本的公共服务，它的供给状况和供给水平，完全反映了政府的职能履行的情况。二是行政性服务。行政性服务包括对社会公众从事商业或非商业活动所提供的行政许可和行政保障。在这方面，现代政府注重的是如何从那种管制型的政府转变为服务型的政府。"[1]

为此，2014 年以来，结合简政放权的新形势新要求，紧密结合南通实际，地方政府提出了着力构建以"5 张清单、5 个平台、5 项重点改革、5 大监管体系"为主要内容的改革基本框架。即制定行政审批事项目录清单、政府行政权力清单、投资审批负面清单、行政事业性收费目录清单、政府部门专项资金管理清单；打造政务中心平台、网上审批服务平台、公共资源交易平台、政府公共服务平台、政务服务信息公开平台；深化建设项目审批制度改革、工商注册登记制度改革、开发园区行政审批制度改革、社会组织和中介机构管理制度

---

[1] 桑玉成：《转变政府职能依然是当前政府改革的重要任务》，《探索与争鸣》2013 年第 2 期。

改革、民生领域行政服务改革；强化监管制度体系、政府责任体系、行政执法体系、社会诚信体系和考核评价体系。

一是最大限度地清理事项。按照"清理彻底、设置科学"的要求，对现行所有的市级行政审批事项进行清理、调整，做到可以精简的坚决精简、可以取消的坚决取消，凡有利于基层发展、服务、管理的坚决放权。全市38个市级部门和14个"条管"部门的行政审批事项，精简至351项，其中，行政审批282项，非许可行政审批事项69项。2014年以来，结合做好国务院和省政府取消和下放审批事项的衔接工作，南通再次取消下放一批行政审批事项，不再保留非行政许可审批事项。清理后，市级审批事项在250项左右。着眼激发基层发展活力，大力推进权限下放工作，已向区级政府下放行政审批事项82项，并依法赋予各类开发园区管理权限。同时，加强审批事项管理，并将出台行政审批事项目录管理办法，严禁以"备案"等名义搞变相审批和权力上收，严格控制自设许可项目和搞达标、评比等活动，做到"目录之外无审批"。

二是最大限度进驻部门。将部门分散在各处室的行政审批职能调整归并至一个处室。目前，市级38个部门全部设立了行政服务处，进一步明确审批职责，规范审批行为。2012年，规划建设了新的市政务中心，设366个办事窗口，另设人民银行、口岸、公安车管、房产交易四个分中心。所有承担行政审批职责的部门包括"条管"部门的行政服务处100%进驻政务中心，接受中心统一管理；对一些审批事项少或审批频率低的部门，由服务中心设置综合审批窗口，集中受理，部门实行动态、预约审批办公。

三是最大限度授予权限。凡是进驻部门的所有行政审批事项全部纳入市政务中心管理。大力推行简易事项个人审批负责制,对进驻服务中心窗口负责人充分授权,对不需要现场勘察、集体讨论、专家论证、听证的一般性审批事项在窗口受理后直接办结。以"进一个门办结"为底线,由窗口全权、全程、主导办理,杜绝前台受理、后台流转的"体外循环"问题,使中心窗口真正成为受理、办理、制证、发证"一条龙、一站式"服务。目前,纳入中心管理的行政审批服务等事项共496项,所有行政审批事项全部实行限时办结制,年办件量近500万件。

四是最大限度再造流程。按照"规范程序、提高效率、方便办事、利于控制"的原则,全力精简审批事项要素,共精简工作节点250多个,减少申报材料295份,压缩承诺期限2257个工作日。大力推动工商企业注册登记并联审批工作。创新开展市级基本建设项目并联审批工作,使审批总承诺期限由50个工作日缩短至22个工作日,实现提速56%。积极开展房屋建筑竣工联合验收工作,开发建成"房屋建筑联合竣工验收信息系统",使验收时间由3个月缩短至10个工作日左右。在南通综合保税区实行工商注册登记"先照后证"和外商投资"负面清单"管理制度,做到"园内事园内办结"。

五是最大限度网上审批。依托行政权力公开透明运行系统,强化资金保障与技术支持,搭建了系统、科学的信息化系统框架,解决了13个部门专网以及近50个应用系统异构数据的整合和共享问题,建设了集"数据交换""网上审批"和"电子监察"为一体,条块行政职能部门有机结合的政务服务电子信息共享平台。积极推行网上

(预)审批，开发建设了网上政务服务大厅，将能上网办理预审业务的审批项目全部上网，形成了网上办事大厅和实体大厅"线上线下、虚实一体、联动互补"的政务服务新格局。目前，行政审批服务网上受理量约占承诺办件量的20%左右。

六是最大限度降低收费。按照"减少项目、降低标准、优化环境"的要求，全面清理收费事项，做到能不收的坚决不收、非收不可的把收费下限当上限、能争取减免的全力争取减免。同时，将收费事项清理结果及时向社会公示，强化收费动态管理和事后监管，进一步规范收费行为，切实减轻企业和社会负担。近年来，先后出台了《关于进一步减免涉企收费的意见》《关于重大项目落户市区实行行政事业性收费"零收费"优惠政策的意见》等，共停收、减免、降低标准78项涉企收费，每年将减轻企业负担约1.33亿元。

服务型政府是以"公民为本位"的政府。"服务型政府的职能理念突出服务职能。现代政府与传统政府职能理念不同之处在于，要求政府不仅是法治政府、责任政府和有效政府，而且是服务型政府。政府执政理念发生转变，更加注重为公民服务的精神，并体现了各级政府职能转变的方向。政府将经济增长理念转变为经济发展理念，更好地贯彻科学发展、经济社会生态环境和谐发展理念，从注重数量的经济增长转向注重质量的发展。政府职能理念体现了时代性，更加关注人民的生存需要和感受，将满足社会公众要求作为执政的目标，这点和'为人民服务'的宗旨相契合，充分反映了服务型政府的特征。"[1]

---

[1] 程李华：《现代国家治理体系视阈下的政府职能转变》，中共中央党校博士学位论文，2014年，第83页。

"政府治理如果缺乏民主和法治的价值追求,就很难实现公平和效率,很难达到善治,而且会出现很多问题。"[1]

在南通的改革者们看来,地方政府实现服务型功能转型,至少要完成三个方面的职能转变。一要全面优化行政服务。制定《南通市行政中心文明办公优质服务若干规定》,深入推进"三四五"工程。着眼于便民利民,坚持和落实首问负责制、服务承诺制、限时办结制、AB岗工作制等行之有效的管理制度。窗口单位要根据各自的工作特点,大力推行服务质量标准化管理,积极引进服务行业亲情服务、温馨服务的做法,并且不断把受基层和百姓欢迎的服务措施转化为长效工作机制。二要努力提高行政效率。按照精简、统一、高效的原则和决策、执行、监督相协调的要求,完善公共行政管理机制,理顺部门分工,加强综合协调,切实解决职能交叉、职责不清、推诿扯皮的问题。加快转变政府职能,深入贯彻执行《行政许可法》,继续清理现有的行政许可事项,不必要的或不适当的要取消或调整。健全高效行政服务体系,继续优化市级行政审批服务中心"一站式"服务,科学合理地调整中心行政许可事项,加快网上审批建设,深化和完善联合审批,推进许可权的相对集中,加快行政审批科学化、法制化和高效化进程。三要切实规范行政行为。适应建设法治南通、法治政府的需要,全面实施国务院颁布的依法行政纲要,严格遵守宪法和法律法规,依照法定权限和程序行使权力、履行职责、接受监督,努力提高依法行政能力。坚持严格、公正、文明执法,落实行政执法责任追究

---

[1] 孙关宏:《中国政治文明的探索》,复旦大学出版社,2019年,第124页。

制，推行行政处罚规范化、行政收费法定化，着力解决行政执法中"不作为"和"乱作为"的问题。

第七节 地方政府治理能力的有效提升

"各国之间最重要的政治分野，不在于它们政府的形式，而在于它们政府的有效程度。"[1] 塞缪尔·亨廷顿的名言非常锐利地指明政府治理能力的重要性。关于对政府治理能力的评价，阿尔蒙德等人主张用行政体系（体系适应、体系协调）、行政过程（民主、公正、认同）和政策结果（安全、福利、自由）标准。[2] 政府行政体制与其行政人员能力是否现代化是体现政府治理能力的关键内容。

不可否认，百年前地方政府治理能力低下的现象是一个普遍现象。侯宜杰先生的研究表明，在清末地方自治筹办过程中，或因地方官办理不善，勾结劣绅苛敛；或因宣讲不力，民众误会，不断掀起暴动或骚乱，这就增加了筹备难度。从1909年至1911年9月的两年多时间里，直接因反对调查户口、征收自治费等而发生的骚乱事件，即遍及全国15个省区。许多调查员、办事员、董事被殴打，房屋被拆除，自治局被捣毁。瞿骏关于清末地方自治的研究也表明，清政府财

---

[1] 塞缪尔·亨廷顿：《变化社会中的政治秩序》，生活.读书.新知三联书店，1989年，第1页。
[2] 加布里埃尔·A.阿尔蒙德、G.宾厄姆·鲍威尔：《比较政治学》，曹沛霖译，上海译文出版社，1987年，第462页。

政压力深重，无力补偿，反而进一步榨取。实际操作中尺度把握又不甚注意，新政执行者往往以其轻率之举，激化不满情绪。宣传动员虽然不少，但以中国之大仍显不够。地方自治虽然在形式上是一种"国家政权建设"的努力，但并不像其所效仿的日本町村制那样能将国家控制浸透到社会的每一个角落，相对的也就不能提供释放或控制矛盾的渠道。

当代南通在地方治理现代化的改革实践中，政府治理能力获得了显著提升，形成了全面协调可持续发展的"南通现象"，取得了良好的发展绩效，客观而论，这是张謇时代所不可比拟的。

治理能力提升的社会效应

"政府治理的民主化程度，在一定程度上决定了政府的有效性程度。当一个政府能够充分运用民主机制来进行相关的治理，那么这个政府不仅具有稳定的合法性基础，更会具有高效性和有效性。"[1] 地方政府治理体系决策民主化的治理体系改革，带来的是政府治理能力提升的社会效应，突出表现是阳光政府建设的初步成就。从2008年7月开始推进行政权力网上公开透明运行工作，2010年2月，南通市行政权力网开发完成集重大项目基础信息、审批过程、形象进度等功能于一体的监管系统公开透明运行，将行政权力运行过程固化为计算机程序，实现行政权力运行全程电子化、公开化、透明化。初步建成涉及45个部门达2777项行政权力的自由裁量标准数据库，网上运行

---

[1] 邱实：《中国政治治理现代化研究》，南京师范大学博士学位论文，2017年，第127页。

对各岗位及所有环节产生的办理信息自动留痕，行政处罚自由裁量不自由，不仅社会公众受益，政府依法行政也跃上新台阶。

在网络技术迅速发展的态势下，"中国南通"政府网站透明度日益加强，在政务信息公开、网上办事服务、在线访谈、在线调查以及行政权力网上公开透明运行力度等方面有了较大突破和创新。"中国南通"政府网站包括60多个部门子网站正式运行，办事大厅推行"百件实事网上办"，诸如教育、医疗、养老、就业、交通、环保等版块方便民众办事需要，是全国优秀政府网站之一。南通市公安局以"警民e家"网站为载体，开通了户政、治安、出入境、交管、禁毒、水警、网警、消防、边防9大类94个网上办事项目，其中47个实现在线办理，组织了"向网民报告工作、请网民参与决策、由网民实施监督"的网络开门评警活动。既方便群众办事，又将办事全过程置于群众监督之下，有效提升了透明度。政府因开放透明而进步，公民因知情释疑而理性。

随着网络技术手段的日益发达，南通市阳光政府着眼于信息时代全面提升政府功能，从有利于改善民生、让人民群众满意角度进一步合理划分事权，进一步整合政府信息公开资源，避免多头管理重复行权，进一步创新政府信息公开载体，更加重视微博微信公众号等新兴媒体作用，提高政府信息公开的效果，进一步延伸信息公开内容，将事关民生的重大事项和社会关注的重点、热点问题向社会公开，构建有南通地方特色的政策体系，构建让南通社会公众充分享有的政策资源体系，充分保障公民的知情权、参与权、表达权、监督权以及法律所赋予的各项权利，让咨询更加畅通，反馈更加及时，交流更加平等，办事更加高效，以有形的办事大厅"行政服务中心"为平台，以虚拟的办事大厅"行政权力网上公开透明运行系统"为载体，提供规范、快捷、高效服务，全面打造清正、廉洁、透明、高效的服务型政府。

南通市阳光政府建设目标对应南通产业现代化、公共服务现代化、城市现代化和人们生活现代化的发展趋势，政府服务不是单向性的政府自编自导行为，而是政府和社会各种新兴组织共同提供、彼此各取所长、各补所需的新型合作治理模式，公民大众参与社会治理，政府决策走向合作决策，管制成分递减，服务成分递增，管制范围受法律约束。管理主体是服务者，管理客体是服务的接受者，他们平等合作，以信任整合替代权威整合、经济整合，治理管理融入行政决策、行政计划、行政预算、行政组织、行政执行、治理绩效评估之中，代替官僚制组织等级结构的是顾客至上的合作伙伴关系。[1]

治理能力突显的行政效能

从地方政府治理能力的行政效能表现来看，有研究者指出，南通模式是一种从目标管理向现代绩效管理过渡的评估模式，既承接了目标管理简捷、方便的优势，又吸纳了现代绩效管理的计量、客观、科学的方法，有力地改变了传统体制下的无指标体系、无责任主体、无奖惩措施的考核管理机制。对公务员实行的年度考核、动态管理，促进了公务员队伍的建设与发展。南通基于目标导向的地方政府绩效评

---

[1] 顾栋：《南通市阳光政府建设新的目标举措和途径》，《中外企业家》，2011年第1期。

估对目标考核的提升之一,就是建立了以中心工作为重点的目标考核体系,能够比较准确地传递党委和政府的决策意图。绩效考核成为聚集科学发展的创新动力过程。南通市对县(市、区)党政领导班子目标责任制总体考核评价的综合绩效评估综合指标体系,分为考核项目(一级指标)、主体指标(二级指标)、细化内容(三级指标)。其中考核项目及其权重的设置是经济发展占50%,社会发展和可持续发展占25%,构建和谐社会占25%,从而比较均衡地处理了经济发展与社会发展的关系。南通市党政机关绩效管理考核评估过程中,市委办公室、市政府办公室都要根据市委全委会、市人代会、经济工作会议等全局性会议要求,责任分解重点工作主体目标,对影响全局、涉及面广的部分重点工作,再明确相应的管理主体,并按照各条线的工作要求,再细化分解落实责任单位和协同单位主体目标项目。在南通市级机关还通过年度市级机关部门工作目标考核责任书的形式,突出部门重点工作,体现市委、市政府的近期工作要求,细化目标考核的内容。这样,既体现了常规考核、共性考核的要求,又突出了重点考核、个性考核的目标导向,从而不断激励机关部门高点定位、大局为先,最佳发挥部门职能的作用。[1]

从城市综合治理的情况来看,治理能力的行政效能提升是比较突出的。有研究表明,通过建立执法运行机制,保证在操作中执法落地见效。南通全市范围内共推广建立了6大类执法运行机制,分别是:监管与服务责任清单追责机制(对执法责任进行明确和强化)、"双随

---

[1] 臧乃康:《地方政府绩效评估的"南通模式":效应、瓶颈及努力方向》,《北京行政学院学报》2008年第6期。

机"检查机制（对日常执法行为进行规范）、举报奖励机制（对群众诉求反映渠道进行畅通）、告知承诺失信惩戒机制（对失信行为进行信用制约）、重大风险监测防控机制（对重大风险点进行应急防范）、监管绩效评估奖惩机制（对执法绩效进行考评）。这些机制的建立，切实起到了规范执法监管行为，杜绝执法扰民现象发生的作用，实现了"分得清责任、找得到人头"。信息互联机制的建立，目的在于保证执法信息化水平的提升。将"智慧南通"建设和"互联网＋政务服务"建设相结合，整合城管、公安、规划、建设、环保、人口等方面的采集系统和数据信息，搭建综合行政执法数据信息综合平台。通过多部门公共资源数据信息的共建共享、互联互通，形成综合性的综合行政执法数据库，利用大数据、云计算等技术实现综合行政执法"感知、分析、指挥"的智慧化和便捷化，既节约信息采集成本，又提升管理和执法效率。与此同时，还建立执法保障机制，保证综合行政执法无后顾之忧。以"精简、统一、效能"为原则，在财政供养人员总量不增加的前提下，实现存量更活、结构更优，实现行政执法人员编制重点倾斜于执法一线。参照公安模式，在行政执法过程中探索执法全过程记录制度，对执法人员的执法行为进行监督并提供保护。健全行政自由裁量权基准制度、执法评议考核、执法过错责任追究等制度，明确执法责任。建立综合行政执法部门和公安、检察院、法院之间的信息共享、案件互通、案情移送等制度，必要时利用司法权力维护综合行政执法权力的权威。[1]

---

[1] 杨董恺：《南通市政府综合行政执法体制改革研究》，东南大学硕士学位论文，2017年，第11—12页。

多年的政府绩效管理改革，带来的变化是非常显著的。例如，政府机构的服务理念进一步更新，在实际操作中，能够创新政策执行机制，坚持灵活变通的原则，把执行上级要求与创造性开展工作结合起来，把执行文件规定与本地发展实际结合起来，把执行文件规定与本地发展实际结合起来，把执行程序规则与营造宽松环境结合起来。审批项目进一步精简，办事速度明显加快。取各地最短的审批时间作为市级审批对外承诺时间，审批服务中心行政许可（服务）事项的总时限共压缩了63%，即办件占办结总数90%以上，审批效率得到大幅提升。行政行为也进一步规范，办事质量明显提高，在市级机关全面推行阳光政务。2003年市政府服务质量在全国50个最具竞争力城市中位居第一，2005年跻身最具台商投资价值八大城市行列，2006年又被评为"跨国公司眼中最具投资价值的中国城市"第一名。2003年以来，市级机关部门每年都有近百个单项工作在国内领先，数百个单项工作在省内领先。

核心治理能力的持续增强

制度包括行为规范和实施机制。人们判断一个地方政府的制度是否有效，除了看这个地方政府的各种制度规则是否完善以外，更主要的是看制度的实施机制是否健全有效而且持久。[1] 地方政府核心治理能力的有效保持，这无疑是一个非常大的挑战。21世纪初的南通治理试验提供了四点经验做法，确保了行政效能改革不断完善的可持续

---

[1] 王耀海：《制度演进中的法治生成》，中国法制出版社，2013年，第32页。

性发展。

首先，科学合理的指标构架，是绩效评估顺利推进的重要前提。只有科学合理的绩效评估指标，才有客观公正的绩效评估结果。为科学拟定评估指标，着重从三方面入手。一是构建科学民主的工作决策体系。坚持把深入了解民情、充分反映民意、广泛集中民智作为制定决策的重要前提，对关系到南通长远发展的重大战略问题、重要决策议题、重要工作部署和重大项目建设组织进行科学研究论证。二是将各项决策转化为重点工作目标体系。在总体目标和层级目标体系框架确定后，市绩效办依据全局性会议工作部署，确定市级层面重点工作目标主体框架，并以文件形式对重点工作目标要求进行责任分解。三是科学制定部门年度考核工作目标。重点工作目标体系确定后，在横向比较（对比省内同类城市相关指标）、纵向比较（对比近三年相关指标）、基准比较（对照各单位主要职能和可能达到的目标）的基础上，上下反复协调，认真审查筛选，合理确定目标。

其次，争先创优的鲜明导向，是绩效评估顺利推进的基本动力。在指标确定上力求"三个体现"，部门目标是真正体现高点定位、争先创优的目标，是真正体现服务全局、服从大局，推动跨越发展的目标，是真正体现创造性地发挥职能作用，解决实际问题的目标。鲜明的考评导向，不断激励机关部门以创业的激情抢抓机遇，以创新的理念破解难题，以创优的追求争先攀高，形成敢于争先、善于创优，事事抢第一，行行争一流的生动局面。

再次，"三位体"的组合模式，是绩效评估顺利推进的机制基础。综合评估从日常考核、年终考评和综合评议三个维度入手，合理设置三个方面的分值占比。更加注重把对机关部门的年度考评与日常争创过程的跟踪评价有机结合，不断加大日常监督力度，强化行政监察，做好明察暗访、跟踪问效、专项督查和过错追究及限时整改工作，将部门的注意力由偏重"评时"引导到注重平时，增强了评估工作的针对性和有效性。

最后，日臻完善的工作体系，是绩效评估顺利推进的组织保障。绩效评估工作启动伊始，就把它作为一项关乎全局的工作来抓，建立健全了强有力的领导组织体系、工作推进体系、日常管理体系、监督检查体系，精心研究部署，周密组织实施，层层传递压力，上下整体联动，使绩效评估工作始终保持浓烈的工作氛围和强劲的发展势头。

政府绩效评价"追求工具理性与价值理性的整合，既是地方政府公共事业管理的内在要求，也是地方政府公共事业管理绩效评价的一个发展方向"[1] 绩效管理作为一种前沿的组织管理方式，愈来愈受到各级政府的重视。随着我国市场经济体制改革的深化和现代化建设事业的快速发展，采用绩效管理等先进手段提升行政组织的效能已成为一种必然趋势。"首先应该做的是从治理的高度去认识和探讨绩效管理，而不是舍本逐末，热衷于技术的精益求精。"[2]

在治理能力提升的实际成效方面，同样有四点值得关注的现象。一是绩效考评结果与年终奖发放的关系。每年，根据考评得分多少，

---

[1] 彭国甫、张玉亮：《追寻工具理性与价值理性的整合——地方政府公共事业管理绩效评估的发展方向》，《中国行政管理》，2007年第6期。
[2] 陈天祥：《政府绩效管理研究：回归政治与技术双重理性本义》，《浙江大学学报》，2011年第4期。

评出优秀、良好、达标和诫勉 4 个等次。按照"拉开奖惩档次，激励争先创优"的原则，根据不同考评等次分别对部门和个人给予物质和精神奖励。同时，建立健全了监督、查处、问责、追究等配套制度，把绩效考评结果运用到对单位和个人效能的监督、制约上。对考评结果倒数的部门和单位，要对领导班子进行提醒谈话；对连续两年考评结果位于倒数的部门和单位，要调整领导班子。二是绩效考评结果与干部选拔任用的关系。建立领导班子和干部绩效考评档案，实行数据库管理。凡是考评为优秀的单位，公务员考核优秀比例由 15% 提高到 20%，考评结果靠后的部门，部门领导当年不得考核为优秀。三是坚持把绩效考评结果与改进机关工作的关系。每年考评结束后，着重对通过社会评议机关工作收集的意见和建议、通过民主测评反映的问题以及平时了解掌握的情况，认真进行梳理归类，对所涉及部门及个人原汁原味地反馈，并提出具体整改要求和整改期限，促进机关和全员抓整改、抓落实。四是绩效考评结果与完善考评工作的关系。建立绩效考评结果综合分析机制，每年广泛征求被考评对象、专家学者和群众的意见，认真分析绩效考评结果中反映的有关体制性、机制性问题，及时查漏补缺、完善升华，不断赋予绩效管理与时俱进的时代特征，确保每年都有提升。[1]

地方政府高效运作与现代化治理

美国政治学者布罗姆利指出："没有社会秩序，一个社会就不可能

---

[1] 罗一民：《建立绩效考评机制，推进行政管理创新》，《中国行政管理》，2007 年第 9 期。

运转。制度安排或工作规则形成了社会秩序，并使它运转和生存。"[1]在罗一民看来，只有实现地方政府治理体系的现代化，才能进一步实现整个城市的现代化。地方政府只有通过自身建设的科学化，才能做到决策的民主化、管理的法治化、运作的高效化，从而实现整个治理体系的现代化。从根本上说，城市的现代化离不开地方政府治理的现代化。我们城市现代化水平不高，并不仅仅是因为缺乏专业技术手段和专业技术人才，而是因为缺乏健全的现代化治理体系。我们有时"画"不好城市，是因为缺乏民主决策和民主监督；我们有时"建"不好城市，是因为缺乏高效有力的政府运作；我们有时"管"不好城市，是因为缺乏科学完备的法治手段；我们有时"用"不好城市，是因为缺乏有远见卓识、敢于担当的政府官员。因此，我们与其头痛医头、脚痛医脚地"治理"城市，不如从根本上建立起一整套现代化的地方政府治理体系，从而使城市的现代化成为必然和触手可及的现实目标。这方面的任务，特别重要而又异常艰巨。我们必须义无反顾地全力以赴。这是克服目前城市治理中所存在的各种弊端和障碍，又好又快地推进城市现代化的根本之道。我们在推进城市"画""建""管""用"等方面的现代化过程中，既要注重现代化专业技术手段的运用，更需要注重现代化治理体系和能力建设，以地方政府治理现代化引领城市现代化。

南通多年来的实践表明，推进城市现代治理，每时每刻都会遇到新情况、新问题，地方政府必须快速应对、有效处置，特别是遇到突

---

[1] 布罗姆利：《经济利益与经济制度》，陈郁译，上海三联书店，1996年，第55页。

发事件更应如此。目前，随着城市化进程的加快，城市管理面临诸多问题，突发事件（生产交通安全事故、公共自然灾害、社会矛盾引发的群体性事件）不断发生，"黑天鹅"和"灰犀牛"频频而来。通常所谓的公共应急管理，成了地方政府治理城市的重要职责和严峻考验。这必须以管理方法的创新、治理体系的改革、政府效能的提高来解决。着重解决政府功能紊乱、职能缺失、效能低下这"三能"问题。通过改革要效率，地方政府必须有所为、有所不为，而不能充当无所不包、无所不揽的管家婆。从 2000 年开始，南通在全省率先对 406 家国有企业、108 家市属事业单位实施改革，并重新界定政府部门职能，一场"静悄悄的革命"，使市场主体和社会主体活力得以充分释放，也使政府摆脱了纷繁复杂的事务，从"全能"走向"有限"，从"封闭"走向"透明"，从"分神"走向"专心"，实现了职能归位、效能提升。

建立公共服务承诺制度，把社会舆论要求履行契约的外部压力，转化成提高服务水平的内部动力，达到提高服务质量的目的。将服务内容、标准、时限、程序及违诺责任公开，使地方政府部门更加清醒地认识自己的服务者角色。南通市交通运输局及所属行政执法单位根据工作职能要求，对服务内容、办事程序、办理时限等通过媒体向社会和公众作出公开承诺，积极履职，阳光行政，办事公开，简化流程，提高效能，清正廉洁，接受监督，承担违诺责任，自觉接受社会各界监督。建立公共服务申诉制度和公共行为问责制度。维护公众在消费公共服务过程中的合法权益，公众对地方政府部门和公营机构缺乏效率、程序或行为不合理、滥用职权等行政失当的投诉，要及时回应、调查处理。公共行为问责制度制定具体的问责标准和实施细则，能够有效操作。南通市监察局努力探索建立和完善行政权力网上公开透明运行的长效机制，制定出台行政权力网上公开透明运行管理办法、网上监察管理规定、网上法制监督管理暂行办法等制度，同时，进一步健全行政执法程序制度、行政执法考核制度、行政执法投诉处理制度、行政权力网上公开透明运行公众评议制度和过错责任追究制度，形成了可操作性很强的制度保障体系。[1]

"高效"和"低耗"相辅相成，"低耗"主要表现为：开支低、机构少、人员精；领导班子内部及政府各部门之间内耗摩擦少，运转有序；按市场化原则利用资源，提高经济和社会效益。政府应通过深化行政体制改革等措施，降低行政成本和制度交易成本，包括减少内部摩擦损耗，节省人财物支出，提高行政管理效能。同时，发挥市场在资源配置中的决定性作用，引导非公市场主体参与城市公共设施建设。南通利用民营企业的资本建起了大型公共体育场馆，利用外资企业资本建起了大型海洋港口。至今，这还是全国首例地方政府运作的高效模板。有学者认为，地方政府治理的最核心主体是行政机构，其以法治型政府、服务型政府与政府能力建设为核心，去追求更优良的政府管理与公共事务管理。这是以行政机构为治理主体，其不断自我改革、完善与深化的过程，是在公共领域自我主体性不断提升的过程。"公共服务意蕴实际上是强调社会多元主体在满足公民诉求的基础上，不断丰富公共产品提供的数量，并提升其质量，强调公共产品

---

[1] 顾栋：《南通市阳光政府建设新的目标举措和途径》，《中外企业家》，2011年第1期。

提供与公民诉求二者之间满足的有效性与及时性。"[1]

值得一提的是,当年张謇对近代中国的吏治问题进行了认真的思考,并在汲取西方近代管理学说的新鲜元素和对中日两国的吏治状况进行比较研究的基础上,阐发了丰富而独特的吏治观点和主张。特别是在担任北京政府农商总长期间,大力进行机构改革。明确法定职责,提高行政效率,重视组织文化建设,其吏治思想不仅极大地丰富了中国传统行政管理思想的宝库,而且对今天加强干部队伍建设也有一定的借鉴价值。[2]

当代南通更是走出来一条在科学发展观和习近平新时代中国特色社会主义思想指导下的跨越发展道路,形成了全面协调可持续发展的"南通现象",取得了良好的发展绩效,在全国地方治理现代实践中发挥较好的制度引领作用。总而言之:"政府运作的高效化,意味着运作程序最简练、方式最快捷、成本最低廉、成效最显著。现代城市治理事务繁多、变化多端,政府必须以高效的运作跟上城市变化发展的节奏,没有政府的高效运作,就没有现代化的治理。最终应体现在经济、政治、社会、文化、生态'五位一体'的协调发展上。这是衡量政府高效运作的主要标准,也是城市现代化进程与治理成效的具体反映。这就要求政府管理者打好'组合拳',努力推动遵循经济规律、社会规律、自然规律的科学发展。"[3]

---

[1] 张英魁:《中国国家治理体系的中观化建构:一个公共政策科学化的进路》,《中国治理评论》,2021年第2期。
[2] 蒋国宏:《试论张謇的吏治思想》,《理论学刊》,2014年第1期。
[3] 罗一民:《以政府治理现代化引领城市现代化》,《江苏省社会主义学院学报》2017年第2期。

第六章　地方政府治理现代化与政治建设

二十大报告指出，全面建成社会主义现代化强国，总的战略安排是分两步走：从二〇二〇年到二〇三五年基本实现社会主义现代化；从二〇三五年到本世纪中叶把我国建成富强民主文明和谐美丽的社会主义现代化强国。到二〇三五年基本实现社会主义现代化时，我国发展的总体目标中涉及法治建设的目标是"基本实现国家治理体系和治理能力现代化，全过程人民民主制度更加健全，基本建成法治国家、法治政府、法治社会"。到本世纪中叶，把我国建设成为综合国力和国际影响力领先的社会主义现代化强国。报告特别强调，未来五年是全面建设社会主义现代化国家开局起步的关键时期，并明确了主要目标任务。

从国家发展战略高度思考迈向 2050 年的地方治理现代化道路，在国内理论界无疑是一次重要的学术创新。正如张謇所言："凡百事业，均须有世界之眼光，而后可以择定一国之立足之地；有全国之眼光，而后可以谋一部分之发达。"[1]

---

[1]《致各省教育总会发起词》，李明勋、尤世玮主编《张謇全集》第 4 册，第 643 页。

第一节 地方治理战略：改革与全面现代化

地方治理是治理理论实践中重要的一种治理形式，俞可平认为："治理一词的基本含义是指官方的或民间的公共管理组织在一个既定的范围内运用公共权威维持秩序，满足公众的需要。治理的目的是在各种不同的制度关系中运用权力去引导、控制和规范公民的各种活动，以最大限度地增进公共利益。"[1] 有国外学者亦指出："治理涉及方方面面，在政府通过正式的非正式的制度监管国家资源的过程中，呈现的所有问题都属于政府治理的范畴。因此，通过行使权力，能否提高公民生活质量，将最终决定治理的质量。"[2]

同样地，地方治理现代化也是一个多维度的治理过程，根据当代中国社会主义建设"五位一体"总布局，可以分类划分为政治治理、经济治理、社会治理、文化治理和生态治理。这种全面现代化的地方治理战略其实是近代地方治理南通模式的一种延续。正如之前所指出的，张謇与近代南通的全面现代化，不仅是一次工业革命式的经济现代化，还包括地方在政治、文化、社会、生态方面的全面均衡发展，从而构成了一种整体性的地方自治制度，为现代国家建设贡献了一个真正的地方现代化发展基础。"张謇不仅在办企业、公司，而且改革

---

[1] 俞可平：《全球治理引论》，《马克思主义与现实》，2002年第1期。
[2] 博·罗斯坦：《政府质量：执政能力与腐败、社会信任和不平》，蒋小虎译，新华出版社，2012年，第7页。

包括金融、水利、文教、贸易、投资、政治等在内各方面的体制形态。他在各个领域进行制度创新，在改良整体制度环境的同时改革地方自治制度。总体上看，张謇在南通的制度改革与突破是十分成功的。而且地方制度突破、推广与发展是全国性改革的基础，也是符合自古以来中国国情的，但是由于大的制度格局的稳定性使得南通模式未能成为近代中国地方制度改革延展的经典范例。"[1]

以"善治"为战略目标

地方治理现代水平如何提高？全方位改革的治理战略目标应该是一个明晰的答案。通过制度的自我完善和革新来实现中国全面现代化的改革目标，让国家更富强、更繁荣，让人民生活更美满、更幸福。为此，俞可平先生提出"善治"的治理战略设想："概括地说，善治就是使公共利益最大化的社会管理过程。善治的本质特征就在于它是政府与公民对公共生活的合作管理，是政治国家与公民社会的一种新颖关系，是两者的最佳状态。"[2]善治的基本要素包括："合法性、法治、透明性、责任性、回应性、有效性、参与、稳定、廉洁、公正"。

罗一民也刊文阐释市场化、民主化、法治化、文明化与科学化为主要目标的治理战略。经济领域的改革应以市场化为导向。突出"强市场"和"强政府"的概念，尊重市场经济规律，更好地发挥政府引导作用，让市场成为资源配置的主要手段。要在保护市场主体、完善

---

[1] 樊纲、姚勇：《中国经济制度化研究——以张謇与中国国家近代化为个案》，周新国主编《中国近代化先驱：状元实业家张謇》，第51页。
[2] 俞可平：《治理和善治引论》，《马克思主义与现实》，1999年第5期。

市场运行机制、规范市场管理等方面深化改革，不断完善社会主义市场经济体制。政治领域的改革应更好地发挥人民代表大会制度、人民政协制度的作用，从各层次各领域扩大公民有序参与政治，保障人民享有更多的民主选举、民主决策、民主管理、民主监督等权利。社会领域的改革应以法治化为导向。注重发挥法治在社会管理中的重要作用，以公平正义为主题，从过去的政策推进转到法治规范上来。不断健全社会主义法律体系，强化依法治国、依法执政和司法公正，提高公民法制意识和法制素养，加强和创新社会管理，加速形成一个健全的法治社会。文化领域的改革应以文明化为导向。推动文化发展繁荣与文明的提升有机融合，善于吸收全人类的现代文明智慧，深入开展社会主义核心价值体系建设，同步推进物质文明、政治文明、精神文明以及生态文明建设，强化文明的引领作用，提高国家文化软实力。党的建设领域的改革应以科学化为导向。大力弘扬科学精神，完善科学制度，强化科学管理，不断提升科学化水平，使我们党的领导体制、执政方法能更好地适应时代需求。[1]

正如俞可平所提出的，就其直接原因而言，西方的政治学家和管理学家之所以提出治理概念，主张用治理替代统治，是他们在社会资源的配置中既看到了市场的失效，又看到了国家的失效，人们试图通过治理机制来调和"市场失效"和"国家失效"，这是治理理论得以产生的工具意义上的原因。"以前讲工业、农业、国防、科技的现代化，这'四个现代化'其实都是器物层面的现代化，而不是制度层面

---

[1] 罗一民：《以更大的勇气和智慧推进改革攻坚》，《学习与研究》，2013年第7期。

的现代化。事实上，如果没有制度层面的现代化，器物层面的现代化也很难向前推进。现在我们需要进行制度层面的现代化。国家治理的现代化，就是制度的现代化，也可以说是政治现代化。"[1]

应该说，以"善治"为治理战略目标，是张謇时代以"救国"为治理战略目标在21世纪的升级版。在那个内忧外患的转型时代，张謇秉持"以天下兴亡为己任"的儒家传统，在传统士大夫的责任感的驱使下，"救亡、雪耻、强国"成了他的人生抱负。在张謇看来，只有发展民族工业，才能抵制帝国主义的侵略、抵制外国资本的侵入，办厂也不失为一种救国之途径。于是，他放弃功名仕途，利用通海地区产棉的优势，着手创办大生纱厂。此后，兴办教育，推动改革，领导立宪，筹办地方自治等事业，无不以救国为目的。如今中国已经进入和平与发展的新时期，必须要有新的现代治理战略目标超越近代社会的发展阶段。

南通现象：追求"善治"的全面现代化

著名现代化研究学者罗荣渠先生认为："现代化作为一个世界性的历史过程，是指人类社会从工业革命以来所经历的一场急剧变革，这一变革以工业化为推动力，导致传统的农业社会向现代工业社会的全球性大转变过程，它使工业主义渗透到经济、政治、文化、思想各个领域，引起深刻的相应变化。"21世纪初期的南通现象，也得到国内理论界与学界的关注。我国第一份城市现代化战略报告"南通基本

---

[1] 俞可平：《国家治理现代化的若干问题（上）》，《福建日报》2014年6月8日。

实现现代化战略研究"在 2011 年 1 月公开发布并出版。课题组由中国社科院城市与竞争力研究中心、中国社科院财政与贸易经济研究所、首都经济贸易大学、天津市社科院等机构专家学者于 2010 年组成，历经 9 个月的实地调研和理论梳理，最终提出了南通实现现代化的目标定位、实现路径、时间节点等。

课题研究表明，基本实现现代化是经济社会获得空前发展后步入的一个新阶段，是在全面小康基础上的一次新提升和新跨越。南通基本实现现代化是全方位的基本实现现代化，不仅包含经济现代化，而且涵盖社会、文化、环境现代化和人的现代化。这意味着其城乡统筹发展水平将更高，城乡、区域、经济与社会得到平衡、协调发展，人口、资源、环境实现完全的可持续发展，教育、医疗、就业、社保事业相当发达，住房、收入分配问题得到很好的解决，民主法制更加健全，社会极其稳定，人民当家做主、安居乐业。南通基本实现现代化将不断地从点到面、从面到体、从单方位向全方位发展。

南通基本实现现代化的战略规划及初步实现，充分体现出政治清明、经济发达、社会和谐、文化繁荣与人民安康的"善治"目标特色。这种治理战略是符合现代性要求的，包含市场经济、民主政治、科学理性和历史进步主义四个基本要素。如果缺失这四个基本要素，就不是具备现代性，也就无所谓现代化了。新世纪初期南通地方治理现代化的特色是全方位改革，而不是单纯的经济体制改革，符合国家治理体系的全面性特征，是真正意义上的国家治理现代化的地方实践。从某种意义上讲，这是张謇时代治理现代化建设的重启，具有强烈的现代化发展历程的延续性，也意味着地方治理现代化从初级阶段，正式进入一个迈向"善治"目标的中高级阶段。

作为南通基本现代化事业的执政团队领导，罗一民也强调，从以往偏重经济体制的改革突破，不失时机地延伸到经济、政治、社会、文化、党的建设等领域的全方位改革。要协同配合、整体推进，不能单兵突击、支离破碎，不能因为阻力和羁绊搞"选择性改革"。改革要在各个领域、各个方面协同推进。比如经济领域，从市场机制的健全到政府管理方式的创新，从各类市场主体地位的确定到政府管理部门的定位，尤其是财税体制、金融体制改革，都要厘清关系；政治领域，要研究如何发展完善国家的根本制度和一系列基本制度规范，特别是完善人民代表大会制度、政治协商制度、干部人事制度等，使改革外联内合、整体联动，发挥最大效能。今天的改革，更需要自上而下系统地顶层设计，需要将整个改革的战略布局做得更好，以便有效克服改革在某些方面存在的分散化、简单化等缺陷。历经30多年的实践，我们已经积累了丰富的经验，顶层设计的条件已经具备。只要上层统一思路，层层部署推进，改革的关联性、整体性、全局性就能得到更好的体现。

全方位改革与全面现代化的治理战略的直接影响是当代南通的均衡发展与快速崛起，南通经济建设、政治建设、文化建设和社会建设全面发展，精神文明建设成绩显著，市民文明素质和社会文明程度较高的城市。在21世纪初，南通先后获得全国创建文明城市工作先进城市、全国科技进步先进市、全国双拥模范城、全国社会治安综合治理优秀地市、科技强警示范城市、中国优秀旅游城市、国家环境保护模范城市、国家卫生城市、国家园林城市、国家历史文化名城、水环境治理优秀范例城市、保护臭氧层示范城市、全国社会治安综合治理"长安杯"、全国首批法治政府示范城市等一系列荣誉；市区及所有县（市）全部进入江苏省文明城市行列，南通成为全省江北第一个文明城市群，连续 5 次被表彰为全国文明城市。中国社科院公布的《全球城市竞争力报告（2009—2010）》显示，在全球 500 个重点城市综合竞争力年度排名中，南通列第 299 位，较 2008—2009 年度大幅前移了 38 个位次。同时，南通入选全球最具城市竞争力最佳案例城市。《全球城市竞争力报告 2019—2020：跨入城市的世界 300 年变局》报告显示，南通世界排名第 121 位全国排名第 23 位。

第二节 地方政府治理现代化的目标与走向

地方治理现代化作为一种系统性的理念表述，特别是围绕张謇与治理现代化的理论与实践，更能凸显一种政治现代化主导的全面现代化制度特色。

地方治理现代化的战略目标

地方治理现代化的战略目标，就是通过民主政治的制度建设，建成一种具有全球典范性的现代中国政治文明。"因为全国的政治形势比较复杂，不易为一般人民所理解。而地方事务通常能为当地人民所理解，公民在参加地方事务的决策过程中，可以培养民主素养和政治能力，增强参加政治活动的兴趣，从而促进民主政治的发展。"[1] 从政府治理角度来看，地方政府一般更贴近民众，对地方民众的要求更为敏感，能够强化政府的民主责任，确保政府不仅考虑社会整体利益，而且对某些社会群体的特殊利益也能够做出反应。[2]

地方治理现代化战略目标的设定，需要我们具备人类历史与文明互鉴的宽阔视野，研究张謇时代与当代地方治理现代化的历史经验，设定符合当代中国国情的地方治理现代化近程、中程与远程目标。

未来5—10年的近程战略目标，核心内容是实现地方政府治理的"效能民主"。地方政府高效而廉洁，在经济和社会发展中起着重要作用，发展与多元化经济社会相适应的"效能民主"模式，而不是单一的效能管理方式。从政治学的角度看，治理是指政治管理的过程，它包括政治权威的规范基础、处理政治事务的方式和对公共资源的管理。它特别地关注在一个限定的领域内维持社会秩序所需要的政治权威的作用和对行政权力的运用。[3] 作为一种新型的统治方式，治理作为一种政治管理过程，也像政府统治一样需要权威和权力，最终目的也是维持正常的社会秩序。

未来10—20年的中程战略目标，核心内容是推进地方治理的"渐进式民主"。"渐进式民主"是指逐步培育公民意识，并进行制度创新来扩大民主的过程。与其他国家渐进式民主时断时续，或者有进有退的现象相比较，"渐进式民主"可贵之处在于持续推进，从未间

---

[1] 王名扬：《英国行政法》，中国政法大学出版社1987年版，第51页。
[2] 安德鲁·海伍德：《政治学》（第2版），张立鹏译，中国人民大学出版社2006年版，第196页。
[3] 俞可平：《治理与善治引论》，载《马克思主义与现实》，1999年第5期。

断。当前提倡的全过程民主也属于"渐进式民主"类型。有研究者指出,全过程民主的独特之处在于"全过程"。它是基于我国民主政治制度的不断完善和民主实践形式的不断发展而形成的理论概括。理论上,这一过程始于人民群众不断发展的现实需求,经过对这些需求的制度和政策凝练,终于人民群众需求的落实和实践。此一过程循环往复。全过程民主就是与上述过程相适应的民主概念。地方治理的"渐进式民主"中程目标,可以持续地推进地方治理方式的变革,从而使经济、社会和政治稳定地向前发展,既不会出现无序状态,也可以避免中断或倒退。

未来20—30年的远程战略目标,核心内容是构建均衡发展的现代政治文明。罗一民认为:"依据自由的本质推行民主,遵循民主的规则建立法治,依靠法治的功效,保障民主和自由的科学实现,从而从根本上维护社会的整体利益和人类文明的永续发展。"只有一种有节制的现代民主政治模式,才能保持政治秩序与政治发展的均衡状态,最终实现建构现代中国政治文明的宏伟目标。

正如丛日云教授批判西方民主的民粹化趋向时所言,当代西方民主的民粹化倾向三原则即"越平等越好、越自由越好、越民主越好"已然成为西方社会主流价值和意识形态。民粹化民主的表现在于,要求或推动社会更多的平等,使其走向平均主义甚至弱势者的特权、使社会失去活力和竞争力,并严重伤害基本的自由和人权;仍然要求或推动更多的自由,特别在个人生活和个性表现领域的自由选择权,鼓励突破千年禁忌、习惯和信仰、损害人类文明社会基础的个人生活的放纵,带来文明的衰落和解体;仍然要求或推动更多的民主,为了民主而民主，从而牺牲了民主的质量和效率。

中共十八届三中全会《关于全面深化改革若干重大问题的决定》指出："全面深化改革的总目标是完善和发展中国特色社会主义制度，推进国家治理体系和治理能力现代化。必须更加注重改革的整体化、系统化及协同化，加快拓宽市场经济与民主政治渠道、先进文化、和谐社会、生态文明，让一切技术、劳动、管理、知识、资本的活力迸发出来，为社会财富的创造提供途径，使广大人民能够同时享受到发展所带来的成就。"一个国家的治理体系和治理能力是与这个国家的历史传承和文化传统密切相关的。解决中国的问题只能在中国大地上探寻适合自己的道路和办法。选择一种有节制的地方治理现代化民主模式，实现均衡发展的现代政治文明战略目标，从深层次说，无疑是一种张謇现代政治保守主义的审慎精神的体现，也是张謇早期治理现代化思想在当代中国的延续与发展，是20世纪中国政治智慧的结晶。

地方治理现代化的基本走向

地方治理现代化的基本走向是建设现代政治文明。一个真正意义上的现代政治文明，必须具备政治现代化、全面现代化与世界一流特色。有权威研究指出，衡量政治现代化实际上只能依据两条基本原则："政治的制度化程度与大众参与政治的程度。这两点具有可度量性并且能够在一定程度上避免因意识形态而引起的关于政治权力方面的争论。制度化与大众参与的程度越高，权力就会越具有理性化，政府就越具备良好的功能，政治生活就越民主。可见，核心问题是人怎样在一个政治制度下获得最大的自由度,从而具有最大的创造性。"[1]

地方政府创新最终走向是建设全面现代化文明,现代民主政治最终走向是建设世界一流政治文明。从某种意义上讲,这与张謇对政治文明的理解是一致的,"世界经济之潮流喷涌而至,同则存,独则亡,通则胜,塞则败"。张謇的地方治理现代化实践,无不折射他胸怀世界的视野和进取精神,为我们指明了地方治理现代化与现代文明国家建设的基本方向。

政府创新就是政府部门所进行的、以有效地解决社会经济政治等问题,完善自身运行,提高治理能力为目的的创造性活动。这些由不同层级政府部门在不同领域中完成的创新活动可以根据其性质分为制度创新和技术创新两大类。制度创新指的是对现有制度进行改造或创立新的制度来因应社会经济发展的要求;技术创新指的是把科学技术手段应用于政府治理过程中或者对现有治理所使用的手段、措施、方法以及程序进行技术层面的改造。通常来说,制度创新的影响范围更广、难度更大。随着一套治理制度的稳定,制度创新出现的频率会逐步降低,技术创新则会成为政府创新的主要内容。但是,技术创新要产生实质性的影响,必须推动制度的改革,以获得制度的保证。[2]

地方政府管理系统结构是由行政理念、行政职能、行政机构、管理制度和管理方式等要素构成。"地方政府管理机制作为一个有机的整体系统,如果只对管理机制构成的某一要素进行改革,就不仅不能

---

[1] 钱乘旦、陈意新:《走向现代国家之路》,四川人民出版社1987年版,第61页。
[2] 杨雪冬:《简论中国地方政府创新研究的十个问题》,载《公共管理学报》,2008年第1期。

达到预期的目的和效果，还可能造成整体系统功能的缺失。"[1] 效果、效率与效力是整个政府管理体制创新的目标。效能理念下的地方政府应该以高效、有效作为任何行为活动的基本基准。政府治理理念是指政府行政部门、机构和人员在长期管理活动中逐步形成并积淀下来看一种意识和精神，它强烈地影响和支配着行政部门、机构和人员的行为方式和手段。

在富有改革精神的地方主政者看来，创新是发展的动力，是进步的灵魂。形势在不断变化，对政府工作的要求也在不断变化。政府职能要加快转变，强化宏观管理职能，弱化微观管理职能，转化社会管理职能，实现从无限权力的政府向有限责任的政府、从主要为国有经济服务的政府向为整个国民经济服务的政府转变。以政府创新的形式实现地方治理现代化，无疑是实现国家治理现代化的有效路径。"在复杂多样的地方创新活动中，地方政府是第一推动集团"。[2] 地方政府创新的目标就是努力构建较为完善、统一、精简、务实、高效的民主政治制度，并使地方民主的形式和内容实现高度的统一。

作为地方治理现代化事业领导者的地方政府，承担政治、经济、社会、文化与生态全面现代化的职责，在改革进入深水区的关键时期，地方政府的创新活动是治理现代化可持续性的基本保证。经验表明，没有制度创新，地方政府的工作就没有生机，也就没有促进地方经济社会的跨越发展的核心驱动力。因此，政府创新在推动地方治理

---

[1] 李明强、贺艳芳：《地方政府治理新论》，第186页。
[2] 陈家刚：《地方政府创新与治理变迁——中国地方政府创新案例的比较研究》，载《公共管理学报》，2004年第4期。

现代化方面，有着不可替代的重要作用，其最终走向是建设全面现代化文明国家。

第三节 地方政府治理现代化与政治文明

现代政治文明的路径选择，对于今天的地方政府治理现代化与政治文明建设，也是非常富有启示意义的。总结持续进行的南通地方政府治理现代化的实践经验，不难看出，在建设创新型政府、规范型政府、高效型政府与廉洁型政府的进程中，政治文明分别表现为政治民主化、政治法治化、政治科学化与行政伦理化。

创新型地方政府与政治民主化

在当代中国政府治理现代化进程中，创新型地方政府的政治文明理念更多地表现为政治民主，从本质上说，政府治理是"政府联合多方力量对社会公共事务的合作管理和社会对政府与公共权力进行约束的规则和行为的有机统一体，其目的是维护社会秩序，增进公共利益，保障公民的自由和权利。"[1] 俞可平也认为："善治，简单地说就是公共利益最大化的治理过程，其本质特征是国家与社会处于最佳状态，政府与公民对社会公共事务的协同管理，或称官民共治。"[2] 中

---

[1] 何增科：《政府治理现代化与政府治理改革》，载《行政科学论坛》，2014年4期。
[2] 俞可平：《中国的治理改革（1978—2018）》，载《武汉大学学报（哲学社会科学版）》，2018年第3期。

国政府治理现代化的民主性,"主要包括了多主体共治、社会成员的积极参与、人民当家作主理念的深化、政府行政管理有效性的增加以及广大人民政治参与范围和幅度的加强等。归根结底,中国政府治理现代化是为政治治理现代化服务的重要组成部分,是人民利益至上的重要保障。"[1]

从治理成效来看,政治民主是创新型地方政府的动力所在。南通的政府治理实践表明,政府首先要有开放的心态。开放的心态有助于接纳新思想、新观点,地方政府要在认真倾听民众的声音中不断矫正和完善自己。其次要透明公开,包括公共决策过程与执行过程的公开透明。地方政府信息还要由封闭走向开放。信息垄断容易滋生"寻租"等腐败问题,地方政府要依法把各项公共政策、法规、规章、条例等公共信息公开,根除信息"寻租"的土壤。"现代经济社会的发展日新月异,一个系统要有生机和活力,就必然要和外界的环境进行物质、能量和信息的交换。地方政府系统要有效率和活力,自然也要保持开放的状态,其工作过程及所掌握的信息,除了涉及国家机密必须保密的部分外,都有必要向社会公众开放。阳光是最好的防腐剂和生长剂。地方政府把自己置于阳光之下,有利于充分保障本区域公民的知情权,若公民知情权得到保障可以进一步激发公民对本区域社会事务的参与热情,提高地方政府治理的效果。"[2]

地方治理现代化的根本目的在于促进民主政治建设和民众参与意

---

[1] 邱实:《中国政治治理现代化研究》,南京师范大学博士学位论文 2017 年,第 127 页。
[2] 唐天伟、曹清华、郑争文:《地方政府治理现代化的内涵、特征及其测度指标体系》,载《中国行政管理》,2014 年第 10 期。

识的提高,保障公民的权利和自由,促进政府和社会和谐发展。地方治理现代化符合政治制度化和民主化的趋势,有利于促进权威的合法化和政治参与的扩大,是一项重要的制度创新。

规范型地方政府与政治法治化

与政治民主一样,法治同样是现代地方政府的本质内涵。推进法治政府建设是地方政府治理进型的核心内容,重点在于政府必须遵守法律,依法行使权力。"而法治的困难之处不仅在于老百姓是否守法;更在于公权力是否接受法律的规范。一般而言,公权规范化主要依靠两个要素的作用:一是规则,即直接规范公权力的法律。一般而言,一个国家这种法律越多、越严密,这个国家的公权力就越规范。二是制度,即保障上述规则在政治领域发挥作用的制度安排。这种安排越科学,法律就越能在事实上保持对公权力的张力。"[1] 著名行政法学家罗豪才先生指出:"实现公共权力关系的理性化是公域之治的主题,公共部分的治理应该以规则为定位,公法尤其是行政法作为公共治理的合法性来源。因此,公共治理格局就自然要依靠公法来建构——在通过公法确定'善治'目标之后,再依靠公法建构一个由治理主体、治理范围、治理方式和监督救济机制共同构成的公共治理行动结构。"[2]

---

[1] 程竹汝:《论政治体制改革的重点与国家治理体系现代化》,载《上海行政学院学报》,2014 年第 2 期。
[2] 罗豪才、宋功德:《公域之治的转型——对公共治理与公法互动关系的一种透视》,载《中国法学》,2005 年第 5 期。

现代法治与传统法制理念不同。"历史上看,传统国家与现代国家之间最重要的区别之一就是权力的规范化程度不同。传统国家虽然对权力也存在着某些规范化的要求,但在盛行的人治条件下,其规范化程度较低;现代化的国家则不同,由于法治的推行,权力受到严格的规范。其实,在问题的维度上,法治的核心问题就是围绕权力的规范性展开的。因为法治不仅应该推行于经济和社会领域,由于政治对整个社会的统领地位和作用,它更应该推行于政治领域。"[1] 哈耶克认为:"法治意味着政府除非实施众所周知的规则以外不得对个人实施强制,所以它构成了对政府机构的一切权力的限制,这当然也包括对立法机构的权力的限制。法治是这样一种原则,它关注法律应当是什么:亦即关注具体法律所应当拥有的一般属性。我们之所以认为这一原则非常重要,乃是因为在今天,人们时常把政府的一切行动只需具有形式合法性(legality)的要求误作为法治。当然,法治也完全以形式合法性为前提,但仅此并不能包含法治的全部意义:如果一项法律赋予政府以按其意志行事的无限权力,那么在这个意义上讲,政府的所有行动在形式上就都是合法的,但是这一定不是法治原则下的合法。因此,法治的含义也不止于宪政,因为它还要求所有的法律符合一定的原则。从法治乃是对一切立法的限制这个事实出发,其逻辑结果便是,法治本身是一种绝不同于立法者所制定之法律那种意义上的法。"[2]

---

[1] 程竹汝:《论政治体制改革的重点与国家治理体系现代化》,载《上海行政学院学报》,2014 年第 2 期。
[2] 弗里德利希·冯·哈耶克:《自由秩序原理》(上),邓正来译,三联书店 1997 年版,第 260—261 页。

南通治理现代化的法治实践，是在贯彻《法治政府建设实施纲要（2015—2020年）》过程中，努力实践现代法治的理念。法治政府就是依法行政的规范型政府，要求政府能够依照法定的权限和程序行使权力，履行职责，既不失职，又不越权。积极履行职责，防止不作为和乱作为。要切实做到有权必有责，用权受监督，失职要问责，违法要追究。全面推进依法治国是一个系统工程。"法治政府作为依法行政的目标，与依法行政在概念的内涵和外延以及建设内容上都有很大的不同。依法行政虽然强调行政机关的行政管理活动要依据法律规定，在宪法和法律等法律规范的范围内活动，但依法行政却无法包含法治政府所包含的丰富内涵。"[1] 依法治国、依法执政、依法行政要共同推进。行政权在国家的各项权力中是最大的、最影响国家进步的，同时范围也是最广的，而且是主动的一个权力。政府要做榜样。社会诚信的培养，要看政府怎么管理、监督，更重要的是政府自己要讲诚信，建设诚信政府。政府首先做出榜样，才能使老百姓自觉讲诚信。基本建成法治政府的目标是历史的必然："当人们的社会生活出现了矛盾纠纷，需要有正规的法治途径、法治轨道予以解决。随着人们法治意识增强，越来越多的人在发生矛盾纠纷时主动寻求法律救济途径。法治是化解矛盾、建立和谐社会、维护社会稳定、实现国家长治久安的基本保障。"[2]

关于民主、法治及其与政府治理现代化的关系，程竹汝教授认为，在中国社会主义政治文明建设的政策选择上，民主与法治及其平

---

[1] 姜作培主编《南通基本实现现代化研究》，中国言实出版社2010年版，第212—213页。
[2] 应松年：《基本建成法治政府的若干重要问题》，载《国家行政学院学报》，2016年第4期。

衡发展应被确定为基本的政策目标。在现代，民主与法治作为政治发展的目标已是大势所趋，在很大程度上它已不是一个选择的问题。在这种情况下，人们的政策选择一般只在如何实现民主和法治的领域发挥作用。从各国政治发展的经验来看，民主与法治的平衡发展及辩证统一被认为是当代政治发展的一条最佳路径。因此，中国社会主义政治文明建设必须循着这条路径不断前行。在理论上，民主与法治存在着共同的价值基础，那就是承认人的尊严和权利的至上性。但在此基础上，民主更注重的是权力的来源，而法治更多涉及对权力的限制；民主强调权力的合法性，法治则强调权力的规范性。所谓政治文明，在较根本的意义上无非是能够始终关注和服务于人民大众的福祉。因为民主使政治权力对大众福祉负有了道义上的责任；而法治则是将这种责任转换成了一种压力机制。理论上政治可以被看作一个权力形成和权力行使的过程。在权力的形成过程中，民主的问题占主要地位；而在权力的行使过程中，法治的问题占主要地位。因此，政策选择对民主与法治相统一的强调，在反映人类政治文明发展的规律和基本趋势的同时，也体现着政治文明发展进程的一种理想境界。[1]

高效型地方政府与政治科学化

"在治理现代化的推进过程中，责任处于关键性地位。政府能否对人民负责任是区分传统政府与现代政府的标志，因此，实现政府治

---

[1] 程竹汝：《关于政治文明概念、结构与政策选择的探讨》，载《学习与探索》，2005年第1期。

理现代化的关键在于矢志不渝地坚持为人民服务、对人民负责、受人民监督。构建职责明确、依法行政的政府治理体系，既要保证责任的合理授予，又要保证责任的有效实现。"[1] 没有地方行政系统的高效运作，就没有地方治理体系的有效运行。

高效型地方政府必然也是遵循政治科学原则运转的，是政治文明的一种组织体现。有学者认为，政治文明体现在政治制度和政治组织的各个层面，其中包括有关政治权力行使的制度和规范。"在政治系统内部，政治权力的行使状态一般受到三个方面的影响：政治意识、组织形态、制度规范。制度和规范是影响政治权力最直接和客观的方面。在历史上，虽然政治权力的行使总会有一些制度和规范的基础，但其中的周延性和有效性一直是政治领域的一个根深蒂固的问题。因此，在这一领域，所谓政治文明主要表现在制度、规范反映政治价值的程度和它规范政治权力的周延性和有效性上。"[2]

在南通地方高效型政府的建设实践中，考评指标体系的建立同样是遵循科学原则的。要求各部门按照体现全局性、先进性和创造性的要求，从定性和定量两个方面，对各项工作提出具体的目标、措施、标准和完成时限，初步形成指标体系。然后组织相关牵头部门，在综合进行横向比较、纵向比较、基准比较的基础上，对各部门上报的目标逐项进行审核。经过反复审核后，报经市分管领导同意，经目标领导小组审定后，以正式文件形式制定下发，对外公布，作为工作推

---

[1] 张贤明：《政府治理现代化的责任逻辑与结构体系》，《光明日报》2020年01月21日第16版。

[2] 程竹汝：《关于政治文明概念、结构与政策选择的探讨》，载《学习与探索》，2005年第1期。

进、落实和考评的实施依据。年初对各部门如何设定目标提出明确要求。年终考评首先考评各部门年初目标制订的态度、水平，包括部门制定的目标定位高不高、难度系数大不大、有没有创新精神等。考评既有纵向的考评，也有横向的考评。纵向的考评就是各个部门，今年和去年相比，年底和年初相比，完成情况如何。横向的考评就是把一个组内所有部门放在一个水平线上横向比较，同时把各部门放在全省各市中对比考核。对于虽完成了任务，但目标制定避高就低、避实就虚、避重就轻、避大就小的，在考评定档打分时适当降低等次。通过首尾呼应的考评约束措施，切实把绩效考评前移到目标制定这个首要环节上，确保指标设置更具先进性、客观性、激励性推进城市现代治理，每时每刻都会遇到新情况、新问题，政府必须快速应对、有效处置，特别是遇到突发事件更应如此。

应该说，政府绩效管理是南通地方高效型政府改革实践最为精彩的内容。从行政科学的视角来看，绩效考评是指通过工作业绩、成绩和工作结果与效果来考核评价工作承担人员履行职责程度或情况的一种考评方式。有以政府为核心的目标管理（MBO）、全面质量管理（TQM）等，强化了政府对议会和顾客的双重责任；有实行以绩效为基础的预算制度，加强了对财务的控制；有打破传统的统一薪酬体系，把绩效工资制和业绩奖励挂钩等。这些改革措施的实行推动了公共责任和顾客至上理念的落实，也使得公共项目及其产生的结果成为政府管理活动的核心，成为公众关注的焦点。

罗一民研究认为，高效型政府与行政科学的关联之处主要有两点，一是政府机构设置和日常运作的合理化——精干、高效、规范、有序。这是政府科学化的主要表现和基本要求，也是政府充分发挥职能作用、提高工作效能的基础性条件。二是政府工作人员的高素质化——专业、敬业、勤政、廉政。这是政府科学化的人力保障和必备条件。目前，随着城市化进程的加快，城市管理面临诸多问题，突发事件（生产交通安全事故、公共自然灾害、社会矛盾引发的群体性事件）不断发生，"黑天鹅"和"灰犀牛"事件频频而来。通常所谓的公共应急管理，成了政府治理城市的重要职责和严峻考验。这必须以管理方法的创新、治理体系的改革、政府效能的提高来解决。当前，要着重解决政府功能紊乱、职能缺失、效能低下这"三能"问题。另外，要通过改革要效率，政府必须有所为、有所不为。从 2000 年开始，南通在全省率先对 406 家国有企业、108 家市属事业单位实施改革，并重新界定政府部门职能，一场"静悄悄的革命"，使市场主体和社会主体活力得以充分释放，也使政府摆脱了纷繁复杂的事务，从"全能"走向"有限"，从"封闭"走向"透明"，从"分神"走向"专心"，实现了职能归位、效能提升。

  政府运作的高效，最终应体现在经济、政治、社会、文化、生态"五位一体"的协调发展上。这是衡量政府高效运作的主要标准，也是城市现代化进程与治理成效的具体反映。这就要求政府管理者打好"组合拳"，努力推动遵循经济规律、社会规律、自然规律的科学发展。"高效"和"低耗"相辅相成，"低耗"主要表现为：开支低、机构少、人员精；领导班子内部及政府各部门之间内耗摩擦少，运转有序；按市场化原则利用资源，提高经济和社会效益。政府应通过深化行政体制改革等措施，降低行政成本和制度交易成本，包括减少内部摩擦损耗，节省人财物支出，提高行政管理效能。

廉洁型地方政府与行政伦理化

"廉洁对于一个国家和社会，就像空气对于人，新鲜的空气，无色无味，你平时不注意，但他的存在是我们生存的必备条件……廉洁是人们的美好期许，是政治的应然状态，是社会良性运行的基础。"[1] 对于一个国家来说，廉洁的政府是政权合法性的重要支撑，现代国家都把廉洁作为政府的价值目标。廉洁理念包含两个基本含义，一是清廉、清正、纯洁；二是指廉价、效益，政府的组织规模和成本应该在一个合理的区间。一方面，廉洁的治理理念就是要保证政府权力不被滥用，政府组织和官员能够坚持公共利益至上、奉公守法，政府在公共资源的利用上坚持效益原则、物尽其用。在实施治理过程中，政府要发挥引领作用，通过政策导向、价值导向和行为导向，构筑"清亲"的政商关系、政社关系、政民关系，减少寻租、腐败行为对政治系统环境的污染和经济社会发展的阻力。政府在权责划分、政策制定、资源分配的过程中要强化制度治权，压缩政府组织或官员寻租的空间、减少腐败的机会。另一方面，廉洁的治理理念还体现为公共资金、公共资源利用率的高效，减少公共财政的浪费，保证资金资源都用在为市场、社会和公众提供优质服务上。[2] 与之相对立的是，腐败

---

[1] 李红权、张春宇：《廉洁政治论》，东北师范大学出版社 2017 年版，序言，第 1 页。
[2] 于瑶：《改革开放以来我国政府治理转型研究》，东北师范大学博士学位论文 2019 年，第 118 页。

"就是国家治理者利用国家公共权力谋取个人私利的行为。"[1] 治理者通过国家权力来实现一己私利，极大地损害了国家权力的公共性，违背了现代国家的政治道德底线。

南通地方的廉洁型政府建设，除常规的反腐倡廉做法外，较有特色的是预防腐败的制度建设，如限制一把手的政府财政审批制度改革。以前的财政预算，政府总要保留所谓机动财力，而审批权限往往又在分管领导手里，这就为权力寻租提供了巨大机会。为此南通相继出台《中共南通市委印发〈关于加强"三重一大"事项决策的议事规则（试行）〉的通知》、《市本级财政支出审批管理办法》，规定政府专项资金的使用原则上不得突破年初预算金额，确需追加的，由主管部门商市财政局提出追加预算申请报市政府，经市政府专题会议研究审定后下达年度追加预算。对年度预算执行中追加经费数额较大（超过 1000 万元）的，须报经市政府专题会议审定。新增 5000 万元以上的项目，以及城市建设、基础设施建设项目实施过程中超概算 10％以上的调整事项，由主管部门或相关单位提出申请，报经市政府常务会议审核同意后，报市委常委会审定。年度追加预算的受理期原则上为每年的 10 月底前，每年的 11 月份市财政局将年度追加预算情况汇总形成年度调整预算，报经市政府常务会议和市委常委会审议通过后，提交市人大常委会审议和批复。

南通的改革者们不满足于廉政的制度建设，还特别重视政治廉洁与行政伦理的关系，提出政治清明的见解主张。政治清明是相对于政

---

[1] 向玉乔：《国家治理的伦理意蕴》，载《中国社会科学》，2016 年第 5 期。

治混浊而言，是一种清新、健康、阳光的政治生态。政治清明首先表现为政治上的公道、公正，善恶分明，是非公明，功过分明，因而可以促使官员人人向上，人人向善。政治清明还以"善治"为标志，在良善政府的主导下，使社会获得良善的治理。这就必然要求各级官员德、能、勤、绩、廉均为上乘。否则，政府就会不良，治理也就难以做到良善。政治清明必要以良好吏治保证善治的实现，对官员的一整套考核、选拔、管理的机制必具科学合理性，一个好政府，必定是个廉洁公道的政府、勤奋有为的政府，也是高效高能的政府。

行政伦理又称行政道德，是行政管理领域中的角色伦理，是针对行政行为和政治活动的社会化角色的伦理原则和规范。行政伦理的价值基础是廉政。廉政，作为行政领域中特定的社会关系和伦理关系，在行政伦理观中具有基础性的价值定位。加强廉政建设，惩治腐败，事关国家兴衰。政府一定要廉洁、勤政、务实、高效，并把廉洁放在首位，只有这样，才是符合行政伦理观的要求。防止因利益冲突而引发腐败，是世界各国在行政伦理方面面临的共同课题。在公共权力运行过程中，公共权力的行使者（包括个人、部门或集团）受其自身因素的影响，所代表的公共利益可能与其自身利益发生某种抵触。这种潜在的利益冲突如果不能提前阻断，就可能演变为现实的腐败行为。因此，20世纪90年代以来，国际组织以及许多西方发达国家普遍将防止利益冲突作为有效预防腐败的前瞻性策略。"树立良好的行政道德将有助于增强人民大众对政府的信心，有利于政、民间的良好沟通，有利于一系列适应社会需要和发展的政策的制定和执行"[1]

---

[1] 马国泉：《行政伦理：美国的理论与实践》，复旦大学出版社2006年版，第11页。

地方政府治理现代化的文明审视

知名政治学者俞可平认为，衡量一个国家的治理体系是否现代化，至少有五个标准：一是公共权力运行的制度化和规范化，它要求政府治理、企业治理和社会治理有完善的制度安排和规范的公共秩序；二是民主化，即公共治理和制度安排都必须保障主权在民或人民当家作主，所有公共政策要从根本上体现人民的意志和人民的主体地位；三是法治，即宪法和法律成为公共治理的最高权威，在法律面前人人平等，不允许任何组织和个人有超越法律的权力；四是效率，即国家治理体系应当有效维护社会稳定和社会秩序，有利于提高行政效率和经济效益；五是协调，现代国家治理体系是一个有机的制度系统，从中央到地方各个层级，从政府治理到社会治理，各种制度安排作为一个统一的整体相互协调、密不可分。[1]

从政治文明视角审视地方政府治理现代化，一方面是民主与法治的密不可分。邓小平曾经指出："没有民主就没有社会主义，就没有社会主义现代化。"[2] 要建设社会主义民主，使政治民主化，必须实现民主选举、民主决策、民主管理、民主监督，保证人民依法享有广泛的权利和自由，同时增强政治生活的清晰度和透明度，使民众能够更好地了解政治过程，更好地知政、议政和参政。实现政治的法治化，就是要真正根据法治精神和法治原则，构筑建立在尊重人的人

---

[1] 俞可平：《国家治理体系的内涵本质》，载《理论导报》，2014年第4期。
[2] 《坚持四项基本原则》(1979年3月30日)，《邓小平文选》第2卷，人民出版社1994年版，第168页。

格、尊严、自由、进取精神和合理要求上的法律体系。不断强化政治主体的法律意识，形成良好的法治社会环境。孙关宏先生认为必须要加强法治，避免治理能力现代化过程中出现强化"人治"的行为。法治与民主绝对不能对立起来，不能用法治来对付人民，而不是约束政府的行为。法治"意味着正常的法律保有绝对的至高无上或压倒一切的地位，与专制权力的影响相对立，并且排斥专制的存在，乃至政府之自由裁量权的存在。"[1] 法治是法律至上，法高于权，人服从法；人治是权力至上，权高于法，法服从人，两者当然是相互对立与排斥的。"法治政府建设与政府治理体系和政府治理能力现代化是一致的。推进法治政府建设的各项目标，特别是职能科学、责任法定两项目标的实现，必然要求对政府组织结构进行改革和优化，包括严格机构编制管理，统筹利用行政管理资源，提高资源的利用效率等。而政府组织结构改革和优化的结果必须予以制度化和法治化。没有相应的制度和法律巩固改革和优化的成果，事过境迁，改革和优化的成果就可能流失，就可能导致人亡政息。"[2]

另一方面是政治科学与行政伦理的相辅相成。没有政治的民主化，就不会有政治的科学化；没有政治的科学化，政治的民主化难以实现。必须建立科学的政治决策机构、程序和方法，吸收和运用现代科学技术成果，力求最好的社会和经济效益，尽量避免随意性和主观

---

[1] 米勒（Miller, David）、波格丹诺（Bogdanor, Vernon）编，《布莱克维尔政治学百科全书》，邓正来译，中国政法大学出版社 2002 年版，第 676 页。
[2] 姜明安：《政府治理体系治理能力在国家治理体系治理能力中的地位和作用》，《法治日报》2020 年 1 月 8 日。

性。政治清廉化，就是建立健全政治权力的制约监督机制，通过阳光工程，对政治权力实行严密有效的监控和制约，遏制和消除一切政治权力异化和腐败现象，实现政治权力主体清正廉洁，从而巩固政治制度的阶级基础，使国家长治久安。随着我国政府改革的深化，我们对于政府治理本质和善治内涵的理解也在不断深化，有学者强调，一个满足善治要求的政府应该是"民主政府、责任政府、优质政府、效益政府、专业政府、透明政府、廉洁政府"的复合体。

正如罗一民所言："所谓公平，是一种合理公正的社会状态，即社会成员之间的权利公平、机会公平、过程公平和结果公平等。作为公平的倡导者、推进者和保障者，实现公平，是一个合格政府最起码的要求和最基本的责任所在，是政府最基本的价值取向和立足之本，也是政府政令畅通、令行禁止的保证，因为，政府从本质上说，是受人民委托，处理、协调和保障全体人民的利益，处置国家资源和财富。只有做到公平，才能处理好各种关系，分配好各种利益，使用好各种资源，调动好各种积极因素，促进所治理的地区又好又快发展；也只有做到公平，才能让人民群众信得过，树立起政府的真正权威，形成强大的凝聚力和感召力。"地方政府的公平执政，一是以再次、三次分配的方式，实现改革发展成果的分配公平；二是解决行业与集团的垄断行为，实现国家资源配置和法人、自然人发展机会的公平；三是坚持执法公平和司法公正，实现公平社会。

当代南通地方治理化的经验表明，民主政治制度建设的利益表达更能体现当前各阶层的理性诉求。民主政治本质上是一种政治清明，就是加强社会主义政治文明建设,努力做到民主更加完善,法制更加完备,政务环境更加优良,执政水平高,党风建设好,公平和正义充分体现,从而形成民主健全的政治环境、公平正义的社会环境和风清气正的政务环境。[1]

---

[1] 毕雁英:《地方自治与国家统———中国能否实行地方自治制度》,载《南大法律评论》,2006年第2期。

第七章　地方治理现代化的路径选择

　　2035年基本实现国家治理现代化与2050年全面实现国家治理现代化，其艰巨性可想而知，历史与现实经验表明，地方治理现代化是一条可行的制度建设路径选择。罗一民曾撰文提出："改革到了现在这个阶段，已经进入了深水区，'水深'难以摸到'石头'，需要高瞻远瞩、高屋建瓴，为改革'造船''建桥'，实现'划着船过河''跨着桥过河'。现在各个方面、各个阶层的利益和矛盾相互交织，改革的'增量'和'存量'已形成联动，靠基层零敲碎打地探索试验有其局限性，而且已难以推动，即使推动了也未必有推广的条件和价值。今天的改革，更需要自上而下系统地顶层设计，需要将整个改革的战略布局做得更好，以便有效克服改革在某些方面存在的分散化、简单化等缺陷。"（罗一民：《以更大的勇气和智慧推进改革攻坚》，《光明日报》2013年10月31日。）

　　历经40多年的实践，我们已经积累了丰富的经验。只要统一思路，层层部署推进，改革的关联性、整体性、全局性就能得到更好的体现，百年地方治理现代化与国家治理现代化的政治文明梦想是完全可以实现的。

第一节　地方治理战略目标实现的基础与条件

持续四十多年的中国改革开放,在政治制度层面,进行了一系列的改革与探索,为实现国家治理现代化地方实践的战略目标奠定了较好的基础与条件。正如有学者所言:"现代国家制度是国家治理的基石,而制度建设则是国家治理现代化的引擎。"

治理体系的改革创新

改革开放以来,中国的政府创新和政府治理改革,在很大程度上体现为行政体制的改革创新。有研究指出,中国的行政改革涉及的内容十分广泛,包括各级政府的法定地位、权限、职能、管理方式以及机构设置、人员编制、财政预算、审批体制、工作流程等方面。既有观念层面的更新,也有体制、机制、政策层面的变革;既有宏观结构的重新设置,也有微观方面的更新调整;既有中央层面的改革,也有地方层面的多样化的探索和创新。在改革开放的 40 年中,中国的行政改革经过了四个发展阶段:以简政放权为重点的行政改革;以转变政府职能为重点的行政改革;以强化公共服务为重点的行政改革;以行政审批制度为重点的行政改革。[1]

---

[1] 周光辉:《中国行政改革 40 年》,俞可平:《中国治理变迁 40 年(1978—2018)》,社会科学文献出版社,2018 年。

与服务型治理模式相比，这一时期的政府治理不再侧重于向市场和社会提供公共产品与公共服务，而是围绕政府行政审批制度的改革、政治系统的反腐倡廉、进一步向市场和社会放权等内容，着力提升政府的行政能力，市场的资源配置能力和社会的自治能力，以及各主体间的协作共治能力。这种治理模式可以称为统筹型公共治理模式。在这种治理模式中，政府仍然发挥着治理的主导性作用，并且通过协调、整合等手段促进公共服务主体之间的协同合作。市场主体和社会主体则在政府的引领下，参与或自主进行公共事务的治理活动。[1]

40多年来，经历了简政放权、转变政府职能、政府管理模式创新等阶段的改革，那种传统的以行政管制为主体的政府管理方式已经发生了根本性改变，开始向构建以服务型政府为核心内涵的政府管理模式转变。政府管理从注重管制向注重服务转变，不仅涉及政府管理理念的更新、政府行为取向的重新定位、政府施政规则的重建，也包括政府职能和结构、政府施政方式、方法和运行机制的改变。例如，从"以政府为中心"向"以人民为中心"转变；从"权力主体"向"责任主体"转变；从无限政府向有限政府转变；从自上而下的单方面的行政管理向以政府为主导的协商、对话、合作多元主体共同治理的方向转变；从依靠"长官"意志行政向依法行政转变；从以行政手段为主向以法律手段、经济手段为主行政手段为辅的方向转变；从注重经济增长向注重社会公平转变；从封闭式管理向公开透明管理

---

[1] 于瑶：《改革开放以来我国政府治理转型研究》，东北师范大学博士学位论文，2019年，第65页。

转变。[1]

在中央与地方的立法权限方面,我国现行宪法和相关法律已有相当多的规定。1982年宪法改变了过去长期实行的一级立法体制,首次明确规定了中央和省级两级立法权。《中华人民共和国宪法》第五十八条规定:"全国人民代表大会和全国人民代表大会常务委员会行使国家立法权。"第一百条规定:"省、直辖市的人民代表大会和它们的常务委员会,在不同宪法、法律、行政法规相抵触的前提下,可以制定地方性法规,报全国人民代表大会常务委员会备案。"此外,我国还通过《地方各级人民代表大会和地方各级人民政府组织法》,授予"省、自治区的人民政府所在地的市和经国务院批准的较大的市的人民代表大会根据本市的具体情况和实际需要,在不同宪法、法律、行政法规和本省、自治区的地方性法规相抵触的前提下,可以制定地方性法规"的立法权限。2000年3月九届全国人大三次会议通过的《立法法》,对法律、行政法规、地方性法规、自治条例和单行条例、规章的制定权限做出了更为全面、具体的规定,在中央与地方之间形成了多层次的、适当分权的立法权力体系。

基层城乡自治的持续推进

基层民主自治制度方面,因农村和城市地域发展不同,我国现有的基层自治制度主要包括两个方面,一个是农村村民自治制度,另

---

[1] 周光辉:《中国行政改革40年》,俞可平:《中国治理变迁40年(1978—2018)》,社会科学文献出版社,2018年。

一个是城市社区居民自治制度。虽然在地域上、名称上两者存在差异性，但是究其本质，其体现的民主精神都是一样的，都是为了保障村民和居民在村级或是社区事务管理中享有一定的自主管理、参政议事的权利，是社会主义民主政治的重要体现。

目前，根据相关法律规定，民主的选举、决策、管理和监督权利是全体城市社区、农村村民所享有的基本权利，任何人不得侵犯。民主选举权是指公民在所在辖区内，享有相应的选举权和被选举权（被法律法规剥夺的除外），是整个社区（行政村）政治活动的自由参与主体；民主决策权力是指在社区（行政村）重大事项的决策中所享有的参与权，比如说村级资产的划分，社区长期发展规划、社区章程的制定等事务；民主管理权是指公民在本行政村、行政社区中，参与各项社会事务管理的权利，通过参与各项社会事务实现自我管理和服务。最后，民主监督权是指公民作为自然人所享受的，对地方政府、行政部门、村民或社区委员会等基层政府履行政府职能监督和评议的权利，比如对基层政府工作效能、廉政履职进行监督、评议，对所在行政村、社区委员会财务收支情况进行监督，要求其履行村务、政务公开，实现监督职能。[1]

综上所述，改革开放以来的中国现代化，是一个包括经济生活、政治生活和社会文化生活在内的整体性社会变迁过程。在依法治国、公民参与、民主决策、社会治理、公共服务、政府问责、政治透明、行政效率、政府审批、地方分权和社会组织发展等方面，我们都可以

---

[1] 方来武：《中国特色社会主义公民政治参与研究》，中央财经大学博士学位论文，2015年，第50页。

看到巨大的变化。

客观而论，经过 40 多年的改革开放实践，当前我国大力推进地方治理现代化的基础与条件已经非常成熟。现代化建设取得了举世瞩目的巨大成就，创造了世界经济发展史的奇迹。之所以能够取得如此的成就，一个基本的原因就是，我们不仅对经济体制改革进行了深刻变革，也对政治体制进行了重大变革。中国经济发展和社会转型的成功，或者说，中国能够在社会基本稳定的前提下保持经济的长期发展，首先得益于中国治理体系改革取得的良好成效。

第二节　地方治理现代化与现代政治文明国家

中共十八届三中全会强调要推进国家治理体系和治理能力的现代化，说明我们现存的治理体系和治理能力不能满足人民日益增长的政治经济社会文化生态需求。从地方政治治理体系与治理能力现代化的视野探讨政治文明国家建设，其要旨包括现代民主政治与地方政府创新。有研究指出，张謇心目中的理想社会一直以现代化的文明国家为坐标。他要建立的"新新世界"就是政治、经济、文化、社会达到世界"文明村落"水准的现代化社会。

现代民主与地方治理体系现代化

建设现代民主政治与实现地方治理体系现代化，从制度建设的意义上讲是高度一致的。现代民主政治要求建立民主、责任与透明政府，这是地方治理现代化善治目标的制度化体现。罗一民认为："民主实际上是对经济和政治权益的追求，也是对平等地分享自由的追求。人们正是通过民主的扩大来拓展自由，从一定意义上说，民主就是自由少的人向自由多的人争取更多的自由，或者说是争取自由的再分配、公平分配。""真正的民主不仅是自由少的人争自由的手段，更是人类社会整体自由的集中体现和可靠保障。只有民主，才是人类自由最充分、最公平的保证。"

首先，民主政府是地方治理体系现代化的首要目标。俞可平在《论国家治理现代化》书中强调，在我们这样的社会主义国家，一个代表人民利益的政府，是善政的前提条件，没有这一点，善政便无从说起。从本质上说，主权在民而不在政府，人民是国家政治权力的最终来源，政府受人民委托行使权力。因此，执政为民，是一个民主政府的起码要求。在宪法中，明确规定了诸如质询权在内的一系列人大监督权力和制度，希望通过对国家机关工作状况的监督实现对公权力的监督，从而敦促国家公职人员勤政、廉政，最终践行宪政的基本精神。地方人大对地方政府行使质询权的行为，本身就是对宪法的实施的最好阐述。质询前质询案的整合工作，质询过程中的与政府的正面交锋，都能使人大代表的议政能力得到锻炼，而质询后可能采取的处理措施则更加能彰显限制公权力、实现民主法治的宪政精神。[1] 蔡定剑在《国家监督制度》一书中主张："质询是人大通过一定法律程序，

---

[1] 辛璐璐：《国家治理现代化进程中的政府责任问题研究》，第169页。

强调被监督对象回答代表或委员提出的问题,代表或委员可以根据回答的情况采取必要措施,以实现一定的监督目的。"[1]

未来应加强地方人民代表大会的问责力度。具体而言,要确保地方人大作为地方最高权力机关的地位,加强专职人大代表的人才队伍建设。同时,要对地方人大的问责权进行细化,逐步完善人大问责的程序性规定,确保人大问责不受任何机构和个人的干涉。要加强社会问责。一种民主制发达与否,其衡量标准主要就是看"被管理者多数人对管理者少数人的制约状况"。[2] 正如习近平同志所说,人民代表大会制度是中国特色社会主义制度的重要组成部分,也是支撑中国国家治理体系和治理能力的根本政治制度。发展社会主义民主政治,是推进国家治理体系和治理能力现代化的题中应有之义。

法治运行对于民主政府建设,全面提升地方的现代化治理水平,同样是至关重要的。宪法是我国的根本大法,"依宪治国"及"依宪行政"是根本原则,建设关于政府责任的法律体系也必须以宪法为依据,要维护宪法的权威地位,建设关于政府责任的法律体系必须以宪法为依据,同时要进一步健全宪法的实施程序,将宪法的原则性概括转变为现实可操作性的东西,并通过具体的法律法规体现出来。在健全司法权力运行机制方面,一是优化司法职权配置。针对长期存在的审者不判、判者不审的判审分离;权责不明,错案追究难以落实;上下级法院行政化报批,影响审级独立等司法行政化问题进行改革。建立主审法官、合议庭办案责任制,让审理者裁判、由裁判者负责;改

---

[1] 蔡定剑:《国家监督制度》,中国法制出版社,1991年,第176页。
[2] 辛璐璐:《国家治理现代化进程中的政府责任问题研究》,第169页。

革审判委员会制度，明确审委会主要研究案件的法律适用问题；推进审委会成员直接审理重大、复杂案件的制度；明确四级法院职能，一审明断是非、定分止争，二审案结事了，再审有错必纠，最高法院保障法律统一实施。二是积极推进司法公开。中国的司法公开具有自身独特背景，与西方国家相比，我国的开放度更大。除了常规的庭审旁听、人民陪审员、人民监督员等制度之外，还应录制并保留全程庭审资料。在健全司法权运行机制改革方向上，去行政化是我国司法改革长期追求的目标。[1]

中共十八届三中全会《关于全面依法治国若干重大问题的决定》指出："实现立法和改革决策相衔接，做到重大改革于法有据、立法主动适应改革和经济社会发展需要。实践证明行之有效的，要及时上升为法律。实践条件还不成熟、需要先行先试的，要按照法定程序作出授权。对不适应改革要求的法律法规，要及时修改和废止。"立法是把稳定的、成熟的社会关系上升为法，把社会关系用法的形式固定下来，它追求的是稳定性。立法的特点是"定"。改革是对原来定下的、但不适应经济社会发展的制度、做法进行改变，是制度自我完善的一个手段。改革的特点是"变"。用"定"的立法来适应"变"的改革，用"变"的改革来丰富"定"的立法，这是改革开放40年来立法工作中的一条主线。目前，全国人大通过的法律共有270多部，国务院行政法规700多部，地方性法规12000多部。地方性法规是中国特色社会主义法律体系的重要组成部分，具有十分重要的

---

[1] 程竹汝：《国家治理体系现代化进程中的司法治理》，《中共中央党校学报》2014。

突出地位。

其次，透明政府是地方治理体系现代化的关键目标。在俞可平看来，善政要求我们有一个"透明政府"。透明政府的实质是政治信息的公开性和公民的政治知情权。每一个公民都有权获得与自己的利益相关的政府政策的信息，包括立法活动、政策制定、法律条款、政策实施、行政预算、公共开支，以及其他有关的政治信息，透明政府要求上述这些政治信息能够及时通过各种传媒为公民所知，以便公民能够有效地参与公共决策过程和政治选举过程，并且对公共管理过程和政府官员实施有效的监督。

从立法层面加以完善，对宪法中关于财政监督要发挥最佳社会功效，必须先从地方立法层面加以完善，明晰地方人大对财政监督的宏观管理权，将财政资金运行状况以及国家的预算外资金项目也一起纳入财政监管范围，并由国库统一调配，从而优化人大财政监督的资源配置，节约监督成本。扩大立法机关的财政立法权要坚持适度原则，进行财政监管要坚持依法监督和管理。

最后，责任政府是地方治理体系现代化的根本目标。俞可平认为，善政要求我们有一个"责任政府"。既然执政为民是对政府的基本要求，那么，对人民负责便自然成为政府的基本职责。政府的责任主要体现在其主动责任和被动责任两个方面。首先，各级政府及其官员都必须主动地、自觉地履行宪法和法律明确规定的各项职责，只要接受了某个政府的公共权力职位，就同时意味着承担了相应的法定责任。这一责任是政府的主动责任，政府及其官员如果没有履行这些基本职责，轻则是违约，重则是违法。其次，政府及其官员必须对其管辖的公民的正当要求有及时的回应，这是政府的被动责任。如果政府没有对公民的正当诉求在规定的期限内作出适当的回应，也是一种失职。

不可否认，当代中国社会仍然存在以权力为本位的体制现象，权力成为衡量人的社会价值的基本标准，也是影响人的社会地位和社会属性的决定性因素。权力支配着包括物质资源和文化资源在内的所有社会资源的配置，拥有权力意味着拥有社会资源。应该说，以民主和法治为根本要求的地方治理现代化是破解官本位主义的唯一途径。罗一民研究认为，政治领域的改革，要在党的领导下更加充分地发扬民主，更好地发挥人民代表大会制度、人民政协制度的作用，从各层次各领域扩大公民有序参与政治，保障人民享有更多的民主选举、民主决策、民主管理、民主监督等权利。当务之急是要重视公民与社会组织的问责能力，确保和维护公民与社会组织问责的主体地位，通过更多的制度化渠道让民意得到充分表达，降低公民与社会组织问责的"门槛"，为公民与社会组织问责提供更多的制度保障。

政府创新与地方治理能力现代化

在政府创新与地方治理能力体现化层面，中共十九大报告提出，赋予省级及以下政府更多自主权，因合理的地方分权改革是非常必要的。地方政府本身具有双重的法律地位，它既是同级人民代表大会的执行机关，又是中央政府下属的行政机关。"我国地方政府的权力包含两部分，一部分是当它作为地方人民代表大会的执行机关时，由地方同级人民代表大会授予权力；另一部分是当它作为中央政府的下级行政机关时，由中央政府授予权力。"[1]

地方治理现代化的根本目的在于促进民主政治建设和民众参与意识的提高，保障公民的权利和自由，促进政府和社会和谐发展。地方治理现代化符合政治制度化和民主化的趋势，有利于促进权威的合法化和政治参与的扩大，是一项重要的制度创新。

有学者提出多元复合地方政府治理模式，认为我国发展的不平衡决定了地方政府治理的差异化，要赋予地方政府更多的自主权，充分调动地方政府的积极性和创造性，因地制宜，因地治理。"一是进一步加大放权力度，把适合于地方自主管理的权限下放给地方。同时，地方各级政府也要明确权力划分、建立权力清单、责任清单。省一级政府要重点强化规划管理、政策法规、标准规范、监督检查等职责，市县政府要重点强化执法执行和面向市场、社会和公众的服务和管理，乡镇政府要聚焦乡村振兴、精准扶贫、社会稳定。二是要推进地方党政机构改革，探索职能相近的党政机关合并与合署办公。当前，一些地方根据本地实际情况进行了一些创新性改革，取得了良好政治和社会效果，要及时总结地方经验，依据职能综合设置与精简整合党政机构，既强化党的领导又提高管理合力。三是要推动基层政府管理体制的改革，提升基层政府的服务能力。基层政府每天与公众面对面，直接影响公众对政府的信任和感知，要加强基层政府在审批、处罚等方面权限的改革，推广'只跑一次'的改革经验，提高基层政府管理、服务、执法水平。第四，要完善跨区域、跨层级公共服务供给

---

[1] 李明强、贺艳芳：《地方政府治理新论》，第7页。

体制。为更好满足人民对美好生活的需要，我国的许多基础设施建设、公共服务供给是跨区域、跨层级的，这要求探索管理体制的创新。"[1]

此外，在国家立法"大而全"的事项范围内挖掘地方"小而精"的立法题材，使地方立法具有可操作性，又注重"自主性立法"，为有效解决地方性事务中的突出矛盾，发挥重要的作用。"地方立法对于特定社会关系的调整和规制，可以保障和维护公民的合法权益，促进公共利益和集体福祉的实现，达成社会公平公正。与此同时，通过地方立法的公共参与和法制宣传教育，还可以增强区域内社会成员的民主法治意识，强化社会公众的主人翁意识及责任感，养成知法、懂法和守法的能力和素质。"[2] 从长远的改革效果来看："地方立法可以全方面、多角度推动所在地方的经济社会发展、生态文明建设，实现公共资源的公平分配，消除社会不平等状况，减少社会矛盾或冲突的产生，实现所在社会的和谐发展、可持续发展。与此同时，它有助于规范与限制政府权力，防范公共权力滥用和'寻租'等腐败现象，进而有利于法治地方的建设与形成。"[3]

与此同时，应着力构建弹性而灵活的府际关系以鼓励地方政府创新。有研究成果指出，首先，考虑到中国不同地方间巨大发展差异的实际，应给予地方政府，特别是基层政府更多的自主空间和灵活性。其次，上级政府需要更加弹性地运用各种监督问责机制，减少基层面

---

[1] 于瑶：《改革开放以来我国政府治理转型研究》，东北师范大学博士学位论文，2019年，第119—120页。
[2] 谢勇等：《地方立法学》，法律出版社，2019年，第21页。
[3] 谢勇：《地方立法学》，第21页。

临的权责不对等的压力。最后，尽快梳理与容错机制相冲突的其他制度规定，形成一个整体性的容错制度环境，减少在容错机制方面的"制度紧缩"。只有这样，才能重新赋予地方和基层更多自主性和创新空间。[1]

长期以来，俞可平一直提倡总结地方治理改革创新经验，应该及时将优秀的地方治理创新做法上升为国家制度。改革开放以来，我们在政府治理和社会治理方面做了大量可贵的探索，积累了许多宝贵的经验。应当系统地总结各级政府的治理改革经验，及时将成熟的改革创新政策上升为法规制度，从制度上解决政府治理和社会治理改革创新的动力问题。

当代中国的地方治理实践表明："政治与行政是政府治理的两大形式。前者集中体现为政治权力的产生、分配和更替上；后者体现为政治权力在管理社会事务过程中的运用。中国正处于转轨过程中，政治改革和行政改革一直是整个改革事业的重要组成部分，在不同改革阶段被赋予了不同的任务。许多创新就是在改革过程中产生的。政治创新的根本目的是解决权力来源于民，行政创新则重点解决权力服务于民。近些年来，政治创新的代表是选举体制改革，比如村民选举、乡镇政府选举以及人大代表选举；行政创新的典型更多，尤其是加入WTO以后，行政管制领域改革进展迅速。从近期和中期来看，行政创新的内容和数量肯定要多于政治创新；从长期来看，政治创新必然需要根本性的突破，以为行政创新提供宏观制度保障。"[2]

---

[1] 李振、王浩瑜：《容错机制落地难：地方政府的创新困境》，《文化纵横》2022年第2期。
[2] 杨雪冬：《简论中国地方政府创新研究的十个问题》，《公共管理学报》，2008年第1期。

因此，地方治理现代化作为一种制度实践，伴随着其持续进行，具有渗透性的制度理念会改变地方主政者的行为习惯和思想观念，以及与思想观念相伴生的价值体系。从张謇时代至今的百年实践经验表明，地方治理现代化的改革成效，可以促进国家治理现代化的目标实现。与过去的现代国家建设路径不同的是，地方治理现代化作为介于顶层制度设计与基层村（居）民自治之间的中层治理体制改革，不仅赋予国家治理现代化研究的理论创新性，也具备治理现代化体系与能力实践的现实可行性。

后 记

对于我来说，张謇先生是一位既熟悉又陌生的近代历史人物。说熟悉，我的专业领域之一是近现代中国政治制度史，张謇当然是一位绕不开的重要人物，在东南互保、南北和谈、民初政治、地方自治等历史进程中，都活跃着张謇的身影。说陌生，主要是因为在清末民初众多历史风云人物中，一直以来也没有特别关注，似乎印象最深的还是状元办厂的事迹。当开始确定"百年张謇与地方治理现代化之路"研究主题时，自然会有一种惴惴不安的感觉，所以，本书的缘起特别值得一提。

本书的构思、谋划、修改与完成，与罗一民先生是密不可分的。准确地说，应该是一民先生与我共同完成的研究成果。关于罗一民先生，最初的印象是来自2010年1月《南方周末》关于"罗一民现象"与"南通现象"的一篇重磅报道。报道写得非常生动，读来也是津津有味。不过正如一民先生当年在接受采访时所言："在媒体主导的注意力时代，我们南通也没有什么引起全国关注的有争议的人和事。我个人，我们的领导班子，虽然做事高调，做人却很低调。很多人说，南通的改革是一场静悄悄的革命。我说，这也是我所期待的，我所追求的。"很快随着更多的重大事情发生，也就不再关注南通的人与事了。虽然"江海之会"的南通与上海只有一江之隔，我也是迟至2018年夏天才第一次路过南通，记得当时行色匆匆，似乎也没有感受到特别的震撼。

应该说，还是在与罗一民先生相识后，特别是拜读了他有关张謇研究的系列大作之后，我才对张謇与南通产生了浓厚的兴趣。通过一段时间的研究，我惊叹人们对张謇及其历史遗产认识的低估。在我看来，张謇的时代意义与价值，不仅是有形的"中国近代第一城"南通的现代化建设，更为重要的是为全国提供了一个可资借鉴的"南通模式"，开创了一条地方治理现代化的中间道路，或者说是第三条道路。从研究的角度来说，需要我们重新审视百年张謇与地方治理现代化的关系。

从2020年夏季开始，在参与江苏省张謇研究会筹办工作的同时，我继续坚持张謇与地方治理现代化问题研究。筹备事务虽然繁多，但也让我增加了与江苏各界人士交往交流的机会，在多次会议、研讨、访谈活动中，一个中国早期现代化设计师的张謇形象跃然纸上，同时当代南通现象的研究思路也初步成型，我急切地探求历史与当代之间的有机联系。

从2021年年初开始，一民先生关于张謇与现代化研究不断有新作出来，包括张謇与企业家精神、张謇与中国近代第一城、张謇开创南通现代化等。《开路先锋：张謇》一书最终在年底正式出版。所以说，对本书影响最大的还是一民先生的独到见解与非凡见识。

因此，本书不同于一般的学术研究，对一民先生与我来说，有一种神圣的历史使命感，从深层次来说，张謇开创的地方治理现代化的第三条道路，更加符合当代社会的现代性特征。所谓现代性就是人类社会经过种种政治、文化、经济、科技等各方面重大的变革，所形成的不同于传统社会的新型社会特性，包含市场经济、民主政治、科学理性和历史进步主义四个基本要素。罗一民研究亦认为，张謇在南通现代化事业开拓中，总能有意无意地以现代化的眼光来看待人和事，以现代性为准绳来衡量各项事业的成败得失，确定南通现代化的目标定位和路径选择。正如他自己总结南通事业时所说："对于世界先进各国，或师其意，或撷其长，量力所能，审时所当，不自小而馁，不自大而夸。"至于"张謇事业的时代意义"，在清末民初的中国，张謇在南通的事业是早期现代化的试验田、样板田，并且积极助推了全国的政治改良运动，张謇可以被称为是民国的"助产士"与"立国者"之一。在当下，张謇事业凸显了爱国主义精神以及企业家精神的典范作用，其所实践的实业救国、解放思想、地方治理现代化、培养现代化人才等理念对当代现代化建设具有启迪与借鉴作用。

"万物得其本者生，百事得其道者成。"近年来中央多次强调推进国家治理体系与治理能力现代化的战略意义，指出我国国家治理面临许多新任务新要求，必然要求国家治理体系更加完善、不断发展。制度更加成熟更加定型是一个动态过程，治理能力现代化也是一个动态过程，不可能一蹴而就，也不可能一劳永逸。治理体系与治理能力建设的目标必须随着实践发展而与时俱进，既不能过于理想化、急于求成，也不能盲目自满、故步自封。

通过百年张謇与地方治理现代化的专题研究，目的旨在探寻未来中国地方治理现代化的战略目标与路径选择。这种理论与实证相结合的研究，不仅可以拓宽张謇研究领域，更重要的是对中国式现代化与当代地方治理的经验与启示。从历史的长时段来看，过去将张謇称为失败的英雄，或许并不准确。在中国近百年屡遭挫折的政治现代化进程中，张謇的事业是为数不多，乃至可以说是仅有的正面遗产。似乎是冥冥之中自有天意，很巧的是我的第一本研究民初政治的专著书名是"失败的遗产"。通过对百年张謇道路的研究，无疑也会激发我们对中国治理现代化近代本土资源的再发现，具有丰富的时代意义与理论内涵。

21世纪初期南通的重新崛起，更是很好地证明了一个国家的治理体系和治理能力是与这个国家的历史传承和文化传统密切相关的。解决中国的问题只能在中国大地上探寻适合自己的道路和办法。南通地方治理的成就表明，地方治理现代化的特色是全方位改革，而不是单纯的经济体制改革，这也符合国家治理体系的全面性特征，是真正意义上的国家治理现代化的地方实践。从某种意义上讲，这是张謇时代治理现代化建设的重启，具有强烈的现代化发展进程的延续性，也意味着地方治理现代化从初级阶段，正式进入一个迈向"善治"目标的中高级阶段。

最后需要强调的是，长期以来，国内学界有关政治现代化的研究，或是重视宏观的学术理论研究，或是进行微观的个案实证调查，很少进行中观的现象模式研究。我衷心地希望，本书独特的研究方式能够作为一种探索与尝试，激励未来能有更多的合作研究成果涌现，推动长三角区域治理现代化理论与实践问题研究,为江苏省张謇研究会的学术研究与长三角一体化进程贡献绵薄之力。

作为上海高水平地方高校建设计划2022年度上海大学一流研究生教育培养质量提升项目、江苏省张謇研究会张謇研究系列丛书中的一种,本书的完成得到了众多师友的帮助与支持。南通市委党史办原主任吴声和先生不辞辛苦,为我寄来大量的研究资料。张謇先生的嫡曾孙张慎欣,江苏省委研究室原副主任范朝礼,江苏译林出版社原社长蔡玉洗,江苏凤凰出版传媒集团副总编辑王振羽,南京大学李玉教授、范健教授、金鑫荣教授,南京师大郑忠教授,上海交大程竹汝教授,上海东亚所钟焰研究员等学界先进提出了不少专业建议。上师大夏邦教授,复旦大学章奇教授,上海教育报刊总社赵玉成,张謇企业家学院彭智诚经常与我讨论研究思路,提出不少真知灼见。澎湃新闻社黄晓峰、孙鉴、李旭先生,文汇报杨健先生,以及南京大学出版社为张謇研究成果发表与出版提供了有力的支持。江苏省张謇研究会、南通大学、张謇企业家学院的专家学者也提供了许多研究便利,我的研究生周子康先生完成了本书第一章和第二章的初稿与编校工作,保证了研究工作的顺利推进。

此外必须感谢的是在我之前做了出色研究的章开沅、吴良镛、茅家琦先生等前辈学人,没有他们的辛勤耕耘,后人是很难推陈出新,有所作为的。在张謇研究领域活跃的专家学者的有关研究成果,我均已敬录于注释之中。当然,作为作者,本书的一切错误,均由我承担。

参考文献

一、著作

大生系统企业史编写组编撰《大生系统企业史》,江苏人民出版社,1990年。

中共南通市委宣传部、中共南通市委党校编《转型与跨越:中国特色社会主义在南通》,中国文史出版社,2008年。

于海漪:《南通近代城市规划建设》,中国建筑工业出版社,2005年。

卫春回:《张謇评传》,南京大学出版社,2001年。

马兆明、董文芳主编《改革开放与中国政治发展》,山东人民出版社,2010年。

马国泉:《行政伦理:美国的理论与实践》,复旦大学出版社2006年。

王乐理:《政治文化导论》,中国人民大学出版社,2000年。

王名扬:《英国行政法》,中国政法大学出版社,1987年。

王树槐:《中国现代化的区域研究—江苏省》,中研院近代史研究所,1984年。

王祥荣:《生态建设论:中外城市生态建设比较分析》,东南大学出版社,

2004年。

王敦琴、陈蕊:《张謇》,江苏凤凰美术出版社,2019年。

王敦琴主编《张謇研究精讲》,苏州大学出版社,2013年。

王福春,张学斌:《西方外交思想史》,北京大学出版社,2005年。

王德志:《清末宪政思潮研究》,山东文艺出版社,2012年。

王耀海:《制度演进中的法治生成》,中国法制出版社,2013年。

中山大学历史系孙中山研究室、广东省社会科学院历史研究所、中国社会科学院近代史研究所中华民国研究室合编《孙中山全集》第七卷,中华书局,1985年。

毛寿龙:《政治社会学》,中国社会科学出版社,2001年。

邓小平:《邓小平文选》第二卷,人民出版社,1994年。

邓小平:《邓小平文选》第三卷,人民出版社,1993年。

田国强、陈旭东:《中国改革:历史、逻辑和未来——振兴中华变革论》,中信出版社,2014年。

叶沈良:《张謇的慈善传承》,江苏凤凰教育出版社,2022年。

司美丽:《汉密尔顿传》,中国对外翻译出版公司,1999年。

朱英主编《辛亥革命与近代中国社会变迁》,华中师大出版社,2001年。

朱育和、欧阳喜所、舒文:《辛亥革命史》,人民出版社,2001年。

庄安正:《张謇先生年谱(晚清篇)》,吉林人民出版社,2002年。

汤锐祥编《护法运动史料汇编(二)国会议员护法篇》,花城出版社,2003年。

许记霖、陈达凯主编《中国现代化史》第一卷,上海三联书店,1995年。

许纪霖:《寻求意义:现代化变迁与文化批判》,上海三联书店,1997年。

孙关宏:《中国政治文明的探索》,复旦大学出版社,2019年。

孙彩红：《中国责任政府建设与国际比较》，中国传媒大学出版社，2008年。

羽离子：《东方乌托邦：近代南通》，人民出版社，2007年。

李红权、张春宇：《廉洁政治论》，东北师范大学出版社，2017年。

李明勋、尤世玮主编：《张謇日记》，上海辞书出版社，2017年。

李明勋、尤世玮主编：《张謇全集》，上海辞书出版社，2012年。

李明强、贺艳芳：《地方政府治理新论》，武汉大学出版社，2011年。

李路曲：《新加坡道路》，中国社会科学出版社，2018年。

杨幼炯：《中国政党史》，商务印书馆，1937年。

何显明：《治理民主：中国民主成长的可能方式》，中国社会科学出版社，2014年。

佚名：《南通地方自治十九年之成绩》，张謇研究中心、南通博物苑重印，2003年。

余秋雨：《文化苦旅》，人民文学出版社，2009年。

沈家五主编《张謇农商总长任期经济资料选编》，南京大学出版社，1987年。

张文显：《法哲学通论》，宁人民出版社，2009年。

张孝若：《南通张季直先生传记》，《民国丛书》第三编（73），上海书店出版社，1991年影印本。

张朋园：《中国民主政治的困境：1909—1949晚清以来历届议会选举述论》，上海三联书店，2013年。

张謇：《张謇存稿》，上海人民出版社，1987年。

张謇：《张謇自述》，安徽文艺出版社，2014年。

张謇研究中心、南通市图书馆编《张謇全集》，江苏古籍出版社，1994年。

张廷栖:《学习与探索——张謇研究文稿》,苏州大学出版社,2015年。

陆仰渊、方庆秋主编《民国社会经济史》,中国经济出版社,1991年。

陈锋:《中国宪政史研究纲要》,贵州人民出版社,2003年。

陈翰珍:《二十年来之南通》,张謇研究中心编印,1998年。

林达:《如彗星划过夜空》,生活·读书·新知三联书店,2006年。

林继文主编《政治制度》,中研院中山人文社会科学研究所,2000年。

罗一民:《开路先锋:张謇》,江苏人民出版社,2021年。

国防大学课题组:《新加坡发展之路》,国防大学出版社,2016年。

周见:《近代中日两国企业家比较研究——张謇与涩泽荣一》,中国社会科学出版社,2004年。

周新国主编:《中国近代化先驱:状元实业家张謇》,社会科学文献出版社,2004年。

孟森、杜亚泉:《各省谘议局章程笺释》,商务印书馆,2015年。

胡春惠:《民初的地方主义与联省自治》,中国社会科学出版社,2001年。

侯宜杰:《二十世纪初中国政治改革风潮——清末立宪运动史》,中国人民大学出版社,2009年。

俞可平:《论国家治理现代化》,社会科学文献出版社,2014年。

姜作培主编《南通基本实现现代化研究》,中国言实出版社,2010年。

钱乘旦、陈意新:《走向现代国家之路》,四川人民出版社,1987年。

郭冬梅:《日本近代地方自治制度的形成》,商务印书馆,2008年。

陶鹤山:《市民群体与制度创新—对中国现代主体的研究》,南京大学出版社,2001年。

章开沅、田彤:《辛亥革命时期的张謇与近代社会》,华中师范大学出版社,2011年。

章开沅、田彤：《张謇与近代社会》，华中师范大学出版社，2001年。

章开沅：《开拓者的足迹——张謇传稿》，中华书局，1986年。

章开沅：《张謇传》，中华工商联合出版社，2000年。

梁文松、曾玉凤：《动态治理：新加坡政府的经验》，中信出版社，2010年。

蒋国宏：《审视与比较：张謇的思想与实践研究》，上海书店出版社，2021年。

程竹汝、罗峰、余祖军、李淑华：《政治文明：历史维度与发展逻辑》，上海人民出版社，2004年。

曾峻：《政治体制改革的中国路径》，经济科学出版社，2020年。

谢勇主编《地方立法学》，法律出版社，2019年。

谢彬、戴天仇：《民国政党史：政党与民初政治》，中华书局，2007年。

蔡定剑：《国家监督制度》，中国法制出版社，1991年。

二、译著

丹尼尔·贝尔：《资本主义文化矛盾》，赵一凡等译，生活·读书·新知三联书店，1989年。

世界银行《1997年世界发展报告》编写组编著《1997年世界发展报告：变革世界中的政府》，蔡秋生等译，中国财政经济出版社，1997年。

布罗姆利：《经济利益与经济制度》，陈郁译，上海三联书店，1996年。

布雷恩·Z. 塔玛纳哈：《论法治——历史、政治和理论》，李桂林译，武汉大学出版社，2010年。

卡尔松、兰法尔主编：《天涯成比邻——全球治理委员会的报告》，中国对外翻译出版社公司组织翻译，中国对外翻译出版公司，1995年。

汉密尔顿、杰伊、麦迪逊著：《联邦党人文集》，程如逢等译，商务印书馆，1980年。

让-马克·夸克：《合法性与政治》，佟心平、王远飞译，筱娟校，中央编译出版社，2002年。

弗里德利希·冯·哈耶克：《自由秩序原理》（上），邓正来译，生活·读书·新知三联书店，1997年。

弗朗西斯·福山：《国家构建：21世纪的国家治理与世界秩序》，郭华译，学林出版社，2017年。

加布里埃尔·A. 阿尔蒙德、G. 宾厄姆·鲍威尔：《比较政治学》，曹沛霖译，上海译文出版社，1987年。

加布里埃尔·A. 阿尔蒙德、西德尼·维巴：《公民文化——五国的政治态度和民主》，马殿君等译，黄素娟校，浙江人民出版社，1989年。

吉尔伯特·罗兹曼主编：《中国的现代化》，国家社会科学基金"比较现代化"课题组译，江苏人民出版社，2010年。

安德鲁·J. 内森：《立宪共和国：北京政府，1916—1928年》，费正清编：《剑桥中华民国史上卷》，杨品泉等译，中国社会科学出版社，1994年。

安德鲁·海伍德：《政治学》（第2版），张立鹏译，中国人民大学出版社，2006年。

沃浓·路易·帕灵顿：《美国思想史》，陈永国等译，吉林人民出版社，2002年。

罗伯特·D. 帕特南：《使民主运转起来——现代意大利的公民传统》，王列、赖海榕译，江西人民出版社，2001年。

罗恩·彻诺：《汉密尔顿传》，张向玲等译，浙江大学出版社，2018年。

威廉·韦德:《行政法》,徐炳等译,中国大百科全书出版社,1997年。

顾维钧:《顾维均回忆录》第1册,中国社会科学院近代史研究所译,中华书局,1983年。

博·罗斯坦:《政府质量:执政能力与腐败、社会信任和不平等》,蒋小虎译,新华出版社,2012年。

道格拉斯·C.诺思:《经济史中的结构与变迁》,陈郁、罗华平等译,上海三联书店,1994年。

塞缪尔·埃利奥特·莫里森:《美利坚共和国的成长》,南开大学历史系美国史研究室译,天津人民出版社,1980年。

塞缪尔·亨廷顿:《变化社会中的政治秩序》,王冠华等译,生活·读书·新知三联书店,1989年。

戴维·米勒、韦农·波格丹诺编:《布莱克维尔政治百科全书》(修订版),邓正来译,中国政法大学出版社,2002年。

戴维·奥斯本、特德·盖布勒:《改革政府》,周敦仁译,上海译文出版社,2006年。

三、论文

Richard Rose、Doh Chull Shin、王正绪、方瑞丰:《反向的民主化:第三波民主的问题》,《开放时代》2007年第3期。

丁健:《民初农商部研究(1912—1916)》,陕西师范大学博士学位论文,2011年。

丁煌、方堃:《基于整体性治理的综合行政执法体制改革研究》,《领导科学论坛》2016年第1期。

于瑶:《改革开放以来我国政府治理转型研究》,东北师范大学博士学位论文，2019年。

方来武：《中国特色社会主义公民政治参与研究》，中央财经大学博士学位论文，2015年。

弓楷：《1918—1924年张謇开展和平活动的多重身份探讨》，《档案与建设》2016年第12期。

马小泉：《地方自治：晚清新式绅商的公民意识与政治参与》，《天津社会科学》1997年第4期。

马林海：《汉密尔顿政治思想研究》，华东师范大学硕士学位论文，2006年。

马敏：《孙中山与张謇实业思想比较研究》，《历史研究》2012年第5期。

马德勇、张蕾：《测量治理：国外的研究及其对中国的启示》，《公共管理学报》2008年第4期。

王飞：《张謇法制变革思想的思想内涵、理路及其当代价值》，张謇研究中心编《张謇研究年刊（2017年）》。

王文琦：《法治视阈下我国地方官员考评制度研究》，华南理工大学博士学位论文，2016年。

王伟、高海青、崔海伟：《整合资源 合力联动 化解矛盾——江苏南通社会矛盾纠纷"大调解"体系建设的创新与思考》，《学习时报》2012年7月30日。

王奇生：《张謇与南通地方自治模式——兼论地方精英与国家权力的调适》，《苏东学刊》2001第1期。

王珂：《论张謇的公司法思想》，《船山学刊》2012年第2期。

王敦琴、羌建：《张謇："东南互保"中的"官民之邮"》，《南通大学学报》（社会科学版）2018年第2期。

牛铭实：《张謇：一个为救国而经商的状元》，《社区》2009 年第 6 期。

包国宪、霍春龙：《中国政府治理研究的回顾与展望》，《南京社会科学》2011 年第 9 期。

冯莹：《南通市文化产业发展中的政府作用研究》，上海交通大学硕士学位论文，2013 年。

弗朗西斯科·福山：《什么是治理》，刘燕、闫健译，《中国治理引论》2013 年第 2 期。

毕雁英：《地方自治与国家统———中国能否实行地方自治制度》，《南京大学法律评论》2006 年第 2 期。

朱英：《论张謇的慈善公益思想与活动》，《江汉论坛》2000 年第 11 期。

竹立家：《着力推进国家治理现代化》，《中国党政干部论坛》2013 第 12 期。

任剑涛：《现代建国中的企业家：张謇的典范意义》，《清华大学学报》（哲学社会科学版）2018 年第 2 期。

向玉乔：《国家治理的伦理意蕴》，《中国社会科学》2016 年第 5 期。

刘环：《张謇南通社会自治模式的理性思考》，西北大学硕士学位论文，2014 年。

刘学照：《张謇庚子年间"东南意识"略议》，《华东师范大学学报》（哲学社会科学版）2007 年第 2 期。

刘振怡：《文化记忆与文化认同的微观研究》，《学术交流》2017 年 10 期。

刘晓春：《我国城市政治文化内涵探究》，《淮阴师范学院学报》（哲学社会科学版）2020 年第 4 期。

刘雪华，辛璐璐：《公民参与视野下的政府信任差序化危机及应对》，《上海行政学院学报》2015 年第 2 期。

刘婷婷：《张謇立宪思想研究——以政治法律现代化为视角的考察》，北京理工大学硕士学位论文，2016年。

关海棠：《宪政架构下的地方分权研究》，吉林大学博士学位论文，2013年。

孙凤山：《亚历山大·汉密尔顿联邦共和主义思想研究》，山东师范大学硕士学位论文，2008年。

严翅君：《伟大的失败的英雄——张謇与南通区域早期现代化》，苏州大学博士学位论文，2001年。

李　玉：《从"以身发财"到"以财发身"——张謇创业的人力资本与社会效应》，《江苏社会科学》2014年第4期。

李振、王浩瑜：《容错机制落地难：地方政府的创新困境》，《文化纵横》2022年第2期。

李天贺、吴峰：《南通生态城市建设的问题与对策》，《南通纺织职业技术学院学报》2011年第1期。

李忠杰：《治理现代化科学内涵与标准设定》，《人民论坛》2014年S1期。

杨妮娜：《我国政府公信力提升的制度因素及对策思考》，《行政与法》2013年第7期。

杨雪冬：《简论中国地方政府创新研究的十个问题》，《公共管理学报》2008年第1期。

杨董恺：《南通市政府综合行政执法体制改革研究》，东南大学硕士学位论文，2017年。

肖亚丽、蒋大和：《长三角城市群生态城市建设定量评价》，《长江流域资源与环境》2007年第5期。

吴良镛：《关于"南通——中国近代第一城"的探索与随想》，《南通大学学报》(哲学社会科学版) 2004 年第 1 期。

吴良镛:《张謇与南通"中国近代第一城"》,《清华大学学报》(哲学社会科学版) 2003 年第 6 期。

邱实:《中国政治治理现代化研究》,南京师范大学博士学位论文,2017 年。

何忠国、朱友粉:《公民文化:一种参与型复合政治文化》,《学习时报》2007 年 9 月 4 日。

何晓宁、卢建汶:《中国近代第一城——南通在中国近代史上的地位》,《江苏地方志》2003 年第 4 期。

何增科:《政府治理现代化与政府治理改革》,《行政科学论坛》2014 第 4 期。

何增科:《理解国家治理及其现代化》,《马克思主义与现实》2014 年第 1 期。

余思新:《国家治理现代化目标下现代政党治理研究》,《昆明理工大学学报》(社会科学版) 2014 年第 3 期。

邹福露:《江苏省议会研究 1912—1925》,渤海大学硕士学位论文,2018 年。

应松年:《基本建成法治政府的若干重要问题》,《国家行政学院学报》2016 年第 4 期。

辛璐璐:《国家治理现代化进程中的政府责任问题研究》,吉林大学博士学位论文,2017 年。

羌建、马万鸣:《张謇与黄炎培职业教育思想及实践之比较研究》,《贵州师范大学学报》(社会科学版) 2012 年第 6 期。

羌建:《近代南通棉业发展研究(1895—1938)》,南京林业大学博士学位论文，2010年。

沈湘平：《当代城市精神如何塑造?》，《成都日报》2017年8月10日。

张成福；《责任政府论》，《中国人民大学学报》2000年第2期。

张廷栖：《辛亥革命与南通社会的转型》，《江海纵横》2011年第10期。

张弛：《"精神文明南通现象"探究》，南通大学硕士学位论文，2017年。

张英魁：《中国国家治理体系的中观化建构：一个公共政策科学化的进路》，《中国治理评论》2021年第2期。

张贤明：《政府治理现代化的责任逻辑与结构体系》，《光明日报》2020年01月21日。

张贤明：《政治责任与个人道德》，《吉林大学社会科学学报》1999年第5期。

张亮：《公与私的张力——省宪自治中的议会：苏省第三届议会议长贿选风波为中心》，《南京大学学报》2016年第6期。

张晓梅：《地方政府行政审批制度改革研究：以南通市为例》，上海交通大学硕士学位论文，2014年。

陈天祥：《政府绩效管理研究：回归政治与技术双重理性本义》，《浙江大学学报》（人文社会科学版）2011年第4期。

陈文英：《预备立宪公会与1910年国会请愿运动》，《河南师范大学学报》（哲学社会科学版）2006年第3期。

陈亚杰：《民国初期的苏社与精英主导的江苏省自治》，《西部学刊》2019年第4期。

陈国权：《论法治与有限政府》，《浙江大学学报》（人文社会科学版）2002年第2期。

陈家刚：《地方政府创新与治理变迁——中国地方政府创新案例的比较研

究》,《公共管理学报》2004年第4期。

陈家刚:《协商民主:制度设计及实践探索》,《国家行政学院学报》2017年第1期。

茅家琦:《试说"张謇精神"》,《历史教学》(中学版)2009年第5期。

罗一民:《创建现代型政府》,《经济日报》2003年4月30日。

罗一民:《以更大的勇气和智慧推进改革攻坚》,《光明日报》2013年10月31日。

罗一民:《以环保优先促发展领先》,《新华日报》2006年8月27日。

罗一民:《以政府治理现代化引领城市现代化》,《江苏省社会主义学院学报》2017年第2期。

罗一民:《打造"中国近代第一城"》,《群众》2003年第3期。

罗一民:《加入世贸组织后地方政府的行为定位》,《江苏通讯》2002年第19期。

罗一民:《行政效能建设:主体目标、现实挑战与实现路径》,《唯实》2019年第12期。

罗一民:《把社会主义核心价值体系融入精神文明建设全过程:关于"精神文明'南通现象'的理性思考"》,《毛泽东邓小平理论研究》2007年第8期。

罗一民:《张謇:与众不同的企业家》,《江苏社会主义学院学报》2021年第1期。

罗一民:《建立绩效考评机制,推进行政管理创新》,《中国行政管理》2007年第9期。

罗一民:《政治家张謇》,《同舟共济》2019年第5期。

罗一民:《政治家张謇和南通精神》,《江苏省社会主义学院学报》2019年第 05 期。

罗一民：《推进党的建设改革创新关键是要扩大党内民主》，《中国党政干部论坛》2009 年第 11 期。

罗一民：《强攻改革谋发展》，《群众》2003 年第 12 期。

罗一民：《在应对复杂经济形势中锤炼过硬本领》，《群众》2009 年第 1 期。

罗豪才、宋功德：《公域之治的转型——对公共治理与公法互动关系的一种透视》，《中国法学》2005 年第 5 期。

周小平、刘志强：《地方自治的理论与实践》，《法治研究》2007 年第 6 期。

周少来：《地方治理现代化与地方民主议事制度：浙江省乐清市人大的民主创新》，《中国特色社会主义研究》2016 年第 4 期。

周执前：《试论张謇的经济法律思想》，《船山学刊》2003 年第 2 期。

周光辉：《中国行政改革 40 年》，俞可平：《中国治理变迁 40 年（1978—2018）》，社会科学文献出版社，2018 年。

周秋光、李华文：《达则兼济天下：试论张謇慈善公益事业》，《史学月刊》2016 年第 11 期。

周振新：《南通人的精神重塑和全面发展追求》，《南通师范学院学报》，2003 年第 1 期。

周淑真：《论民主党派履行民主监督职能问题》，《中国政协理论研究》2017 年第 1 期。

辛璐璐：《国家治理现代化进程中的政府责任问题研究》，吉林大学博士学位论文，2017 年。

孟天骄：《国家治理现代化视域下中国共产党的现代化》，外交学院硕士学位论文，2020 年。

赵明远：《论张謇的社会管理思想》，《江苏工程职业技术学院学报》2011

年第 1 期。

赵晓强,《国家治理法治化研究》,吉林大学博士学位论文,2019 年。

胡际春:《张謇的创新精神及其对当代南通工业的借鉴意义》,《南通工学院学报》(社会科学版) 2004 年第 1 期。

钟德涛、李俊:《当代中国政党制度完善的本质要求》,《理论探讨》2006 年第 1 期。

俞可平:《中国的治理改革(1978—2018)》,《武汉大学学报》(哲学社会科学版) 2018 年第 3 期。

俞可平:《全球治理引论》,《马克思主义与现实》2002 年第 1 期。

俞可平:《国家治理体系的内涵本质》,《理论导报》2014 年第 4 期。

俞可平:《国家治理现代化的若干问题(上)》,《福建日报》2014 年 6 月 8 日。

俞可平:《治理和善治引论》,《马克思主义与现实》1999 年第 5 期。

俞可平:《衡量国家治理体系现代化的基本标准》,《北京日报》2013 年 12 月 9 日。

施雪华、孙发锋:《中韩服务型政府建设比较研究》,《学习与探索》2011 年第 4 期。

姜明安:《论行政执法》,《行政法学研究》2003 年第 4 期。

姜明安:《改革、法治与国家治理现代化》,《中共中央党校学报》2014 年第 4 期。

姜明安:《政府治理体系治理能力在国家治理体系治理能力中的地位和作用》,《法治日报》2020 年 1 月 8 日。

姜朝晖:《大力弘扬张謇爱国企业家精神》,《南通日报》2021 年 2 月 8 日。

祝小楠:《1923 年江苏"议教风潮"探究》,《历史教学》2012 年第 4 期。

祝小楠：《清末民初江苏地方政制转型研究 1905—1927》，南京大学博士学位论文，2012 年。

姚颖、陈晗：《张謇生态城市建设的世界视野》，《南通职业大学学报》2014 年第 1 期。

贺治方：《国家治理现代化进程中社会动员研究》，中共中央党校博士学位论文，2019 年。

耿云志：《张謇与江苏谘议局》，《近代史研究》2001 年第 1 期。

贾康：《以"国家治理现代化"为取向推进全面改革——从"60 条"精神到"法治化"要领的试解读》，《财政研究》2014 年第 12 期。

顾栋：《南通市阳光政府建设新的目标举措和途径》，《中外企业家》2011 年第 1 期。

徐宏：《祈通中西，融汇古今——论张謇造园思想中的传统因素与现代意识》，张謇研究中心编《张謇研究年刊（2017 年）》。

徐凤月：《国家治理现代化视域下政党协商研究》，大连理工大学博士学位论文，2018 年。

奚梅林：《从张謇的国会观看其立宪思想（1901—1911）》，南京大学硕士学位论文，2020 年。

高全喜：《再造儒商：张謇的企业家精神》，《文化纵横》2019 年第 2 期。

高全喜：《制宪立国：作为现代立国者的张謇》，《文化纵横》2017 年第 03 期。

唐天伟、曹清华、郑争文：《地方政府治理现代化的内涵、特征及其测度指标体系》，《中国行政管理》2014 年第 10 期。

唐论：《立宪运动大潮中的朝野互动——清季预备立宪公会研究》，华中师范大学硕士学位论文，2015 年。

桑玉成:《转变政府职能依然是当前政府改革的重要任务》,《探索与争鸣》2013年第2期。

黄振平:《近年来南通地区的文化建设与发展》,《艺术百家》2009年S2期。

黄卫平:《中国基层民主制度:发展与评估》,俞可平、李侃如等:《中国的政治发展:中美学者的视角》,社会科学文献出版社,2013年。

戚小倩:《张謇与中国公民社会的构建》,《南通纺织技术学院学报》2010年第4期。

戚小倩:《推进南通社会治理能力现代化的若干思考》,《南通纺织职业技术学院学报》,2014年第3期。

章开沅:《张謇与近代化模式》,张宪文、陈兴唐、郑会欣编:《民国档案与民国史学术讨论会论文集》,档案出版社,1988年。

彭国甫、张玉亮:《追寻工具理性与价值理性的整合——地方政府公共事业管理绩效评估的发展方向》,《中国行政管理》2007年第6期。

蒋国宏:《张謇与南通早期现代化》,《南通工学院学报》(社会科学版),2003年第3期。

蒋国宏:《试论张謇的吏治思想》,《理论学刊》2014年第1期。

韩庆:《南通市C镇政府职能转变的困境与破局》,南京理工大学硕士学位论文,2017年。

韩勤:《试析张謇的文化产业思想和实践》,张謇研究中心编《张謇复兴中华的认识与实践:纪念张謇160周年诞辰学术研讨会论文集》,苏州:苏州大学出版社,2014年。

程竹汝:《关于政治文明概念、结构与政策选择的探讨》,《学习与探索》2005年第1期。

程竹汝:《论政治体制改革的重点与国家治理体系现代化》,《上海行政学院学报》2014年第2期。

程竹汝:《国家治理体系现代化进程中的司法治理》,《中共中央党校学报》2014年第3期。

程李华:《现代国家治理体系视阈下的政府职能转变》,中共中央党校博士学位论文,2014年。

程蕾:《南通市A区政府公信力问题及提升策略研究》,苏州大学硕士学位论文,2017年。

傅怀锋:《试析清末民众的政治参与——基于清末江浙谘议局议员选举的个案研究》,《二十一世纪》2004年第2期。

虞和平:《张謇与民国初年的经济体制改革》,《社会科学家》2001年第2期。

臧乃康:《地方政府绩效评估的"南通模式":效应、瓶颈及努力方向》,《北京行政学院学报》2008年第6期。

熊彤:《中国近代乡村建设的另一种典范——张謇的南通乡村建设》,《南通大学学报》(社会科学版)2009年第1期。

潘国红:《地方治理现代化与地方人大民主创新——江苏省南通市"万名代表小康行"案例探讨》,《温州大学学报》(社会科学版)2018年第2期。

潘岳:《张謇是谁?》,《文化纵横》2018年第6期。

魏建国:《基于经济要素流动与东北地方法治竞争》,《社会科学辑刊》2018年第6期。

图书在版编目(CIP)数据

近现代中国地方治理现代化通论：百年张謇与路径探索 / 严泉编著. --南京：南京大学出版社，2025.
1. -- ISBN 978-7-305-28174-7
Ⅰ.D092.6；D625
中国国家版本馆CIP数据核字第20244NQ323号

出版发行 南京大学出版社
社　　址 南京市汉口路22号　邮　编　210093

JINXIANDAI ZHONGGUO DIFANG ZHILI XIANDAIHUA TONGLUN:
BAINIAN ZHANGJIAN YU LUJING TANSUO
书　　名 近现代中国地方治理现代化通论：百年张謇与路径探索
编　　著 严　泉
责任编辑 黄隽翀
照　　排 南京紫藤制版印务中心
印　　刷 盐城市华光印刷厂
开　　本 880 mm×1230 mm　1/32　印张11.75　字数284千
版　　次 2025年1月第1版　2025年1月第1次印刷
ISBN 978-7-305-28174-7
定　　价 78.00元

电子邮箱 Press@NjupCo.com
网　　址 http://www.njupco.com
官方微博 http://weibo.com/njupco
官方微信 njupress
销售热线 025-83594756

版权所有，侵权必究
凡购买南大版图书，如有印装质量问题，请与所购图书销售部门联系调换